基于语料库研究的商务话语
隐喻认知能力构建

邢新影◎著

黑龙江科学技术出版社
HEILONGJIANG SCIENCE AND TECHNOLOGY PRESS

图书在版编目（ＣＩＰ）数据

基于语料库研究的商务话语隐喻认知能力构建 / 邢新影著. —— 哈尔滨：黑龙江科学技术出版社, 2024.1
ISBN 978-7-5719-2240-5

Ⅰ. ①基… Ⅱ. ①邢… Ⅲ. ①商务－英语－隐喻－研究 Ⅳ. ①F7

中国国家版本馆 CIP 数据核字(2023)第 254396 号

基于语料库研究的商务话语隐喻认知能力构建
JIYU YULIAOKU YANJIU DE SHANGWU HUAYU YINYU RENZHI NENGLI GOUJIAN
邢新影　著

责任编辑	赵雪莹	
封面设计	单　迪	
出　　版	黑龙江科学技术出版社	
	地址：哈尔滨市南岗区公安街 70-2 号　邮编：150007	
	电话：（0451）53642106　传真：（0451）53642143	
	网址：www.lkcbs.cn	
发　　行	全国新华书店	
印　　刷	三河市金兆印刷装订有限公司	
开　　本	787 mm×1092 mm　1/16	
印　　张	16	
字　　数	300 千字	
版　　次	2024 年 1 月第 1 版	
印　　次	2024 年 1 月第 1 次印刷	
书　　号	ISBN 978-7-5719-2240-5	
定　　价	88.00 元	

前　言

　　早在公元前 4 世纪，希腊著名哲学家亚里士多德就深入阐述了隐喻的修辞功能。随着语言学的发展，认知语言学家莱考芙和约翰逊突破了从语言层面研究隐喻的局限，提出了概念隐喻学说，认为隐喻是人类认识新事物的认知手段和工具，隐喻不仅广泛存在于文学作品中，还广泛存在于日常话语中。在外语教学中，培养学生利用第二语言的概念系统而不是仅凭母语概念系统理解、产出第二外语是十分重要的。在商务英语教学中，培养学生建立概念隐喻意识，利用概念隐喻的系统性、结构性和凸显性理解，运用商务概念、原理和惯例，能起到事半功倍的效果。

　　一直以来，在第二语言教学实践中，对隐喻能力的培养尚未引起足够重视。二语教学一直围绕"形式主义"和"功能主义"两个阵营之争前行，形式主义侧重以语言结构为代表的"语言能力"，而功能主义强调以语言运用为核心的"交际能力"。隐喻能力正是和这两种能力同等重要的第三种能力，二语学习者只有掌握了第二语言的概念系统，能够利用这个概念系统理解、运用第二语言，才是真正地掌握了一门语言。（Danesi，1995）

　　隐喻是话语组织的基本原则，人类是按照自己的认知来认识、感受世界的。新事物、新现象层出不穷，从语言的经济性出发，人类会用已知、熟悉的事物理解认识未知、陌生的事物。因此当词语的字面意思与语境信息发生冲突时，就需要借助隐喻思维建立意象图示进行类比联想，从而找到符合语境信息的隐喻意思。因此，二语学习者要了解第二语言是如何利用隐喻思维对概念进行编码的，从而更好地掌握其概念系统，达到二语学习的概念流利度。

　　隐喻在商务话语中是广泛存在的，且多以概念体系的方式出现，如把经济体看成正在运转的机器、可以进出的容器，把经济发展看成旅途，把商场博弈看成战争，把资金流动看成液体循环，把产品发展过程看成生物的生命周期等。这些机器隐喻、容器隐喻、旅途隐喻、战争隐喻、液体隐喻、生命隐喻承载的是隐喻化思维模式，是两个概念体系的相互映射，而非仅仅是个别词语的隐喻含义。因此识别、理解、运用词语的隐喻特征在商务话语中尤为重要，是理解商务话语、进入商务话语共同体的基础，也是输出地道商务话语的重要评价标准之一。

　　为了梳理商务话语中常见的概念隐喻，本书采取了建构商务话语语料库的研究方法，从大量、真实的关键词索引行中识别出隐喻用法，从而归纳出战争隐喻、容器隐喻、生命隐喻等隐喻体系中关键词语的使用频率和常见搭配。该语料库以英文原版的商务英语教材为基础，包括关于经济学、市场营销学、管理学、国际贸易、国际商务谈判、电子商务等学科的 15 本英文教材。不同于传统的列举法，语料库提供大量、真实的语料，是语言在实际运用中的现实表现形式，因此更能满足语言交际、用语言行事的需求。另外，语料库语言学家发现人类并不擅长描述自己的语言产出。为了产出自然地道的语言，我们都必须存储一系列典型的词义、搭配和语法结构，但是由于某些原因，我们有时很难从上下文语境中获取这些知识。而语料库数据可以列出所有关键词的使用实例，数据是真实、客观的，可以有效降低主观因素对语言描写的影响。

在商务英语教学中，使用语料库辅助教学对培养学生的隐喻意识和隐喻认知能力是大有裨益的。语料库的信息来自实际语言使用，趣味性强，密切联系实际，能够有效激发学习者的学习热情和兴趣。另外，语料库辅助教学要求学习者积极主动地探究、发现、归纳语言使用规律，其学习过程是自发的、主动的。在这种数据驱动型学习中，学习者要主动获取商务话语中词语的隐喻意思，提高对隐喻的理解能力、评价能力，从而提升隐喻认知能力。

大数据的发展推动了商务话语语料库的构建和实时更新。但是如何采取语料库辅助教学法提升商务英语专业学生的隐喻认知能力还需进一步探讨和设计。教师需要选择商务话语语料库素材、设定有代表性的关键词，指导学生有效筛选索引行信息、辨识并归纳词语的隐喻意思，并进一步地在商务话语中输出词语的隐喻含义，从而深入理解商务话语表达的概念系统，提升英语学习的概念流利度，提高对商务话语的理解能力和运用能力。

由于编者水平有限，本书中难免存在不足之处，恳请各位同行提出宝贵的意见和建议，共同推动商务英语专业教学发展。

邢新影

2023 年 9 月

目　录

第一章 隐喻研究史综述

第一节 亚里士多德的经典隐喻观

谈到修辞学及与修辞有关的言语现象，学术界公认的泰斗级人物是公元前 4 世纪古希腊伟大的哲学家亚里士多德（Aristotle）。亚里士多德在其影响力极其深远的著作《诗学》（《Poetics》）第 21 章阐释了隐喻在散文、诗歌特别是悲剧中的分类及应用方法。而在另一部著作《修辞学》（《Rhetoric》）第 3 章对隐喻的修辞功能进行了大量的例证分析，进而凸显隐喻在辩论和演讲中对听众的劝谏作用，同时对比分析了明喻和隐喻的关系。

一、隐喻定义

在《诗学》（《Poetics》）第 21 章，亚里士多德规范了隐喻的定义，并通过类型划分逐一探讨隐喻的运作方式。亚里士多德认为，隐喻就是借一个词的意思表示另一个词的意思。亚氏把隐喻分为四种类型，以"属"作"种"，或以"种"作"属"，或以"种"作"种"，或借用类比关系。

第一类：以"属"作"种"（from genius to species），是用上义词代替下义词。比如，"Here stands my ship"，stand 在此意指船在岸边停靠（being tied to a mooring is a sort of standing），这是一种特殊的站立方式（stand）。用站立代替停靠，是用一般代替特殊。

第二类：以"种"作"属"（from species to genius），即用下义词代替上义词。比如，"truly ten thousand good things has Odysseus done"。在此 ten thousand 意指 many，用具体的数字代替无法计数的数字，用特殊代替一般，借局部指代整体。

第三类：以"种"作"种"（from species to species），比如"drawing off the soul with bronze"和"cutting （water）with indestructible bronze"，前者意为"用铜摄取灵魂"，后者为"用坚不可摧的铜切取"。drawing off 和 cutting 都有"拿走，摄取"（take away）之义，是同一类级间的替换。

第四类："依据类推或类比关系"（by analogy）。亚氏认为 a，b，c，d 之间，如果 a，b 的关系可以复制到 c，d 之间，那么就可以用 d 替换 b。比如，a drinking bowl 对 Dionysus（狄俄尼索斯，希腊神话中的酒神）的意义无异于 a shield 对 Ares（阿瑞斯，希腊神话中的战神）的重大作用，drinking bowl 和 shield 是两位希腊神话神灵发挥神力的武器。所以，

drinking bowl 可以说成是酒神的战神之盾，或者把 shield 说成是战神的酒神之碗。再如，old age 对 life 而言好比 evening of a day，老年乃生命的后半程，有日落西山之感。所以，可以把 old age 看成 the evening of life，把 evening 看成 old age of a day。此外，类比的方法还可以描述没有规范定义的词。比如，sow 意为 scatter seed，播种、撒种，但是 scattering flame from the sun 没有规范说法，对 the sun 来说 scatter flame 和 scatter seed 有异曲同工的效果，因此 "sowing the god-created flame" 意即播撒神造的火苗，借用 sow the seed 描述 scatter the flame。还可以在这种隐喻用法前面加上表示否定的修饰词，如 shield 不一定是 drinking bowl of Ares，也可能是 wineless drinking bowl（空酒碗）。

二、隐喻功能

亚里士多德在《修辞学》（《Rhetoric》）第 3 章进一步深入探究了隐喻在会话和辩论体裁中的功能和使用效果。亚氏认为口述文本主要用于劝谏听众接受演讲者的观点，因此如何快速让听众接受新观点是最重要的。他继而提出对比分析（antithesis）、使用隐喻（metaphor）和呈现事实（actuality）是实现说服功能的最佳手段。可见，就词汇使用而言，隐喻对口述文本意义重大。亚氏进一步指出，使用修辞手段展现新观点可以通过使用生僻词、普通词或隐喻。生僻词含义不明，令人费解。普通词耳熟能详，无新意而言。只有隐喻能产生新颖之感。越能让听者快速捕获新信息的演讲和推理就越鲜活。熟知的、晦涩的表达都不能传递新信息，只有当演讲者的论断让听者在大脑中迅速建立起有关的信息，或者听者暂时没能捕捉到该信息的时候，这一论断才能产生新奇之感。

由此可见，亚里士多德对隐喻的研究并没有仅仅停留在词汇的表层意思，而是从语用学的体裁特征探究隐喻的用途。亚氏在《修辞学》（《Rhetoric》）第 3 章指出，"Metaphor, moreover, gives style clearness, charm, and distinction as nothing else can: and it is not a thing whose use can be taught by one man to another." 隐喻具有澄清、美化和使别具一格的功效，这一机制是与生俱来、不可习得的。因此，隐喻表达使常规话语更清晰。如上所述，"使事物栩栩如生地展现在眼前"是实现演讲中劝谏功能的主要手段。这说明，隐喻可以激发出实际中的种种意象，使受话者获得与预期相悖的新鲜知识。在亚氏划分的四类隐喻中，类推隐喻最能激发意象图示。比如 "A good man is 'four-square'"，good man 和 four-square 都是完美的。但是这一隐喻没有对动作的描写，给人印象不深。如果加上 "with his vigor in full bloom"（活力四射）就把精力充沛的特点描述得淋漓尽致，就更加新奇、引人入胜。再如下例。

（1）It is fitting that Greece should cut off her hair beside the tomb of those who fell at

Salamis，since her freedom and their valour are buried in the same grave.

（2）The course of my words lies straight through the middle of Chares' deeds.

（3）God kindled our reason to be a lamp within our soul.

（4）This treaty is a far nobler trophy than those we set up on fields of battle；they celebrate small gains and single successes；it celebrates our triumph in the war as a whole.

例（1）中，希腊人的自由和在萨利米斯战役中牺牲的勇士一同被埋进了坟墓，把自由掩埋（bury the freedom）意味着对自由的哀悼，是一种图像隐喻（graphic metaphor）。例（2）中，我说的话直接针对卡雷斯的行为，直穿中心（straight through the middle）把隐喻的图像展现在读者面前，也是一种图像隐喻。例（3）中，上帝点燃了我们心中那光明的火焰。Reason 和 light 都能带来光明，形象生动。例（4）中，这个条约是高贵的奖杯，比战场上获得的奖杯还高贵。战场赢得的奖杯逐一记录着各次胜利，而条约庆祝的是整场战争的胜利。在此，条约（treaty）和奖杯（trophy）一样都是胜利的象征。

此外，亚氏认为隐喻还具有词汇补缺功能。比如：I marked how a man glued bronze with fire to another man's body.没有固定的动词表述该过程，这个过程和 glue 都是一种"敷用"，用拔罐的方法使贴合。恰当的隐喻如同谜语，在本体和喻体之间找到相似性，正如谜底和谜面之间既要有所联系便于猜测，又要存在差异留有想象余地。隐喻效果的达成也如此，本体和喻体之间要存有相似之处形成隐喻之意，还要保持差异使表达富有新意，差异性越大，新奇感越强，越有表现力。

在论述隐喻功能时，亚氏认为选择本体和喻体要遵循美学原则。本体和喻体从两个不同角度代表某事物，那么两个词的表意肯定有差别，其中一个可能表意更美好或更糟糕。要想表达赞誉，就要选择美好、积极、正面的词语，要想表达贬损，就要选择丑恶、消极、负面的词语。比如：A man who begs'prays'，and a man who prays 'begs'. 乞求和祈求都是要求，形式不同而已。再如，"rosy-fingered morn"（玫瑰色手指晕染的早晨）比"crimson-fingered"（深红色手指晕染的早晨），甚至是"red-fingered morn"（猩红色手指晕染的早晨）更悦耳动听，更让人充满期待，产生心旷神怡之快感。如果词的音节未能传达甜美之意，隐喻可能就成为败笔。正如狄俄尼索斯（Dionysus）在其挽歌中把诗称为卡利欧碧的喊叫"Calliope's screech"。诗歌和嘶喊都属于发出的声音，但是嘶喊之音是刺耳的、毫无意义的。

三、隐喻和明喻的关系

亚氏认为明喻也是一种隐喻，二者仅有细微差别。比如，Achilles leapt on the foe as a lion.

这是明喻。如果改写成"the lion leapt"，便为隐喻。Achilles 和 lion 都是勇猛无敌的，把 lion 的特征附着给 Achilles。明喻在散文中使用率不高，因为明喻本质上属于诗歌。明喻和隐喻本质是一样的，只是明喻中有如 as，like 等连接词。明喻比隐喻多了喻词，所以隐喻更短小精悍、引人注目。另外，明喻的呈现方式是"A 是 B"，直接指出本源和喻源的关系，听者便因此失去了求知兴趣。但是二者之间可以转化。亚氏认为，有效的明喻就是从隐喻转化而来的。如果对比"A shield is the drinking-bowl of Ares"和"A shield is a drinking-bowl"。前者是隐喻，后者是明喻。前者隐含了正如酒碗（drinking bowl）是酒神狄俄尼索斯（Dionysus）的有力工具一样，盾牌（shield）对战神阿瑞斯（Ares）来说也是至关重要的。因此，shield 就成了阿瑞斯的 drinking bowl。这个隐喻是关于四种事物的类比关系。后者是关于两种事物的类比，没有隐喻复杂。有效的明喻应该从隐喻转化而来，"A shield is like the drinking-bowl of Ares"表达就更有效。

第二节　维柯对隐喻机制的阐述

语言的产生和发展与社会历史的发展密切相关。随着语言在社会生活中应运而生、日益发展完善，越来越多的哲学家开始思考语言和历史发展的关系。

意大利杰出的法学家、修辞学家、哲学家吉安贝斯塔维柯（Giambattista Vico，1668-1774）在其代表作《与国家共同性质相关的新科学》（《Principles of New Science Concerning the Common Nature of the Nations》）中，阐明了文化对语言发展的深刻影响。维柯将语言发展分为三个阶段：第一阶段是象形文字，是手势语言而不是口头语言盛行的时代。第二阶段是英雄时代形成的联邦式话语形式，以诗性语言为代表。诗性语言是该阶段人类的思考方式。人类以寓言的方式交谈。这些寓言传递的智慧在现代人眼中可能是深奥，甚至是晦涩难懂的。但在缺乏对自然认知的原始社会，寓言就是人们思考的方式，人们的想象力蕴含着隐喻思维，语言也是隐喻性的。第三阶段是现代文明的时代，此时帝王权力逐渐弱化，平民的权力得到彰显。语言也随之平民化、规约化。这一时期出现了大量封建势力的复辟现象，于是又重新经历这三个阶段。维柯对社会发展持闭环回路的观点，他认为社会发展不存在泾渭分明的分界线，同一阶段的不同国家可能属于不同的发展阶段。语言在不同社会发展阶段中呈现的特点也有所不同。

维柯假定语言的隐喻性质是全部知识体系化的坚实基础。根据 Mazzotta 的论述，诗歌是理解维柯全部心智和道德世界的有效路径。维柯对诗歌的洞察力是开启他探索全部知识的万能钥匙，是他研究当代社会的新话语（Poetry is the knot of threads that reach out into all parts of Vico's intellectual and moral world. This insight into poetry makes possible his quest for the whole of knowledge，which is his new discourse for the modern age）。既然诗歌是全部语言形式的根基，那么诗歌就具有把人类全部知识和制度整合为一体的功能。

维柯提出，所有基本的修辞手法，包括地位最突出、最常见的隐喻，都是诗性（poetic logic）逻辑发展的必然结果。隐喻得到格外赞赏是因为隐喻将人类的感知和情绪赋予非生命体。第一批诗人（the first poets）把生命特征转移给了非生命体，他们用这种方式创造了神话，因此，隐喻也被看成微缩的神话（all the primary figures of speech are corollaries of poetic logic. The most luminous figure，and hence the most basic and common，is metaphor. Metaphor is especially prized when，by the metaphysics just described，it confers sense and emotion on insensate objects. The first poets attributed to physical bodies the being of animate substances，endowed with limited power of sense and emotion like their own. In this way，they created myth about them；and such metaphor is a miniature myth）。

维柯认为，隐喻是人类赋予生命意义的一种工具。不同隐喻元素之间的相似性来自移情，而移情从心理学角度看属于想象范畴。神话是异教徒思维（pagan thought）的思想基础，也是一种符号学意义的类比。人类第一次想象，关于 Jupiter 的神话，就是在第一批神学诗人把人类的感知和热情转移到目力所及的天空时产生的。Jupiter 的寓言彰显了在神学派诗人眼中天空的属性，神话展现的是人类想象的结果，而这种想象的形象被原始人类当成现实。这种想象不是对所见的简单映射，而是经由大脑这个滤镜进行情感加工的产物。从感知上看，天空不可能是神话的产物，而维柯认为天空是由大气组成的物质这一论断是思维的结果，而不是思维的出发点。由此可见，原始人类因缺乏对天空的正确认识，将之看成万物之主，将闪电等自然现象当成来自神灵的信号。原始人类之所以把隐喻思维赋予自然界，是出于对自然的无知和恐惧。隐喻是认知局限的结果，也是原始人类表达思想的理据。现代人不能简单地把我们理性的抽象思维投射到原始人类的想象活动中。

维柯认为，正是要赋予客观事物具体含义的需求才是思想存在的理据。客观事物在未经人类思考加工之前是无意义的，在人脑中没有象征意义。正是 Jupiter 的隐喻赋予事物意义。第一种修辞手段和普通意义的隐喻并不相同。只有对那些能把抽象意义相关而物质意义不相关的事物联系在一起的人来说，隐喻才成为可能。这种概念上的类比是想象中的，隐喻正是把想象概念化的过程。修辞手段从概念中汲取图像。第一个 Jupiter 的隐喻结构完全不同。原始人类由于缺乏对自然界的认识，而把一种想法移加在所见所感的全部事物中。原始人类的思维是修辞性的，用对画作的修饰性语言来代表图画本身。

在表达对心理事物的理解时，人类借助想象力来解释概念，并像寓言中的画家一样把人类特征赋予事物。神学诗人则相反，他们并不具备理解这些心理事物的能力，也不具备抽象事物的能力，因此他们用一种更崇高的方式，即把人类知觉和情绪移加到非生命体，甚至移加到天空、地球、海洋。(And when we wish to express our understanding of intellectual notions, our imagination must assist us in explaining them and in giving them human form, as painters of allegories do. By contrast, the theological poets could not use their understanding and so performed the contrary operation, which is far more sublime. They attributed senses and emotions to physical bodies, even bodies as vast as the sky, earth and sea, as we have just seen.) 而后，随着想象力的枯竭和抽象能力的提升，这些神的形象逐渐演化成人类自身的缩影。由于缺乏对人类组织机构起源的认识，人类就借助隐喻以寓言的形式描述这些形象。因此原始人类的诗性智慧是人类未能将自身从客观世界分离出来的产物，是人类以自身知觉来度量客观世界的结果，隐喻语言逐渐成为人类认识世界的方式。

第三节　语义学的隐喻观

一、理查兹的"互动论"

在简要地回顾两位哲人对隐喻的阐释之后，本章节将系统探讨当代隐喻学研究的各种流派和学说。我们首先着眼于语义学视角。理查兹是本世纪初从语义学角度对隐喻研究作出杰出贡献的学者。他与奥格登（C.K.Ogden）合著的《意义的意义》（《The Meaning of Meaning》）一书中，详细阐述了隐喻意义。理查兹挑战了以亚氏为代表的传统修辞学隐喻观，借助相互作用理论重新阐释了隐喻发生的理据。

亚里士多德在《诗学》中提到，"人类最伟大的才能就是掌握了隐喻。隐喻是天才的象征，是无法传授的。只有具有识别相似性的慧眼才能掌握隐喻。"（The greatest thing by far is to have a command of metaphor. This alone cannot be imparted to anther; it is the mark of genius, for to make good metaphors implies an eye for resemblances.）理查兹质疑亚氏的观点。他认为，首先，"识别隐喻的慧眼"不是某些人的天赋，而是所有人在社会生活中获得的。区别只在于掌握的程度有所不同。只要接受正确的引导和教育，这种差异是完全可以弥补的。其次，他不赞成"隐喻能力是无法传授的"。他认为，正如人类在社会生活中获取了人类属性，通过与人交流，人类也同样可以获得隐喻能力。语言作为人际交流的载体就是通过隐喻才达到目的的。因此隐喻不是语言使用中的特例，或是正常语言使用的偏离，相反，隐喻是无所不在的。（As individuals we gain our command of metaphor just as we learn whatever else makes us distinctively human. It is all imparted to us from others, with and through the language we learn, language which is utterly unable to aid us except though the command of metaphor which it gives. And that brings up the third and worst assumption-that metaphor is something special and exceptional in the use of language, a deviation from its normal mode of working, instead of the omnipresent principle of all its free action.)

理查兹反对传统修辞学将隐喻看作修饰成分，看作需要高超技能才能驾驭的技巧。他认为隐喻是无处不在的，人们日常生活中不出三句话就会用到隐喻。(That metaphor is the omnipresent principle of language can be shown by mere observation. We cannot get through three sentences of ordinary fluid discourse without it.) 即使是在严谨的科技语言中，也很难不诉诸隐喻。在半技术化的学科，如美学、政治学、社会学、伦理学、心理学、语言学理论等，我们面临的困难是找到使用隐喻的规律和意义转移的路径。在哲学中，如果没有我们和读者的隐喻意识，我们无法取得理论上的进步。我们研究的哲学原理越深奥、越抽象，隐喻意识的作用就越强大。

理查兹重视在语言使用中研究隐喻。他认为词语的意义与语言使用的情景和目的有关。当词语从被定义的话语中提取出来，它就成为一个隐喻，在不同的语境中就获取了新的意义。他认为，意义是符号分配效力的集合，各个符号的效力把抽象概念融合成新的语意体。新语意体弥补了语境中缺失的部分。因此词语的隐喻用法替代的不是分离的想象，而是把各个层面整合起来。换句话说，隐喻是两个事物积极相互作用的结果。当一个词或短语表示两个意义时，这个词或短语的意义就是两个意义互相作用的结果。(In the simplest formulation, when we use a metaphor we have two thoughts of different things active together and supported by a single word, or phrase, whose meaning is a resultant of their interaction.) 因此，理查兹认为隐喻研究与语境密切相关，应该在话语层面阐释隐喻意义。隐喻不仅仅是称名现象，更是一种述谓现象，必须将隐喻置于话语层面，在语境意义理论下（context theorem of meaning）研究其发生机制。

理查兹认为隐喻由主旨（tenor）和媒介（vehicle）构成。主旨指概念、客体或认知主体的意指，媒介指用来进行对比的意象（谢之君，19）。如 The city is a beehive. 主旨是 the city，是我们要表达的对象。媒介是 a beehive，是用以揭示主旨 the city 特征的媒介。之所以借用 the city 来比拟 a beehive 是因为喧嚣熙攘的城市就像是辛勤忙碌的蜂房一样，在这里，隐喻不是简单的相似性的对比，而是对参与对比双方进行了层次划分和界定，明确其不同的地位和作用。认识的对象 "the city" 明确，这里的城市既可以是现实的，也可以是想象中的，认识的媒介 "the beehive" 作用鲜明，它不是认识的对象而是认识的工具、手段。隐喻就是通过媒介来解读、阐释特定的主旨的。

隐喻意思的发生是主旨和媒介共同作用的结果。二者的共现产生了既不等同于主旨，也区别于媒介的意义。媒介不仅仅是对主旨的修饰，而且是通过相互作用产生比二者单独的意义更丰富的意思。主旨和媒介对共同作用意义的贡献是有差异的。两种极端情况是，以主旨为主，媒介只充当修饰成分，或者以媒介为主，主旨仅作为引入媒介的载体。但在大多数情况下，主旨和媒介都对意义的结果作出了贡献。

二、布莱克对互动论的发展

布莱克进一步发展了理查兹的观点，他在《Models and Metaphors-Studies in Language and Philosophy》一书中详细阐明了隐喻互动理论的作用机制。

为了探明逻辑语法和隐喻的关系，布莱克试图回答如下问题：

听话者如何能辨识出说话者使用了隐喻？

是否存在一整套识别隐喻的标准？

隐喻能否被转换成字面意思？

隐喻的语言学意义是否仅体现在修饰成分？

隐喻和明喻是什么关系？

如果承认隐喻的创造性，从哪个角度解释其合理性？

使用隐喻的意义何在？

布莱克认为从明显的、得到一致认同的隐喻作为切入点研究隐喻对理解隐喻的作用机制是很必要的。比如：

The chairman plowed through the discussion.

A smoke screen of witnesses.

An argumentative melody.

在（1）句中，plowed 和句中其他词语形成了鲜明对比。听话者通过 plowed 辨识出这句是隐喻用法，其他词使用的是字面意义，所以听话者将注意力聚焦在 plowed 这一个词而不是整句话。"smoke screen""argumentative"也是听话者判断隐喻的关键词。因此，辨别隐喻的条件就是句中某个词或词组是隐喻用法，而其他词是字面用法。这也使得隐喻有别于谚语、谜语、寓言，在这些结构中整句话都是隐喻用法。

布莱克把决定隐喻用法的词语称为语焦（focus），句中其他成分称为框架（frame）。这种划分进一步理清了整句意义与焦点词义的关系，使我们能够对二者的互相作用进行更为细致的观察。

布莱克认为隐喻的"互相作用理论"可以归结为如下方面：

每个隐喻陈述由两个不同的主词构成，基本主词（"principal" subject）、次要主词（"subsidiary" subject）。指称的双重性体现在语焦（focal words）的隐喻意思与句中其他词语字面意思的对比上。

这些主词应被当作事物的系统（systems of things）而非单个事物看待。

隐喻就是把表示次要主词特征的相关隐含系统投射（projected upon）到主要主词上来达到效果的。

这些隐含意思（implications）主要包括某个文化群体对次要主词共同认可的特征，也可能是说话者刻意使用的偏离常规用法的意思。

听话者通过运用与次要主词特征相关的陈述来选择、强调、压缩、组织基本主词的特征。

这个投射过程就意味着同一词源或系统的词语的意义随着隐喻用法发生了转移。

从整体看，没有统一的喻底（ground）用来解释必要的意思转移，也就是说没有既定的喻底用来解释隐喻成功或失败的原因。

布莱克认为，在某一特定的隐喻陈述语境中，基本主词和次要主词通过下列方式产生"相互作用"：

基本主词的出现引发（evoke）听话者选择次要主词的部分特征，听话者既而构建一套平行的、与基本主词相符合的隐含关系系统，同时诱发次要主词发生相应的改变。如"Man is a wolf"，读者并不需要了解次要主词"wolf"在词典中的标准释义或能正确使用其字面意思，而是需要掌握"wolf"的相关常识系统（system of associated commonplaces）。这个常识系统储存的认知可能是半真半假或完全错误的，但对于隐喻的有效性来说，认知的真假值并不重要，重要的是隐喻能够轻易、自行诱发这个系统。（The important thing for the metaphor's effectiveness is not that the commonplaces shall be true, but that they should be readily and freely evoked.）换言之，"wolf"的字面意思受到句法、词义规则的制约，一旦违背就会产生矛盾。某一话语共同体的成员对词语的字面意思具有一套标准的认知，说话者如果违背这些标准认知，就会产生自相矛盾，从而诱发提供合理解释的需求。（To deny any such piece of accepted commonplaces is to produce an effect of paradox and provoke a demand for justification.）因此，把基本主词"man"称作诱发了跟"wolf"有关的常识系统。比如，这个人可能以其他动物为食，凶残、饥饿、好战、四处游荡等，这些隐含陈述可能符合基本主词的特征，也可能与其特征产生矛盾。新的隐含意思必定由与"wolf"有关、而不是与"man"相关的常识系统决定。隐喻凸显出那些与"wolf-language"有关、能轻易被诱发的人类属性，其他特征被归结为语境背景。Wolf-metaphor 就是这样着重强调了某些特征，压制了其他特征。因此 wolf 隐喻重新构建了对人类的认知。这套认知是和 wolf 常识系统平行的、符合基本主词特征的隐含关系系统。

布莱克用隐喻的"互相作用理论"反驳了古典的"替代论"和"对比论"。他认为按照替代论的观点，读者需要通过隐喻提供的线索对句意进行解码，以此还原字面意思。作者使用隐喻进行编码的原因可能有二。一是填补词汇空缺，但是当隐喻用法被广泛接受成为死隐喻后，隐喻的意义也就此终结。就像 orange 最初可能仅指代颜色，而后被用来代替呈现这种颜色的一种水果，现在 orange 就不再有隐喻之意了。这种解释还面临一个弊端，有些隐喻用法中的替代关系并不能扩展词意。"Richard is a lion"，按照当代作者的观点是对"Richard is brave"的替换，那么隐喻并没有扩展某个词的词意，也就是没有起到替补词汇空缺的作用。二是如果未能填补空白，那么隐喻就是为增加文体风格特征（stylistic），加强修饰效果，给读者带来新奇之感。隐喻作为装饰成分，让读者感到愉悦（The purpose of metaphor is to entertain and divert.）。这种观点违背了提出替代论的初衷，即推翻修辞归因。

布莱克认为"对比论"是"替代论"的一个特例。他认为"对比论"的主要问题在于语意模糊不清。"对比论"主张隐喻表达（M）和字面表达（L）之间的联系是建立在相似性（similarity or analogy）之上的。他对这种相似性能提供多少信息提出质疑。如果严格按客观标准衡量，相似性有程度之分，也就是说，读者要问在属性 P 方面 M 和 L 在多大程度上具有相似性。如果我们用这种方式解读隐喻，隐喻用法就失去了使用意义，表达效果也不理想。恰恰是在不需要精确的科学陈述的时候才需要使用隐喻。隐喻陈述并不是对正规对比或其他字面陈述的替代，而是有其独具特色的意思，达到不同寻常的表达效果。"X is M"是在诱发 M 和一系列与 M 有关的 L 的关联，在构建隐喻之前，M 和 L 之间不存在明显的关联，是隐喻创造了二者之间的相似性，从而提供看待 X 的新视角。隐喻创造了相似性，而不是采撷已经存在的相似性，使得隐喻更具有启发意义。

Metaphorical statement is not a substitute for a formal comparison or any other kind of literal statement，but has its own distinctive capacities and achievements. Often we say，"X is M" evoking some imputed connection between M and an imputed L（or，rather，to an indefinite system of，L1，L2，L3...）in cases where，prior to the construction of the metaphor，we would have been hard put to it find any literal resemblance between M and L. It would be more illumination in some of these cases to say that the metaphor creates the similarity than to say that it formatted some similarity antecedently existing.

（Models and Metaphors 《模型与隐喻》第 3 章）

布莱克发展完善了理查兹提出的"互相作用理论"，通过引入隐含复合体（system of implications）和映射（project upon）等概念说明了框架语境（frame）是如何对语焦（focus）发挥作用并使之产生新的隐喻意义的，从而揭示了语焦和框架语境相互作用的方式和结果。布莱克还明确指出了隐喻的创造性功能，突破"替代论"和"对比论"仅囿于隐喻意思和已有字面意思的关联局限，提供了看待事物的新视角，实现了隐喻从语言现象向认知现象的转变。

第四节　语用学隐喻观

不论理查兹的隐喻互动论，还是布莱克对互动论的延伸和深化，都无法有效解释在隐喻使用中词语意义发生变化的确切过程。隐喻的语义观从相关表达式的相互作用中阐释隐喻发生作用的机制，而不是话语者的意图使隐喻意思成为可能。从 20 世纪 60 年代开始，语用学理论取得长足发展，也因此开辟了隐喻研究的新思路。语用学代表人物格莱斯和塞尔是系统探究语用学研究路径的杰出学者。语用学注重把语言看成一种话语现象，结合特定的语境，当话语字面意义与语境产生偏离、引发语义上的冲突时，可以用隐喻意思来解释语义上的偏离，从而还原说话者的真实意图。

隐喻的语用观涉及到字面意义和隐喻意义两个概念。字面意义即句子成分组合起来的意思。隐喻意义是字面意义在具体语境中的意思，也是说话者的真实意义。如何实现从字面意义到隐喻意义的有效关联成为语用观隐喻研究的关键。

一、格赖斯的隐喻观

格赖斯于 1967 年在哈佛大学进行一场演讲，第二年将演讲精要在论文《Logic and Conversation》中呈现出来，文中关于会话含义（implicature）和合作原则（Cooperative Principles）的经典论述对语用语言学的发展作出了巨大贡献。

格赖斯区分了话语的字面意思和隐含意思。他认为人们在日常交流中并不总是传递字面意思，而是会隐含、暗示话语的真实意图，即会话含义。例如：

He is in the grip of vice.

在缺乏语境背景的情况下，这句话可能描述的是一位男性或一只动物，他／它可能无法摆脱某种恶习，或者身体某部分被困在工具里。对会话含义正确理解还需要了解说话者的身份、交际时间和交际场景。

格赖斯认为人们的会话交际不是由一连串不相关的话语构成的。相反，会话过程是双方共同合作努力的结果，合作程度可能不同，但是双方都意识到会话的共同目的，并按照双方一致认同的方向展开话语。话语的方向可能在交谈之初就确定下来，也可能随着话语推进逐步确定，以留给双方交流的余地。（Our talk exchanges do not normally consist of a succession of disconnected remarks，and would not be rational if they did. They are characteristically，to some degree at least，cooperative efforts；and each participant recognizes in them，to some extent，a common purpose or set of purposes，or at least a mutually accepted direction.）但在每个阶段，那些不符合共同会话目的的话语会被淘汰。为了推进会话的顺利进行，双方都会在会话的各个阶段对话语做出对方所需的贡献，按照共同的会话目的展开话语交际。格赖斯把双方共同遵循的这一原则称为"合作原则"。

格赖斯没有界定在会话的特定场景中合作行为的具体表现形式，而是以四项准则为依据提出规范话语交际行为的基本假设（Grice，1962）。这四项准则分别是数量准则（Quantity）、质量准则（Quality）、关系准则（Relation）、方式准则（Manner）。

数量准则是对话语信息量的规范。

话语者需要根据当时的交际目的尽可能做出具有信息量的话语努力。

话语者不要提供不必要的信息量。

质量准则是对话语真实性的规范。

话语者不应说出自己认为不真实的话。

话语者不应说出缺乏足够证据的话。

关系准则是对话语相关性的规范。

话语者要做出与共同话语目的有关的努力。随着会话语步（move）的推进，会话焦点（focus）可能会转移，话语者做出相应调整保持话语的相关性。

方式准则是对话语表达方式的规范。

避免表达模糊不清。

避免表达的不确定性。

话语言简意赅。

话语井然有序、条理明晰。

格赖斯认为合作原则普遍应用于日常语言交际，是话语交际者对其他话语参与者的假设。如果话语交际者违背了其中某项原则，一定存在合理的解释，一定有其隐含意义。在话语交际者做出了为共同话语目的努力的情况下，话语交际者可以推断出另一方超出话语字面意思的隐含意思，会话含义由此产生。按照格赖斯的会话含义理论，话语交际者需要三步确定会话含义：第一步，话语者分析话语的字面意思；第二步，话语者根据交际场景、交际目的判断话语的真实性；第三步，如果字面意思不符合交际场景或交际目的，偏离了正常语意，话语者就要推衍出符合双方合作原则的会话含义。单独的隐喻话语不能改变词语的字面意思，只有当受话者认为发话者的话语与交际意图产生偏离而无法接受时，受话者才展开语用性或非字面性的解读，以寻求符合语境的会话含义。由此可见，语境因素已经渗透到对字面意思的解读过程。承载隐喻阐释的不单是孤立的句式意义，而是语境中的句式意义。

在格赖斯会话含义理论的基础上，塞尔提供了字面意义的精确定义，进一步深入探讨了语境因素对揭示隐喻含义的重要作用。

二、塞尔的隐喻观

约翰塞尔（John Searle）是世界著名的语言哲学家，是日常语言学派的主要代表人物。他发展了奥斯汀（J.L.Austin）的言语行为理论并取得了突破性的进展。他的语言哲学思想和研究结果对语言学的发展起到了历史性的推动作用。1979年约翰塞尔发表《Metaphor》一文，首次明确区分了词语或句子的字面意义和话语意义，进一步描述了实现两者有效转换的一系列原则。由于塞尔精准、细致地描述了隐喻发挥作用的工作机制，他的研究成果对隐喻研究具有里程碑的重要意义。

为了从语言和沟通理论探索说话者的隐喻意义如何区别于字面意义，塞尔试图回答如下问题：

隐喻是什么？字面意义和修辞意义有何不同？

为什么要使用隐喻意义而不是直接说出个人意图？

隐喻是怎么发生的？说话者的意图不是字面意思的时候，怎么能让听话者解读其意？

为什么有些隐喻能实现沟通目的，而另一些隐喻却不能呢？

塞尔认为隐喻是发话者意义（speaker's utterance meaning）或话语意义（sentence or word meaning）与词语和句式意义分离的一种特例。反讽和间接言语行为是另外两种发话者意义与词语和句式意义断裂的语言表现形式。塞尔认为二者之间的关系是发话者意义不同于句式意义，但是发话者意义在某种程度上又取决于句式意义。句式意义和隐喻意义之间的关系是系统的，而不是随意、临时的。塞尔认为隐喻的研究任务就在于构建一系列原则，明确阐释句式意义和隐喻意义的关联系统（Our task in constructing a theory of metaphor is to try to state the principles which relate literal sentence meaning to metaphorical utterance meaning）。隐喻研究要回答的首要问题就变成"哪些原则让发话者形成隐喻意义，让听话者理解隐喻意义"，继而要回答"当发话人意义和字面意义不同时，这些原则是如何使隐喻意义区别于其他意义的"。

与大多数隐喻研究者不同，塞尔对字面意义进行了深入探究。如下例：

Sally is tall.

The cat is on the mat.

It is getting hot in here.

上述例子中的字面意义决定了一系列真实条件。因为这些例子中唯一的言外之力是宣称性的，这些句式中的一则字面话语使得发话者必须保证由该则字面话语决定的真实条件，以及真实条件的其他决定因素。而且，字面话语只决定特定语境中的真实条件。例（1）中的现在时态、例（2）中的定冠词"the cat""the mat"、例（3）中的指示代词 here 都指示特定的语境。句式的字面意义只决定与非句式语义内容的背景假设有关的一系列真实条件（These sentences only determine a set of truth conditions against a background of assumptions that are not explicitly realized in the semantic structure of the sentence）。例（1）、例（3）中有形容词 tall、hot，形容词表示的是相对属性，它们只决定与背景假设有关的真实条件，而这些假设不是在句式意义中实现的。比如，即使一个女人比长颈鹿矮，也可以说她个子高。身高依据参照物不同可以有不同的描述，对参照物的共同确认就是这里的背景假设。

再如例（2）中，发话者的背景假设是在地球上 cat-on-mat 的空间结构，如果在外太空，句式意义就无法保障两者这种空间结构的真实性了。因此，即使是在发话者意义和句式意义一致的情况下，说话者也要表达出超越句式意义的意义，因为句式意义只决定与发话者做出的假设有关的真实条件（Thus even in literal meaning，where speaker's meaning coincides with sentence meaning，the speaker must contribute more to the literal utterance than just the semantic content of the sentence，because that semantic content only determines a set of truth conditions relative to a set of assumptions made by the speaker）。听话者要接收到这些背景假设才能正确理解发话者的意思。

最后，相似性对理解字面意思也很重要。表示范畴的词既决定了一系列真实条件，也决定了具有该属性的事物之间的相似性。比如：All tall women are similar with respect to the property of being tall，all hot rooms are similar with respect to being hot，and so on.

在对字面意思深入探究的基础上，塞尔进一步详细阐述了连接字面意义和隐喻意义的一系列原则。他认为隐喻问题的简化形式就是，"S 是 P"的话语形式是如何传递出"S 是 R"的隐喻意义。在分析隐喻的述谓结构时，我们需要区分 S、P、R 这三个元素集合。也就是说，我们需要弄清发话者是如何以"S 是 P"的话语形式表达"S 是 R"的隐喻意思。塞尔用举例法论证了话语的字面意义如何隐喻性地激活一系列真实条件的八条原则。

原则（一）：根据定义 P 具有 R 的属性。一般情况下，如果隐喻表述成功，R 应该是 P 最明显的特征之一。如，"Sam is a giant"其隐喻含义为"Sam is big"，因为 being big 是 giant 最显著的属性之一。

原则（二）：P 在一定条件下具备 R 属性。如果隐喻表述成功的话，属性 R 仍然是 P 最突出的特征之一。如，"Sam is a pig"的隐喻意思为"Sam is filthy, gluttonous, sloppy, an so on"。

以上两条原则将隐喻视为隐含的明喻，即"Sam is like a giant""Sam is like a pig"。

根据这两条原则，P 的变化会引起其属性 R 的巨大变化。"Sam is a pig" "Sam is a hog" 和 "Sam is a swine" 的隐喻意思差别很大。

原则（三）：P 被认定具有 R 属性，尽管发话者、听话者都认为 R 不是 P 的特征。如 "Richard is a gorilla" 其隐喻意义为 "Richard is mean, nasty, prone to violence, and so on"。发话者和听话者都认为实际上 Gorilla is shy, timid, and sensitive creatures. 但是关于 gorilla 的神话让人们建立起联想，这种联想背离了现实，但是隐喻会自然而然地激活双方产生这种联想。尽管联想是不切实际的，但是双方共同具有的。

原则（四）：P 不具有 R 属性，P 也不像 R，P 也不被认为具有 R 属性。受文化因素影响，或自然而然地，人们在头脑中将 P 与 R 建立了关联。P 与 R 的关联建立在直觉基础上。如：

Sally is block of ice.

I am in a black mood.

Mary is sweet.

John is bitter.

这些句子的隐喻意义分别为：

Sally is unemotional.

I am angry and depressed.

Mary is gentle, kind, pleasant, and so on.

John is resentful.

再如：

The hours { crept / crawled / dragged / sped / whizzed } by as we waited for the plane.

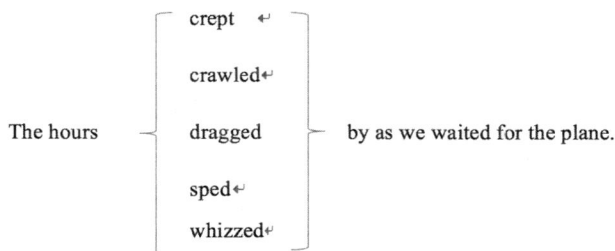

尽管隐喻意义和字面意义没有相似性，但字面意义激发了听话者关于程度性的联想，比如情绪化的程度、时间流逝的速度等。

原则（五）：P 和 R 不相似，也不被认为相似。但是 P 的成立条件和 R 的成立条件相似。比如，如果某人得到了晋升，我们会说 "You have become an aristocrat"。被升职的人并不像贵族（aristocrat），而是晋升后在公司的地位和贵族在社会阶层中的地位相似，都是高于普通人地位的。

原则（六）：P 和 R 具有相似性，但是由于 P 属性在应用中受到限制，不能用来描述 S，于是就用 R 属性来隐喻性地描述 S。如，addle 只适合描述鸡蛋。仅其隐喻意义适用下例，

The parliament was addled.

His brain is addled.

原则（七）：塞尔认为这条原则不是独立的，而是渗透于前六个原则。如：

Sam devours books.

The ship ploughs the sea.

Washington was the father of the country.

在这些句子中，devour、plough、father 都连接前后两个名词。听者的任务不是通过"S 是 P"推断出"S 是 R"，而是通过 P 类关系（P-relation）推断出 R 类关系（R-relation）。也就是找到不同于 P 类关系但与其又有相似性的 R 类关系。因此原则（一）就变成了"根据定义 P 类关系是 R 类关系"。如例（1）中根据定义，plough 指在前进过程中清除道路中的障碍，Plough 这一定义用于航行过程和用于犁的过程就产生了相似性。这种相似性是由人们从与耕地相关的属性中推断出的与航行有关的属性，不是两个属性的相似，而是与两个属性有关的关系系统的相似。

原则（八）：P 和 R 之间可能存在"局部—整体""容器—装载物"乃至"服饰—饰者"的关系，这些使听话者由 P 联想到 R。P 和 R 的这些关系是提喻、转喻描述的事物之间的关系，在此塞尔把提喻、转喻看成是隐喻的特殊形式。他认为隐喻、提喻、转喻虽然名称不同，但实质都是通过"S 是 P"联想到"S 是 R"，差别就在 P 和 R 之间存在的关系上。不论是属性相同、还是部分—整体的关系，都能激活听话者产生相关的联想，正确理解说话者的真实意图。

塞尔对准确地刻画出隐喻阐释的各个阶段和作用机制的研究成果极大地推动了隐喻研究的发展。

三、关联理论

格赖斯的会话含义和合作原则为阐释隐喻的工作机制发挥了重要作用。此后，斯泼博和威尔逊建立了关联理论（Principle of Relevance）（Sperber & Wilson，1986）进一步发展了格赖斯的隐喻阐释机制。斯泼博和威尔逊认为人类的交际模式有两种，语码交际（coded communication）和明示—推理交际（ostensive-inferential communication）。明示—推理模式可以独立使用，而语码模式是加强明示—推理模式的一种有效手段。因此，斯泼博和威

尔逊将交际模式界定为明示—推理行为，在这种模式中，发话者提供一种刺激（stimulus），使听话者和自己都明确发话者的意图。借助这种刺激，发话者向听话者提供一系列话语假设（assumptions）集合（I）。（Ostensive-inferential communication：the communicator produces a stimulus which makes it mutually manifest to communicator and audience that the communicator intends，by means of this stimulus，to make manifest or more manifest to the audience a set of assumptions）

斯泼博和威尔逊明确了交际行为需要发话者和听话者双方的共同努力。发话者的任务是根据对听话者认知环境的判断发送一个刺激信号，让双方建立起一系列、共同的话语假设。听话者需要从这一系列、共同的语境假设中推导出符合发话者意图的假设，从而正确领会发话者意图，实现交际目的。听话者通过识别发话者的交际意图而获取信息意图。

斯泼博和威尔逊认为产生交际意图的原因有二。一是如格赖斯所言，发话者为传递基本信息提供直接证据，并由此传达比基本信息更宽泛的信息意图。二是发话者和听话者修改、拓展双方共同的认知环境，实现成功的交际。（The first reason is the one suggested by Grice：by producing direct evidence of one' informative intention，one can convey a much wider range of information than can be conveyed by producing direct evidence for the basic information itself. The second reason humans have for communicating is to modify and extend the mutual cognitive environment they share with each other.）如下例：

（1）（a）Peter：It's a lovely day for a picnic.

（They go for a picnic and the sun shines.）

（b）Mary（happily）：It's a lovely day for a picnic，indeed.

（2）（a）Peter：It's a lovely day for a picnic.

（They go for a picnic and it rains.）

（b）Mary（sarcastically）：It's a lovely day for a picnic，indeed.

例（1）中 Peter 夸赞好天气正适合野餐。在说话的同时，Peter 已经意识到他和 Mary 都发现天气晴好，所以天气晴好是双方都明确的话语假设。Mary 可以根据这一话语假设推断出 Peter 的交际意图。例（2）中 Peter 也是夸赞天气晴朗适合野餐。但是对话是在雨天进行的。此时雨天成为双方共知的话语假设，Mary 意识到话语假设和 Peter 字面意思正好相反，从而推断出 Peter 的真实交际意图。上述例子形象地说明交际成功与否取决于发话者是否预设合理的话语假设，以及听话者能否准确判断出话语者意图中的语境假设。因此，斯泼博和威尔逊的关联理论将发话者和听话者双方都纳入到成功交际的框架，明示—推理的交际过程是双方在共同语境假设中发出—接收正确话语假设的过程。

语境概念在关联理论框架中具有重要的意义。关联理论认为语境是"话语理解过程中的假设的集合"。听话者构建的完整的语境信息是在其物理环境（physical environment）、认知环境（cognitive environment）共同作用下形成的。斯泼博和威尔逊提出了"互明"概念（mutual manifestness），发话者首先判断听话者可能会明了的假设，然后根据双方共同明了的假设发出刺激信号，使得听话者构建符合交际意图的语境假设，从而实现交际目的。

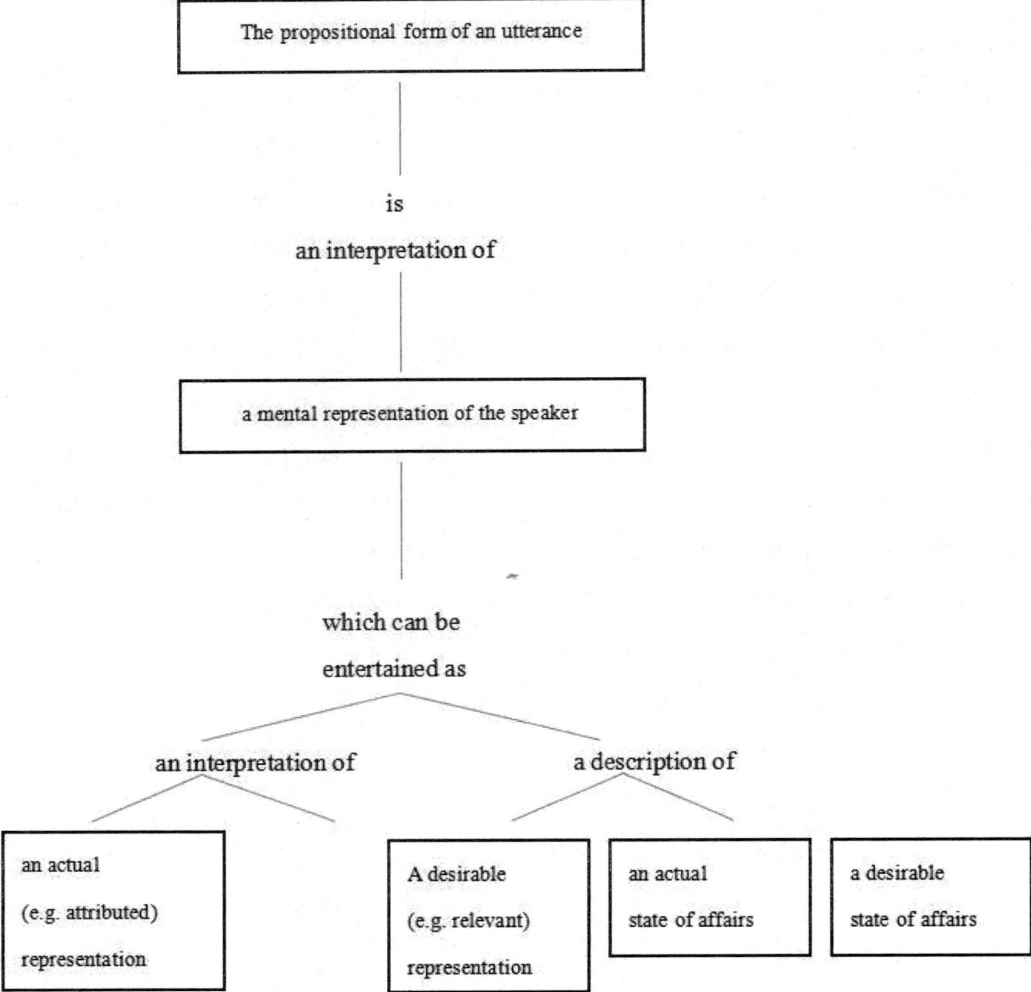

```
┌─────────────────────────────────────────┐
│   The propositional form of an utterance │
└─────────────────────────────────────────┘
                    │
                   is
             an interpretation of
                    │
┌─────────────────────────────────────────┐
│    a mental representation of the speaker │
└─────────────────────────────────────────┘
                    │
             which can be
             entertained as
           ┌────────┴────────┐
    an interpretation of        a description of
      ┌──────┴──────┐         ┌──────┴──────┐
┌───────────────┐ ┌───────────────┐ ┌───────────────┐ ┌───────────────┐
│ an actual     │ │ A desirable   │ │ an actual     │ │ a desirable   │
│ (e.g. attributed)│ │ (e.g. relevant)│ │ state of affairs│ │ state of affairs│
│ representation │ │ representation │ │               │ │               │
└───────────────┘ └───────────────┘ └───────────────┘ └───────────────┘
```

图 1-1　关联理论下的隐喻发生机制

如图 1-1 所示，斯泼博和威尔逊采纳关联理论阐释隐喻意义发生的机制。他们认为话语的命题意义即是话语的字面意思，同时话语的命题意义也是对发话者心理表征的解释。发话者的心理表征可能是对现实的表征的解读、对实际事物状态的描述，也可能是对理想的表征的解读、对理想事物状态的描述。听话者需要根据关联原则加工、构建双方共有的话语假设，判断、选择发话者命题意义的语境暗含，从而正确理解发话者的意图。如果话语和发话者的想法完全一致，那么话语的命题意义就是严格意义上的字面意义。如果话语和所传递的发话者的想法在一定程度上而不是全部意义上具有逻辑联系，那么话语的命题意义就不是严格意义上的字面意义，此时字面意义就不能完全反映发话者的意图，需要听话者借助语境暗含对话语加工、重构。根据关联原则，发话者要传递最具有关联性的意图，而不是最表面的事实意义。所谓最佳关联（optimal relevance）原则，是指发话者提供最值得听话者加工且需要付出最少加工努力的信息。（The optimal interpretive expression of a thought should give the hearer the information about that thought which is relevant enough to be worth processing，and should require as little processing effort as possible.）如下例：

（a）I earn $797.32 pence a month.

（b）I earn $800 a month.

（a）和（b）提供的收入数字都能让听话者判断发话者的生活水平和购买力。按照关联原则，发话者没必要选择精确的、尽管是真实的信息，而应该选择粗略的、需要听话者付出最少加工努力的信息。听话者可以根据语境假设判断出发话者的字面意义，$800 不是严格意义的数据，只是表明其生活水平的范围。因此，最佳关联性考虑到交际双方的利益。首先，发话者要遵循言语组织的经济性原则，同时要尽量降低听话者加工、处理信息的努力的程度。其次，听话者要在相关的假设集合中选择最具有可及性（the most accessible）的信息从而找到最优的语境效果。

斯泼博和威尔逊认为，隐喻和借喻、提喻、夸张等修辞手段一样，是对语言使用方式的创造性拓展。为寻求最佳关联，发话者在不同的语境下会或多或少地如实传递想法。因此，听话者接收到的信息可能是字面意义的，也可能是隐喻意义的。隐喻意义是口头交际交际过程的自然产物，并不需要听话者付出额外的加工努力。因此，斯泼博和威尔逊认为关联原则可以替代格赖斯提出的合作准则，成为解释隐喻机制的最佳原则。

第二章　概念隐喻学说

第一节　概念隐喻的定义

最早对隐喻进行全面而系统的论证的学者是希腊哲学家亚里士多德。他在影响力极强的《诗学》（*Poetics*）和《修辞学》（*Rhetoric*）两部巨著中，详细阐释了隐喻的定义及隐喻在诗歌、散文中的修辞功能和劝谏功能。亚氏对隐喻的概述影响深远。根据亚氏的定义："隐喻就是借一个词的意思表示另一个词的意思，或以'属'作'种'，或以'种'作'属'，或以'种'作'种'，或借用类比关系。"亚氏这种把对隐喻的解读停留在语言层面的理论在相当长一段时间内束缚了人们对隐喻的理解。因此，人们普遍认为隐喻是诗性的、具有修辞意义的语言，而非日常语言。隐喻归属于语言现象，不是思想或行为方式。没有隐喻并不影响人们在生活中的交际活动。

20 世纪 60 年代理查兹和布莱克提出的"隐喻互动论"，首次从语义学角度探索隐喻的作用机制。理查兹认为隐喻是无处不在的，人们日常生活中不出三句话就会用到隐喻。

理查兹（Richards）是 20 世纪初从语义学角度对隐喻研究作出杰出贡献的学者。他在与奥格登（C.K.Ogden）合著的《意义的意义》（*The Meaning of Meaning*）中详尽地分析了隐喻意义。理查兹认为隐喻的意义由交际的情景、目的决定，因此应该在话语层面阐释隐喻意义。当词语从被定义的话语中提取出来，它就成为一个隐喻，在不同的语境中词汇会获取不同的意义。布莱克对理查兹的"互相作用理论"进行了深入探索。他把决定隐喻用法的词语称为语焦（focus），句中其他成分称为框架（frame）。通过引入隐含复合体和映射等概念说明了框架语境（frame）是如何作用于语焦（focus）并使之产生新的隐喻意义的，从而揭示了语焦和框架语境之间的互动方式和结果。互动论突破了从词汇层面探索隐喻的限制，把隐喻置于句子层面，从语义角度进行阐释，但还是无法逃脱把隐喻视为语言现象的束缚。

认知语言学从认知角度考察隐喻发生的机制，推翻了从语言层面阐述隐喻意义的传统研究方法，揭开了隐喻研究领域认知科学革命的序幕。

认知语言学者认为隐喻在生活中无处不在，它超越了语言现象的表征，广泛渗透在人们的思想或行动之中。隐喻普遍存在于日常语言中，并非是语言的"异类"。隐喻是人类理解世界的重要的认知工具。人类在认知世界的过程中，由于缺乏清晰的范畴概念，只能用已知的、熟悉的、具体的意象来表征新事物、新概念，通过激活相关的背景知识、联想、类比来发现两类事物之间的相似性，从而形成对新事物的意象图式，这个过程就是对隐喻意义的识解过程。

认知隐喻学学者莱考夫和约翰逊（Lakoff & Johnson）在其巨著《我们赖以生存的隐喻》中首次建构"概念隐喻"。概念隐喻和普通的语言隐喻不同，它具有概括性、系统性特征，它是对一般隐喻表达式的抽象概括和总结。莱考夫和约翰逊认为，人类的思维方式究其本质是隐喻的。概念隐喻理论突破了传统的从修辞、语义等语言学视角研究隐喻，开辟了崭新的认知隐喻研究领域，引发了学术界从认知领域开展隐喻研究的热潮。

莱考夫和约翰逊以 "Our relationship has hit dead-end street" 为例阐明了隐喻不仅作为修辞手段存在，而且是日常生活中普遍存在的语言现象。此处，我们将爱情概念化为一段旅行，意味着恋爱关系陷入僵局，无法继续携手同行的恋人必须回头，或者完全终止这段关系。英语中有很多日常表达是基于将爱情概念化为旅行的。比如：Look how far we've come（看我们已经走了很远）；It's been a long, bumpy road（这是一段漫长坎坷的路）；We can't turn back now（我们不能走回头路）；We're at a crossroads（我们正站在十字路口）；We may have to go our separate ways.（我们可能要各奔东西）；The relationship isn't going anywhere（这段关系要无疾而终）；We're spinning our wheels（我们在原地踏步）；Our relationship is off the track （我们的关系走不下去了）；The marriage is on the rocks（我们的关系岌岌可危）；We may have to bail out of this relationship（我们可能要摆脱这种关系）。

这些都是日常生活中常见的普通英语表达，不是诗性语言，也不一定要用于特殊的修辞效果。莱考夫和约翰逊据此提出：能否用统一的原则指导我们使用这些关于旅程的语言表达来刻画爱情？能否用统一的原则指导我们在使用此类表达时，如何用推断旅行的模式来推理爱情？

他们认为存在这样的原则，即用旅行领域理解爱情领域。我们可以用隐喻来说明这个原则：恋人是一起旅行的旅人，他们将共同的人生目标视作要到达的目的地。这段恋爱关系充当他们的工具，使他们能够同德协力。只要能让他们朝着共同的目标取得进展，这段关系就算是达到了目的。旅途坎坷，障碍不断，并且在一些十字路口，他们必须决定往哪个方向走以及是否继续同行。隐喻就是用旅途这个经验领域来理解爱情这个经验领域。

莱考夫和约翰逊用源域（source domain）和目标域（target domain）来阐释隐喻表达式涉及的两个域。源域表明隐喻表达式来源的概念域，目标域表明隐喻表达式应用的概念域。将两个概念域联系起来的是隐喻映射（mappings），这种映射发生在概念层面，体现在具体的语言表达式中。因此，一个概念映射（conceptual metaphor）统领很多个语言映射（metaphoric expressions）。这也说明了概念隐喻不是随意的，具有生成性、系统性特征。根据概念隐喻理论，隐喻是从熟悉的、已知的领域到不熟悉的、未知的领域的映射，是在源域和靶域之间建立起一系列本体的对应关系（ontological correspondences）。以 "Love is a journey"为例，恋爱领域中的实体（例如，恋人、共同目标、困难、恋爱关系等）系统地对应旅行领域中的实体（旅人、目的地、旅途坎坷、交通工具等）。

莱考夫和约翰逊还以时间被概念化为空间为例阐述了概念隐喻在源域和目标域之间的映射。在英语中很常见的现象是把时间概念化为空间。其本质是根据事物（即实体和位置）、运动来理解时间。其背景条件是使当前时间与规范的观察者位于同一位置。

映射关系：

（1） Times are things.（时间是事物）

（2） The passing of time is motion.（时间的流动是运动）

（3） Future times are in front of the observer；past times are behind the observer.（未来展现在观察者面前，过去流逝到观察者身后）

（4）One thing is moving，the other is stationery；the stationary entity is the deictic center.（一个事物在运动，另一个事物处于静止。静止的事物是指示中心）

含义（1）：Since motion is continuous and one-dimensional，the passage of time is continuous and one-dimensional.（像运动一样，时间的流逝运动也是连续的、单一维度的）

例1：The observer is fixed；times are entities moving with respect to the observer. Time oriented with their fronts in their direction of motion.

（观察者是固定的。时间随着观察者移动。运动的方向即时间流逝的方向）

含义（2）：If time 2 follows time 1，then time 2 is in the future relative to time 1.（如果时间 2 在时间 1 之后，那么相对时间 1 来说，时间 2 就是将来时）

The time passing the observer is the present time.（观察者正在经历的时间就是现在时）
Time has a velocity relative to the observer.（相对于观察者，时间具有速度的特征）

例2：Times are fixed locations；the observer is moving with respect to time.（时间是固定的地点，观察者随着时间移动）

含义（3）：Time has extension，and can be measured.（时间具有延展性、可衡量性）

像空间区域一样，时间具有延展性，因此是一个有界区域。时间的流逝是运动（time passing is motion）这个隐喻，有两种特殊情况，具有概括性，可以用来解释很多隐喻现象。

在很多情况下，空间表达也可以用于时间的规律。在例 1 中，时间的流逝是物体的运动（Time passing is a motion of an object），解释了如下这些语言形式和语义内涵，例如：The time will come when...（当...时候就到了）；The time has long since gone when...（自从……已经过去很久了）；The time for action has arrived（该到采取行动的时候了）；That time is here（时间到了）；Thanksgiving is coming up on us（快到感恩节了）。因此，例 1 解释了像 come，go，here，follow，precede，ahead，behind，fly，pass 这些词语可以同时表达空间和时间的原因及其语义产生的原因。

在第二种情况下，时间的流逝是掠过地面风景的运动（Time passing is motion over a landscape），说明了很多不同的隐喻，如 He stayed there for ten years（他在那里住了十年）；He passed the time happily（他过得很开心）；He stayed in Russia extended over many years（他在俄罗斯又过了很多年）；We're getting close to Christmas（圣诞节快到了）；He'll have his degree within two years（两年内他就能攻读下学位）；I'll be there in a minute（我马上到那儿）。

第二种情况把像 for，over，within，in，pass 的位置表达式映射到具有相应含义的时间表达式上。同样，第二种特殊情况阐明了一个将空间术语、推断模式与时间术语、推断模式相关联的一般原则。上述两个例截然不同。用这两种情况解读的映射关系完全不同。如，the time of Christmas is coming（例1），We're coming up on Christmas（例2）。例1中观察者是固定的，时间随着观察者在移动。例2中时间是固定的，观察者随着时间在移动。类似情况还有 The time has passed（例1）和 He passed the time（例2）中的词语 pass。这些映射细节中的差异表明，尽管时间和空间之间只有一种对应关系，用空间表达来解释时间表达时仍然需要指定细节，不可一概而论。用运动、实体和位置隐喻来理解时间也是符合生物学知识的。在我们的视觉系统中，我们有运动探测器和物体/位置探测器，但没有时间探测器。因此，用事物、运动理解时间在生物学上是很有意义的。

第二节　概念隐喻的哲学基础

Lakoff 和 Johnson（1987）在认知语言学框架下探讨隐喻，这种探讨是建立在体验哲学理论的理论基础之上的。当时的哲学领域流行经验论和唯理论两种基本观点。它们都认为语言要精确地、准确无误地描述客观世界，强调语言的表征功能和再现功能。在这种哲学思想的指导下，人们以是否能够保持与客观世界完全一致为标准衡量语言。语言被看成对客观世界镜像式的反映。而 Lakoff 和 Johnson 继承了客观主义的合理性，但反对绝对的客观主义，他们认为人类的认知加工在对客观世界的反映中发挥重要作用，因此语言是无法实现完全精确地描述客观世界的目的的，相反语言对客观世界的描述是模糊的，但仍然保持系统性特征。认知语言学的理论基础体验哲学的具体观点如下：

（1）世界范畴的主客观性和相互依存性。现实世界中的范畴、关系是通过人类主观认知实现的，人们在认知客观的外部世界时不能完全产生"镜像式"的反映，认知主体对客观世界进行范畴化的认知加工是不可避免的。因此在认识客观世界时，主客观因素是相互作用、相辅相成的。

（2）人类思维的体验性和互动性。人类的思维、心智、概念系统是建立在对现实世界、对身体感知的基础之上的，是与生理、神经紧密相连的，因此人类的思维具有体验性、感知性特征。对客观世界的认知是认知主体的身体体验与客观事物相互作用的产物。

（3）心智结构的隐喻性。人类在认知世界的时候要发挥主观能动性，通过身体感知客观世界，并据此建构对客观世界形成的概念系统。在建构的过程中，运用隐喻等思维方式，不断形成抽象概念，发展抽象的思维能力。人类的思维和心智在本质上具有隐喻性和创造性。

（4）概念结构具有非符号性和建构性。概念结构是人类对客观世界的反映，是人类认知与客观世界互动的结果，因此不可能完全反映客观世界，具有一定的主观性。思维在这个认知过程中发挥了主体能动性。因此思维的产物即概念结构并不是对客观世界的"镜像式"反映，不具有符号性特征，而是在思维与客观世界的互动中，建构、发展而来的系统。

（5）意义系统的模糊性和整合性。意义是一种基于体验的心智现象，是主客观相互作用的结果，具有动态性、系统性、模糊性特征。意义需要经过认知主体的加工，如对范畴化、概念化、意象图式等加以抽象化。与上述概念系统的非符号化特征是密切相关的。

体验哲学合理吸收了客观主义和主观主义的观点，认为既要尊重客观事实对认识的决定作用，按照客观规律认识世界，同时也要看到主观能动性对客观世界的认知作用并进一步反作用于客观世界的作用。体验哲学采纳辩证主义观点，倡导主客观主体之间的互动性。

莱考夫和约翰逊（1999）合著的《体验哲学》中将体验哲学的思想归纳为三条原则，即心智的体验性、认知的无意识性和思维的隐喻性。

（1）心智的体验性。

范畴、概念、推理和心智并不是对客观世界的镜像式的反映，而是通过人类对外部世界的感知和体验加工而成的。我们对世界的最基本认识主要来自空间（包括地点、方向、运动等）和身体（包括器官、身体与环境的相对位置），它们都构成了我们日常推理的认知基础。人类的身体不仅是物理的、生理的，还是思维的、心智的。人以自身的经验感知世界，通过积累对世界的感知加深对外部世界性质、分类的认知，再运用对已知事物丰富的感知去理解、认知、范畴化未知事物，从而扩大对外部世界认知的广度和深度。

莱考夫和约翰逊提到的"经验"不限于身体经验，还包括社会经验。社会经验是人作为社交主体参与社会活动的体验、心得。因此经验是人类与外部物理环境和社会环境相互作用的产物。人类的认识是基于对自身的感知、经验的理解，按照由近及远、由易到难、由已知到未知的、由具体到抽象、由身体到其他语义域的方式逐步拓展而得。

身体、思想和世界三者相互作用，相辅相成，紧密联结。身体是人类思想和世界连接的物质基础，没有身体，人类对世界的认知不再具备体验性，这种认知不具有可靠性。我们通过身体体验、经历外部世界，再用这种体验和感知反观身体。人的身体是文化的身体。世界在体验性的认知中得以概念化。体验性对塑造、形成我们的人生观、价值观还具有重要意义。

作为认知主体，人类在认知的形成过程中发挥关键性作用。人类以自我位置、视角为参照物，形成了上下、左右、前后、中心、边缘等基本方位概念。人类认识世界的过程是不断根据自身感知、体验对外部世界进行范畴化、概念化的过程。在人类对客观世界的感知中，身体经验是最基础、最直接的体验，在体验的基础上形成了人类的思维和对外部世界的抽象认知。

（2）认知的无意识性。

在西方哲学史上对认知是否有意识一直存有异议。如笛卡尔认为，推理、认知、语言是有意识的。乔姆斯基否认这一观点，他认为认知是无意识的。莱考夫和约翰逊赞同乔姆斯基的观点。认知的无意识性是指我们对心智中的思维没有直接的感知。人类对外部世界的认知经历了加工过程，不论是简单的、复杂的，人类都没有察觉到加工中涉及程序和过程。比如，在羽毛球运动中，我们要协调视觉、听觉、身体感觉和身体的动作，在比赛中我们并不是集中精力在分配感官使用，而是自然地、无意识地接球、发球、传球。我们的身体自动地、顺畅地完成了各种活动，协调各项感官推进体育运动。再如在日常交流中，交流各方都是通过对对方眼神、声音、手势、语调等感官因素的判断，顺利地进行交流。在交谈时，我们并没有意识到每个交流环节，听到声波、分析句意、组织思想、做出回应、选择词汇、发送话语等一系列过程。大量的身体活动、情绪表达和语言运作机制是在无意识的状态下完成的。有意识的思想只是冰山一角，冰山的大部分由无意识的思想占据，没有无意识的认识就不会有意识思想的存在。

（3）思维的隐喻性。

亚里士多德认为隐喻是词语的修辞用法，主要具有说服、劝谏功能。他认为隐喻适合文学和诗歌，而不适用于日常生活情景。亚氏的隐喻观停留在语言层面，忽略了隐喻作为人类认知工具的重要作用。以莱考夫和约翰逊为代表的认知语言学家认为，隐喻是人类认识世界的手段和工具，它广泛存在于日常生活语言中。人类的思维、语言从本质上讲是隐喻性的。

隐喻作为人类认识世界的重要工具，已经超越了语言学意义，在人类的范畴化、概念推理中发挥关键作用。隐喻是人类理解、认知抽象事物的有力工具，人们在思考、描述抽象事物的时候，借用隐喻使得抽象思维成为可能。

传统的分析哲学观认为概念是非隐喻性的，概念可以通过 Frege（弗雷格）的意义系统来建构。思维的隐喻观与此大相径庭。莱考夫和约翰逊认为隐喻是从始源域将推理类型映射到目标域，大部分推理是隐喻性的，隐喻遍及我们的日常生活、语言和思维中。隐喻不限于诗人的专属、文学家的工具，而是人类思维的共有属性，普遍存在于各种语言和文化中。

隐喻的体验性使得我们能够根据日常生活中的经验形成丰富的意象图示,据此认知未知事物和概念,隐喻是在身体、感知、体验、心智共同作用下产生的结果。隐喻的无意识性表明人们在很多情况下都没有意识到正在进行隐喻思维,正在获取隐喻思维模式。可见隐喻在日常思维中的普遍性,是人类自然能够熟练使用的认知加工手段。

隐喻通过借用直观的身体体验认知抽象事物和概念拓宽了人类认知世界的范围,加深了人类对外部世界的认识,近年来,隐喻在科学领域得到了越来越广泛的应用。政治领域中的概念都与隐喻有关,如"扶贫攻坚战""扛起社会主义大旗""一切工作的出发点、落脚点""蜜月外交"等。在自然科学领域,如"信息高速公路""基因工程""计算机病毒""网络空间"等。隐喻使得科学家能够准确描述抽象概念,使得人类能够正确理解抽象事物。人类借助隐喻构建了完整的概念系统,使得概念之间相互联结、相互作用。

第三节　概念隐喻和隐喻表达的区别

莱考夫和约翰逊区分了认知层面的概念隐喻和语言层面的隐喻表达。他们认为隐喻不仅停留在语言层面,还深入地涉及思想和推理。映射是根本,语言是形式。正是映射关系才使得用源域语言和推断模式解释目标域概念成为可能。映射是习惯性的,也就是说,它固化在我们的概念系统中。以爱情旅途隐喻为例,把爱情看成旅行是我们概念化恋爱关系的传统思维方式。这种隐喻观与认为隐喻仅仅是语言表达的观点完全不同。如果隐喻仅仅是语言表达,那么不同的语言表达应该代表不同的隐喻。因此,"We've hit a dead-end street"(我们的关系陷入了僵局)构成一个隐喻,"We can't turn back now"(我们不能走回头路了)将构成另一个完全不同的隐喻,"Their marriage is on the rocks"(他们的婚姻岌岌可危)仍然包含一个不同的隐喻。诸如此类的例子不胜枚举。然而,我们发现这些隐喻的本质是一样的,都体现了把爱情概念化为旅行的隐喻。这种统一的用旅行表达爱情的概念隐喻通过许多不同的语言表达来实现。作为一种现象,隐喻涉及概念映射和单个语言表达。区分二者的差别很重要,因为映射是基本的,它是具有广泛应用性的普遍规律,隐喻语言表达是映射的具体呈现方式。

第四节　概念隐喻映射的特征

莱考夫和特纳(1989)提出,隐喻是由始源域向目标域的跨域映射。以"爱情是旅行"为例,每个隐喻映射包括以下过程:

(1)始源域图式中的空缺被映射到目标域的空缺上。

旅行者这一空缺映射到处于恋爱的人身上,旅行目的地这一空缺映射到爱情的目的携手共度人生上,旅行工具这一空缺映射到维系爱情的恋爱关系上。

（2）始源域各部分之间的关系被映射到目标域的关系上。

"Love is a journey" 涉及的映射关系有：

恋人对应旅人（The lovers correspond to travelers）。

恋爱关系对应车辆（The love relationship corresponds to the vehicle）。

恋人的共同目标对应旅行中的共同目的地（The lover's common goals correspond to their common destinations on the journey）。

关系中的困难对应旅行中的障碍（Difficulties in the relationship correspond to impediments to travel）。

隐喻是一组概念上的映射。"Love is a journey"这个映射就是一组本体的对应关系，通过将关于旅行的知识映射到有关爱情的知识来描述认知对应。这样的对应关系使我们能够用推理旅行的知识来推理爱情。比如，当谈及恋爱关系时，一个恋人对另一个恋人说："We're stuck"。如何用这个关于旅行的表达理解他们的恋爱关系？在旅行中，"We're stuck"意味着两名旅行者乘坐同一辆车前往目的地，途中车子遇到障碍、无法前进。如果他们不采取任何措施，就无法实现到达目的地的愿望。或者他们可以选择自己修车、求助路人修车。

构成"Love is a journey"这一概念隐喻的本体对应关系将旅行的本体映射到爱情本体，这样就把旅行的相关场景映射到爱情的相关场景上，就可以看到跟爱情有关的行为选择。由此我们可以推断两个相爱中的人（lovers）追求共同的生活目标（pursuing common life goals），这段关系（relationship）遇到了一些使得它"失灵"（difficulty）的问题，如果他们无动于衷，就无法实现目标（achieve their life goals）。

（3）始源域各部分的特征被映射到目标域的特征上。

在旅行途中会遇到车辆抛锚、道路封堵等意外事件，这些意外事故也被映射到爱情领域，爱情关系中也会遇到各种各样预料之外的问题。旅行者要么放弃旅行计划，要么想办法解决问题，比如修车、绕道而行等。映射到爱情领域，恋人要么结束恋爱关系，要么妥协让步、求助他人共同克服困难。

（4）始源域的知识被映射到目标域的知识上。

我们对始源域的知识可以用于对目标域进行推理。始源域是熟悉的、已知的领域，对始源域的推理模式也可以被映射到目标域的推理模式。比如，we hit a dead end. 我们走进了死胡同，无路可走。只能选择另一条路。在爱情领域，就意味着双方关系陷入僵局，无法共同携手同行，只能选择放弃。

莱考夫和约翰逊将上述概念隐喻的特征归纳为：

（1）方向性。隐喻映射是有方向的，是从始源域射向目标域。这也是使用概念隐喻的认知理据，人们借助已知的、具体的事物概念理解未知的、抽象的事物或概念。在"爱情是旅行"隐喻中，可以把爱人视作旅途上的伴侣，不能把旅伴都视为爱人。隐喻映射具有方向性，是不可逆的。

（2）系统性。映射是一系列关系的系统对应关系，具有结构生成性，不是随意发生的。莱考夫和约翰逊将之称为恒定原则（The invariance principle）。隐喻映射按照目标域的内在结构保留了源域的认知拓扑结构（即意象-图示结构）。莱考夫和约翰逊借用了麦克雷迪的管道隐喻学说。雷迪认为，语言的功能如同一条管道，说话者把观点（物质）放入词语（容器）中，然后（沿着某种管道）传递给听者，听者再根据交际情景将观点从容器中提取出来。恒定原则的作用是确保对于语言呈现的容器图示，把内部映射到内部，把外部映射到外部，把边界映射到边界；对于路径意象，把源域的出发点、目的地、途径一一映射到目标域。想要正确理解恒定原则，不能把映射简单地看成起于源域结构终结于目标域结构的复制过程，这种对映射的错误理解会导致对恒定原则的误解。源域和目标域的对应关系呈现一一对应的系统性特征，因此应该从具有限制性的对应性关系理解恒定原则。按照这种结构对应关系，就不会出现源域内部映射到目标域外部，或源域外部映射到目标域路径的情况。

（3）凸显性和隐藏性。概念隐喻具有系统性特征，实现了源域特征到目标域特征的一一对应关系。但并不是把全部源域特征都映射到目标域，是有选择地映射要凸显（highlighting）的特征。与此同时，隐藏（hiding）了源域的其他特征。比如辩论（argument）可以看成战争隐喻（Argument is war）、旅途隐喻（Argument is journey）、建筑隐喻（Argument is building）。每一项隐喻都凸显了辩论的不同特征，战争隐喻突出论辩双方的激烈冲突，旅途隐喻突出辩论的目的性和达到目标的过程，建筑隐喻强调辩论的结构性和论辩力度。因此，各项隐喻并不互相矛盾，而是相辅相成，从不同角度描述辩论的本质特征。

辩论是战争。比如：Your claims are indefensible（你的观点是站不住脚的）；He attacked every weak point in my argument（他攻击了我论点中的每一个弱点）。

辩论是建筑。比如：We've drawn up a framework for a solid argument（我们为说服力很强的论点起草了框架）；He's trying to support his ideas with his own experience（他努力用亲身经历来支持观点）。

辩论是旅途。比如：our claims broke down because of his deep insight into our weak point（因为他看透了我们的弱点，我们的论点站不住脚了）；We've reached our destination in a step-by-step manner（我们一步步地到达了目的地）。

（4）层次性和结构继承性。莱考夫和约翰逊指出最高层次的隐喻发生在"事件结构"。上位范畴的映射使得源域中丰富的概念结构最大化地映射到目标域。上位范畴的映射能够生成信息丰富的下位范畴的映射。因此，映射具有层次结构，下位范畴的映射由上位范畴的映射决定，并继承其映射特征。

例如，"爱情是旅途"的映射中，恋爱关系相当于运输工具。运输工具属上位范畴，可以包括汽车、轮船、飞机、火车等多种形式的下位范畴。我们说"爱情是旅途"而不是"爱情关系是汽车""爱情关系是轮船"。上位范畴是概念结构，能够生成意象丰富的下位范畴。

隐喻的层次性体现为同级范畴的同时还映射或叠加。如，The time for action has arrived 这样的句子，不是首先从字面上解读 arrive，失败后再从时间上解读就能理解。相反，这个句子中用到了"Time passing is motion"这个隐喻，这个隐喻涉及的空间域和时间域之间的对应关系是已经存在的固有关系，arrive 正是利用了这种固有对应关系，并将之拓展。因此，句子的两个不同部分有可能同时使用两个不同的隐喻映射。如 within the coming weeks 这个短语，within 借用时间是静止风景的隐喻，coming 借用时间是移动的事物的隐喻。这是可能的，因为时间的两个隐喻选择了目标域的不同方面。对于观察者而言，the coming weeks 将所有星期概念化为运动中的整体，within 看的是整体的内部，把它概念化为一个有内部的有界区域。每个映射都是不完全地使用的。因此，尽管映射总体上不一致，但是在某些情况下，映射的某些部分可能会叠加，这种叠加是保持意义一致、连贯的。

第五节　概念隐喻的三个维度

一、结构隐喻

结构隐喻是用一个概念的结构去创造另一个概念的结构，这两种概念名称与属性重合。结构隐喻涉及所在领域整个系统内部关系的全部转移。结构隐喻包括很多对等关系，不仅体现在两个相关概念的结构对应上，还表现在整个概念系统的特征对等上。

如"商场是战场"（Business is war），商场是靶域，战争是源域。作战是个复杂、动态的过程，涉及到选定目标、制订作战计划、发动战役、攻击对手等一系列活动。相应地在商务英语中，出现了 target market（目标市场）、strategic planning（战略规划）、promotion campaign（促销活动）、price war（价格战）、attack/defeat competitors（进攻／击败竞争对手）。这些有代表性、丰富生动的商务表达式很大程度上由战争概念所规约、生成。商场不是真正意义的战场，但是商场在一定程度上根据战场的模式构建、发展而成。商场如战场"在日常生活、商务领域被普遍应用，已经成为常规隐喻，人们几乎意识不到正在使用隐喻思维。

例如，源域"战争"的典型特征包括强烈的冲突性、残酷性、胜败无常；战争需要设定目标，并制订相应的战略计划实现目标；战争需要基本的物资保障，如将领、士兵、武器、食物供给等。战争的概念结构映射到商场中，具体表现为商场中利益强烈冲突、优胜劣汰；商业活动也要围绕目标制定有效的战略规划；商业活动也需要基本物资保障，如企业家、员工、产品、薪酬体系等。我们在无意识地使用由战场派生出来的隐喻语言来分析、概括、评价商业活动，进一步揭示"商场是战场"的本质属性。下列例句中含有战争隐喻的词语，如 target, aggressive, armed, beat, battle, frontline, tactics, weapon, assault。这些词语都用于战争领域，这里用来描述映射商务活动，是从始源域战争领域到目的域商务领域的系统性的结构映射。

The advertising program is developed to appeal to a target audience.

The aggressive pricing might give the product a cheap image. The strategy also assumes that competitors are weak and not willing to fight it out by meeting the company's price cuts.

Armed with such information, companies have the tools necessary to study market demand，or the total demand from various customer groups.

Many service firms feel more pressure than ever before to acquire new business and to beat competition.

Toys 'R' Us faces an uphill battle in its efforts to win back the now-price-sensitive toy buyers it helped to create.

Because customers demand that service recovery take place on the spot and quickly, front-line employees need the skills, authority, and incentives to engage in effective recovery.

Advertisers know consumers use selective perception to filter out irrelevant or unwanted advertising messages, so they employ various creative tactics to get their messages noticed.

Until recently procurement was considered a clerical function with very little added value to the organization. Today, procurement is used as a competitive weapon that distinguishes successful，highly profitable companies from others within the same industry.

Whereas other grocers have faced limited sales and profit growth or even declines in the face of the withering Wal-Mart assault.Whole Foods' sales and profits have doubled over the past four years.

二、方位隐喻

方位隐喻是参照空间方位建构而成的一系列概念隐喻。空间经验是人类成长中最直接、最先积累的基本经验，因此方位空间隐喻对人类概念的形成具有举足轻重的地位。方位隐喻是把人类与大自然相互作用的经验投射于情绪、地位、数量、身体状况等目标域中，用以识解大量的抽象概念或事物。方位隐喻参照上-下、前-后、深-浅、中心-边缘等空间方位构建一系列隐喻性概念（吴念阳，2009）。把方位隐喻和容器隐喻相结合，就会发现当容器里注入的液体增加时，液面会升高；当从容器里抽取液体时，液面会降低。由此空间方位产生了"More is up；Less is down"的概念隐喻表达式。当人们精神振奋的时候，身体部分通常是保持直立、挺拔的；当人们情绪低落、沮丧无助的时候，常变为垂头丧气、手臂下坠。由这些身体方位衍生出关于情绪、健康的隐喻，"Happy is up；Sad is down" "Health is up；Sickness and death are down"。身体方位还可以延伸到社会领域，形成表示社会地位的隐喻表达式，"High status is up；Low status is down"身体经验还可以和人们对周围环境的掌控情况联系起来，能够控制物质或权力为 up，受控于物质或权力为 down，即"Having control or force is up；Being subject to control or force is down"。进一步地，当人们能预见未来发展为 up，反之为 down，即"Foreseeable events are up；Unforeseeable events are down"。如下例：

We're in high spirits.

She's feeling down.

He came down with flu.

He's at the peak of health.

The price went up last year.

We'd better seize the upcoming opportunities brought by the digital ear.

Her good reading habit will give her a big hand in the years ahead.

The average people can afford a private car with the high living standard.

He is climbing up the social ladder.

The number of birds in the wildlife keeps going down.

三、实体隐喻

实体隐喻是用具体的、有形的事物来描述思想、感情、事件、状态等抽象概念。实体隐喻以经验作为阐释实体或物质的主要方式。人类总是参照熟知的、有形的、具体的概念来认识未知的、无形的、抽象的概念，通过隐喻的映射建立不同概念之间的关联。隐喻映射实现了抽象概念具体化、无形事物有形化，从而对抽象概念、无形事物进行指称、范畴化、量化、识别其特征等。实体隐喻为人类不断发展、扩大、深化对主客观世界认识提供了途径。最典型的实体隐喻是容器隐喻。容器隐喻可以把人当成容器，分内外、里表。人的身体和内心作为源域，人体之外的外部世界当成目标域。容器隐喻也可以把抽象的事物、情感、行为、过程、状态当作容器，能够被边界分割成内外两部分。如下例：

（1）She couldn't catch what I said.

（2）The company employed a lower price to penetrate the market.

（3） The marketers need to know what is in the consumers' black box?

（4） The company's capital flow broke down.

容器隐喻在市场营销英语中也很常见。为了更好地满足消费者的需求，企业需要在产品设计之前了解消费者的文化、社会、心理等特征，此时企业把消费者的头脑描述成容器，即 black box（黑匣子）。营销中还把市场看成容器，比如，把客户看作容器里承载的物体，企业获取的客户数量即为 market share（市场份额），把目标客户构成的市场看成 market segment（细分市场），把小众市场描述为 niche（细缝市场）。Niche 原指法国人在房屋外墙凿出的一个不大的神龛，以供放圣母玛利亚，神龛虽小，但边界清晰。如，Niching offers smaller companies an opportunity to compete by focusing their limited resources on serving niches that may be overlooked by larger competitors（细缝营销使小企业集中有限资源服务于小众的有特殊需求的客户，从而谋求生存发展的机会）。另外，将产品从生产商运送到消费者的配送过程中构成了 distribution channel（分销渠道）。

建筑用语也出现在营销话语中。比如，build customer relationship（打造客户关系）、establish positioning（建立产品定位）、well-established brand（知名品牌）、a window into customer needs（了解客户需求的窗口）、price ceiling（最高限价）、price floor（最低限价）等。再如，In addition to the click-only dot-coms, most traditional brick-and-mortar companies have now become click-and-mortar companies（除了线上公司之外，大多数传统公司已经实现线上与线下业务的有机结合）。此句中，用建筑材料砖块、泥浆来映射设有办公地点的实体公司，用鼠标点击的声音来描述网络公司。

液体隐喻也常见于商务话语中。如 physical flow（物流）、information flow（信息流）、mainstream brand（主流品牌）、market skimming pricing（市场撇脂价）、market penetration pricing（市场渗透价）、liquidity（流动性）、circular flow diagram（循环流通图）、velocity of money（货币流通速度）等。

企业的成长过程在国际营销英语中常被描述成人的生长过程，历经成长、成熟、衰退各个阶段。于是出现了 product life cycle, growth/maturity/declining stage 等人类隐喻。很多企业营销策略也与人的动作有关，比如 push/pull strategy（推／拉的促销战略）、capture/hold the market share（获取／保持市场份额）等。

第三章 概念整合理论

第一节 概念整合的基本建构要素

概念隐喻从本质上看是从源域到目标域的跨域映射，由源域"投射"到目标阈的过程，产生了新的语义结构。因此，概念隐喻理论是由源域到目标域的单向映射，方向不可逆，这种单一映射决定了源域为目标域服务，目标域具有中心地位。对于那些使用频率较高的常规隐喻，概念隐喻理论适用性强，莱考夫认为人们能固定地用源域的结构、特点来解释目标阈的结构、特点。但是随着语言环境的变化，新奇隐喻层出不穷，源域的特征也在不断变化中，经过映射后的结果也有所不同。因此，该理论难以动态地解释新奇隐喻的意义。另外，莱考夫认为隐喻涉及到两个心理表象的映射。但在建构隐喻意义的认知过程中，除了基本的两个心理空间，还存在其他概念加工的空间，各空间之间相互映射、相互作用，共同产生隐喻意义。

概念整合理论发展了概念隐喻理论，弥补了概念隐喻理论在上述几个方面的不足，对隐喻的心理认知机制和意义构建提出更深层、更完整的解释。概念整合理论是基于心理空间理论发展而来的隐喻认知理论。心理空间理论借助数学里的映射关系解释人类的认知推理过程，认为人类就是通过在一个心理空间概念与另一个或多个心理空间概念建立映射关系，从而形成新的心理空间，即新的概念的。心理空间是为理解当前语境中的话语意义而构建的概念小包（conceptual packet）。这个概念小包有感知、记忆等概念知识和有关特定场景的概念信息，当人类进行认知加工处理时，会创造出符合特定场景的概念小包，包括场景信息和由此激发的相关概念知识。随着话语的不断展开，各个心理空间会不断重组整合，为下一个空间提供输入信息，推动话语互动的展开和话语意义的建构。各个心理空间不断整合的结果体现了语义产生动态性、在线性特征。因此，概念整合理论把概念隐喻理论中的源域、目标域化为更多心理空间，能具体、全面地解释心理映射所产生的动态的、即时的语义，能更好地解释新奇隐喻的产生。例如：The central bank injected money to the economy.

概念整合理论的分析首先取决于两个输入空间的跨空间映射。一个输入空间利用了人体语域，其中人类接受了医学注射。另一个输入空间利用了经济体语域，其中经济体接收了新的货币投入。类属空间中包含有两个输入空间共有的结构，在本例中指被某种力量施加作用的过程。在合成空间中，中央银行向经济体系发放了更多的货币量，即央行增加了货币发行量。合成空间产生的推理和结论可以反过来投射回网络中的其他空间，实现向任意一个心理空间的迁移。本例中，央行是施动者，经济系统是被施动者，央行把更多的货币投放到经济系统中。在输入空间 I 中，医生是施动者，病人是被施动者，医生把药液输入到病人身体中。结合类属空间的共核特征是被某种力量实施作用，这里动作的实施者对事件结果有重要影响。医生的医术水平决定着治病效果，央行对经济体货币需求量的预测能力决定着政策效果。以上由心理空间迁移产生的结论可以用来弥补对原来输入空间的看法或认识。

Fauconnier & Turner（1998）认为概念整合不是静态的、单一的映射关系的整合，而是由心理空间及联系构成的网络递进式地激活推理从而不断形成新的心智空间，初始空间与新建空间生成了新的网络空间。概念整合网络由两个输入空间、类属空间、整合空间共四个心理空间构成。在概念整合过程中，由源阈和目标阈构成的输入空间 I 和输入空间 II（input1，input2）建立起跨空间映射的对应关系。类属空间对每一个输入空间进行映射，表征两个输入空间共有的抽象结构与特征，决定着跨空间映射的核心内容；两个输入空间的部分结构特征及其在类属空间形成的共同抽象结构被投射到整合空间，形成与原始输入空间、类属空间都不完全相同的新的心理空间。

Fauconnier & Turner（1998）举例说明了概念整合理论中各空间之间的网络连接。一个和尚黎明时分开始上山，日落时到达山顶，他在山顶沉思了好几天，而后他又在黎明时分出发开始下山，日落时到达山脚。如果对他的起步、停止或步伐做任何假设，可以证明他在两次行程中的同一个时间点（小时）到达同一个位置。我们可以设想，如果这个和尚在同一天上山和下山，那么他会在某个时间在行程中的某个地方重复出现。那个地点就应该是这个和尚在两次行程中的某个时间点都会经过的地点。

在这个例子中，存在四个心理空间：两个输入空间、一个类属空间和一个整合空间。还有构建这些心理空间的背景框架，例如，两个人在同一条路上向对方靠近，这是一个最小的网络。在其他概念整合中，网络可能涉及更多的输入空间，甚至会出现多个整合空间。

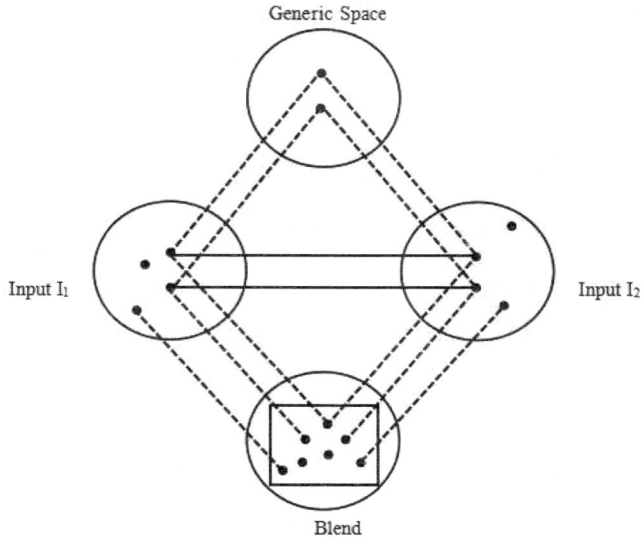

CONCEPTUAL INTERNATIONAL NETWORKS

图 3-1　概念整合网络

在概念整合中，输入空间之间存在局部对等部分的连接。图 3-1 中的实线表示配对连接。这样的对应连接有很多种：框架之间的连接和框架中角色的连接；识别对象、转换、表征的连接；隐喻连接等。在此例中，和尚、路径、旅程、天数等都是对等的部分。

随着概念映射的展开，两个输入空间共有的结构形成了类属空间。在建构关系的任何时刻，类属空间都可以映射到每个输入空间，它界定了当前两个输入空间的跨空间映射。类属空间的任何一个元素都可以在两个输入空间中构成成对的映射。

在整合空间中，两个输入心理空间的结构映射到第三个空间，即整合空间。在该例中，两个输入空间包含两个发生在不同时间的行程，经过心理整合过程后，整合空间包括两个同时进行的行程。类属空间和整合空间是相关联的：整合空间包括类属空间的映射结构，也包含特定的映射结构，这些特定的结构是不同于类属空间和输入空间的映射结构。输入空间和整合空间也是相关联的：输入空间的部分结构映射到整合空间，并不是所有结构都出现在整合空间。

第二节　生成层创结构的三种方式

整合空间以三种方式把映射输入空间的结构，即排列（composition）、配置（completion）、拓展（elaboration）。

整合包括把输入空间的要素排列起来，形成两个输入空间都不存在的关系。在和尚上下山的例子中，排列可以指两个旅行者进行的两次旅行。融合是一种特殊的排列方式。对照部分可以以独立的元素进入整合空间，也可以以融合后的一个整体进入整合空间。此例中，输入空间的两天可以融合成一天，但是输入空间中的两个和尚还是以独立的元素进行整合加工。

整合过程涉及到借助背景概念结构和认知、文化模式，在整合空间中使所激活的模式不断被完善。由于心理空间和我们的常规图示知识紧密相连，因此整合后的空间会激活背景知识、常规图示，并据此逐步完善形成整合空间，这个心理加工过程反复进行，直到整合后的空间接近我们的现有认知结构。

在想象的心理模拟下，根据整合的原则和逻辑，整合空间不断得以拓展。这些原则用于指导配置加工不断形成的心理空间进入整合空间的过程。在整合空间的拓展过程中，持续的、动态的空间配置也需要新的原则和逻辑。新的原则和逻辑也是应拓展需求而生。我们可以尝试着"运行整合空间"（run the blend）。比如，两个和尚可能在路上相遇，并对各自的身份进行哲学讨论。整合空间可以不断被扩展。

上述排列、配置和拓展的过程产生了整合空间的新生结构。这个新生结构是有别于两个输入空间的结构的。

Fauconnier & Turner（2002）认为，要得到一个合理的整合空间，概念整合过程要遵循一系列优选原则（optimality principles），这些原则有助于最大限度地发挥整合的作用。这五条原则分别是：①整合（integration）：整合的结果要包括一个由互相紧密结合的部分构成的整体，整合空间的每一部分都是整体不可分割的部分。②布局（typology）：输入空间的元素和从输入空间映射到整合空间的元素要能相互匹配。整合空间中各元素之间的关系与输入空间中对应元素之间的关系应该保持一致。③网络（web）：整合空间作为一个整体运行，它需要和输入空间元素之间保持紧密的联系，形成相应的网络，便于进行心理加工。④拆解（unpacking）：学习者可以拆分整合形成，重构输入空间、跨空间映射、类属空间和各空间之间的连接网络。⑤充分理由（good reason）：出现在整合空间的元素一定要对整合空间有意义，为整合空间的运行发挥相应的功能，否则就不具备出现在整合空间的理由。

第四章　隐喻能力理论研究综述

第一节　隐喻能力

近年来，随着跨领域研究方法的不断发展，作为语言学、心理学共同研究话题的隐喻研究也得到长足发展。隐喻能力研究得到国内外学者的广泛重视（Littlemore & Low 2006；Iijima &Murow，2006；Masumi，2005；魏耀章，2012；陈朗，2011；石磊、刘振前，2010）。尽管应用认知语言学的快速发展带动了隐喻研究热潮，但是学术界对隐喻能力的本质特征众说纷纭，缺乏统一的理论界定。一些研究者将隐喻能力的操作定义当成理论界定，导致对隐喻内涵理解的欠缺，以至于研究方法和结论都不一而足，阻碍了隐喻能力研究的发展进程。本章将梳理国内外隐喻能力的研究框架，以期为最终的理论定义提供有价值的参考。

隐喻能力（metaphorical competence）研究已经有 30 多年历史，从 Flahive &Carrell（1977）、Gardner& Winner(1978)、Polio& Smith(1980)等提出隐喻能力概念以来，Danesi（1986）、Low（1988）、和 Littlemore（2006）等深入研究了隐喻能力，提出了各自独到的见解。但由于研究目标不同，研究者对隐喻能力构成要素的界定并不相同。

从以往发表的文章来看，隐喻能力有狭义和广义之说，狭义强调隐喻的认知加工过程，而广义更关注隐喻的社会互动功能（Littlemore & Low，2006）。狭义隐喻能力一般包括接受能力和产出能力两个方面，这与隐喻使用的外在表现或者结果有关。多数研究者基本同意这种观点，认为学习者隐喻用法判断能力、接受能力、解释能力、欣赏评价能力、产出能力、加工速度以及使用频率、数量等都能反映出隐喻能力的水平。例如 Gardner &Winner（1978）依据发展心理学的研究重心科学推理能力和语言学基本要素的词义、句法能力，把隐喻能力定义为包括转释隐喻、阐释隐喻有效性的理据、产出符合特定语境的隐喻和评估隐喻表达合理性的能力。Kogan（1983）、Danesi（1986，1995）认为隐喻能力就指隐喻理解（comprehension）与产出（production）的能力（ability）。Pollio& Smith（1980）区分了隐喻能力的三个构成要素:原创性、流利度和发现隐喻意义的能力。Littlemore（2001）认为隐喻能力应该包括四个构成要素：隐喻产出的原创性、隐喻解释的流利度、发现隐喻意义的能力、发现隐喻意义的速度。Danesi（1992）、Kecskes & Tfinde（2000）从学习者对隐喻的理解和产出两个方面对隐喻能力进行考察。Iijima & Murow（2006）认为隐喻能力是隐喻识别、解释和产出能力。Masumi（2005）认为隐喻能力包括识别能力、运用能力和概念理解能力，他认为外语环境下隐喻能力包括：①识别能力：在新闻、学术或其他体裁的阅读和听力材料中识别出隐喻性表达；②运用能力：恰当地运用隐喻性表达进行口头和书面沟通；③理解能力：理解隐喻性表达及其背后深层的概念隐喻。其中隐喻识别能力难度较低，而隐喻运用能力、理解能力难度较高，因为二语学习者在这两方面的语言实践较少。

可以看出，狭义的隐喻能力主要指学习者隐喻加工方面的技能（skills），如隐喻理解、辨认、解释和产出等。我们认为，虽然这些维度能够在一定程度上反映出隐喻能力，但并不能反映出隐喻能力与其他能力的区别性特征。

严世清（2001）指出"隐喻能力至少应包含认知主体在不同的认知域之间自发地建立系统的类比关系的能力"。该定义具有一定的理论价值，但没有清楚地对"类比关系"进行解释，类比只是隐喻能力所体现出来的层面之一，也没有说明认知主体是根据什么来建立类比关系，隐喻能力表征的终点或标准是什么。

广义的隐喻能力除了包含狭义的隐喻能力内容外，还包括跨文化交际能力、语用意识、隐喻功能等诸多方面能力。Low（1988）对英语二语学习者应该发展的与隐喻有关的技能进行了较为详尽的归类，这些能力包括八个方面：①理解语言的隐喻本质以及"我们赖以生存"的普通隐喻的能力；②从语义反常和矛盾的话语中构建合理意义的能力；③掌握常规隐喻的界限从而正确理解说话者意图，具体来讲包括：隐喻载体的某些特征被迁移，其他特征未被触及；某些隐喻载体可以描述多个话题；有些载体对词性有选择偏好性；在某些情况下，隐喻表达可以混合使用；④对可接受的话题和载体组合搭配的意识；⑤能够合理解释和控制模糊语的隐喻用法；⑥社会敏感隐喻意识，能够从社会和政治的角度，正确运用隐喻；⑦"多层次"隐喻意识，隐喻意思可以包括多个层面，且有重要程度之分；⑧发展互动隐喻意识，隐喻可以通过违背常规的表达，引发听话者的注意力和思考。Littlemore & Low（2006）认为 Low（1988）的概念是一个广义概念，主要强调隐喻的社会互动功能。

除上述观点外，还有一种观点强调隐喻意识是隐喻能力。Masumi（2005）认为过去的隐喻能力研究主要包含两方面内容：隐喻意识（Boers，2000）和隐喻能力（competence）（Low，1988；Johnson & Rosano，1993；Littlemore，2001b；Chateris-Black，2002）。隐喻意识与隐喻能力不可能完全分开，因为研究隐喻意识同时也研究隐喻能力。Boers（2000）提出要培养二语学习者隐喻意识这一略低于培养隐喻能力的目标，Boers 设计三组实验研究了隐喻意识、熟语以及生僻的隐喻性表达，并提供了一些课堂活动来增强学习者的隐喻意识，提高词汇学习的水平。Masumi（2005）总结了 Boers（2000）等人的隐喻意识研究结果，认为：①隐喻表达有透明（transparent）和不透明（opaque）之分，因此当学习者遇到不透明的隐喻用法时，隐喻意识的作用可能不是太大；②母语与目标语如果非常接近，则母语会促进隐喻理解；③研究需要考虑目标语水平以及所处的是外语还是二语环境。王寅（2004）认为隐喻能力主要包括人们能够识别、理解和创建跨概念域类比联系的能力，这里不仅包括能被动地理解、学得隐喻，而且还包括能创造性使用隐喻的能力，更高目标还包括丰富的想象力和活跃的创新思维能力。总之，广义的隐喻能力包含内容更为宽泛，把多种影响或相关因素都纳入其中，缺乏一个明确的可操作的研究框架，更没有凸显隐喻能力的本质特点。

第二节　Danesi 对隐喻能力的阐释

一、概念流利度

Danesi（1993）首次提出了概念流利度的概念，为理解隐喻能力提供了新的视角。他认为隐喻能力是"在自然的交流中理解和使用隐喻的能力。能够自如地运用隐喻推动话语发展是使用本族语者交流的基本特征。隐喻能力是概念流利度的基础。隐喻能力是二语教学要培养的重要能力之一，它和语法能力、交际能力具有同等重要的地位"。他主张如果要完全掌握一门外语，必须能够依靠第二语言概念系统来理解和使用第二语言，而不是表面上运用第二外语，实则依靠母语概念系统进行交流。第二语言概念系统是理解和使用第二语言的关键。他认为在二语教学中，普遍存在着忽略隐喻能力培养的现象。二语教学一直围绕"形式主义"和"功能主义"两个阵营之争而前行，即侧重以语言结构为代表的"语言能力"（linguistic competence）和以语言运用为核心的"交际能力"〔communicative competence）。

隐喻能力（metaphorical competence）正是和上述两种能力同等重要的第三种能力，二语学习中只有掌握了第二外语的概念系统，并能运用这个概念系统来理解二语、自如地应用二语，才是真正地掌握了第二外语。但是，在实际的二语教学中，隐喻能力却被忽视，以至于许多二语学习者未能像母语本族语一样输出自然、地道的表达，其话语输出呈现泛书本化（"textbook literal"）特征，缺乏"概念流利度"。Danesi（1993）认为隐喻是话语组织的基本原则，人类是按照自己的认知来认识、感受世界的。应该按照组织第二语言的概念系统来设计教学大纲，让学习者像本族语者一样融入目的语的社会和文化生活中，这样才能提高二语学习者的概念流利性，从而提高二语运用能力。

Danesi 认为从广义角度看，隐喻能力就是概念流利度更为宽泛的定义。Danesi（1995）把概念流利度定义为"能够使用和理解某种语言的系统性概念的能力。要达到对某种语言的概念流利度，就要掌握这种语言是如何根据隐喻推理来反映或编码其概念的"。（The ability to use and comprehend the conceptual concepts of a given language. To be conceptually fluent in a language is to know that language reflects or encodes its concepts on the basis of metaphorical reasoning.）Danesi（2008）认为概念流利度是"在运用第二语言进行表达沟通时，依靠的是第二语言的概念系统，而不是母语的概念系统"。

概念能力已被认为是交际能力不可分割的要素，是二语学习者在交际情景中有效利用目的语实现交际意图的能力的重要组成部分。Danesi（2003）将概念能力分解为三种能力，即元形式能力（metaformal competence）、反身能力（reflexive competence）和联想能力（associative competence）。元形式能力指能够有效地、恰当地使用目的语的概念系统的能力。反身能力是指说话者能够把概念转化为语言类别的能力。联想能力与个人如何把抽象概念和语言的文化术语关联起来的知识有关。

二、隐喻能力与第二语言教学

Nacey（2010）认为，在二语教学中，隐喻能力通常指"能够产生和理解隐喻表达的能力，二语学习中的隐喻能力比母语中的隐喻能力更具挑战性"。Danesi 把对隐喻能力的认识应用到第二语言的教学和学习中。他发现二语学习者产出的语言样本中有一些不真实的成分，这说明二语学习者缺少一种语言能力，这种能力不是严格意义上的语法能力或交际能力，即超出了语法能力和交际能力范畴。语法和交际这两种知识都可以被认为是口语流利度（Verbal Fluency）的组成部分。虽然学生产出的话语文本的口语流利度较高，但在概念适切性方面会有一些问题，而概念适切性恰是母语使用者话语输出的重要特征。也就是说，学生"输出"（speak）的是目的语中标准的语言结构，但他们是根据母语的概念系统进行"思考"（think）。学生通常使用目的语的词汇、语法作为母语思维的"语言载体"（carrier）。当这些词汇、语法与目的语的概念构成方式保持一致时，学生的文本就符合目的语的文化语境；当这些词汇、语法不能传递目的语的概念构成时，其文本就无法体现目的语的文化语境，换言之，文本就缺失了目的语的概念流利度。

Danesi 认为，要实现概念流利度，很大程度上是要知道如何根据隐喻推理"反映"或编码概念的。正如语法知识、交际（语用）知识一样，本族语者对这类知识运用自如，无需有意识地关注。比如，如果本族语者用英语表达想法时，会自动扫描通常揭示"A 是 B"结构的概念领域（conceptual domains）。因此，如果本族语者要说如"I don't quite get the point of your idea"（我不明白你的意思）或"I don't quite see how your ideas are parallel to mine"（我不明白你的想法怎么能和我的想法相提并论），其脑海中所列举的概念领域就是几何对象。如果本族语者的头脑也可以搜索其他适合的概念领域，"Your ideas are coming to fruition""Your ideas are growing on me"，或者"Your ideas are grounded on a solid foundation""Your ideas are well constructed",其头脑就是在搜索植物领域或者建筑领域,或是综合几个领域的搜索结果。真实话语中使用的语法形式和类别总是和诸如此类的概念领域紧密相连的。

隐喻能力与一种文化如何从概念上组织世界密切相关[Metaphorical competence is closely linked to the ways in which a culture organizes its world conceptually.(Danesi,1995)]。正如莱考夫和约翰逊(1980)所言,隐喻是"以一种事物来理解和体验一种事物"。Danesi举例说,比如阴雨连绵,他正在弹奏一首哀伤的曲子,这时候有人问他心情如何。他看着雨点打落在窗户上,此情此景让他不由自主地把心情和天气联系起来,于是他说"I'm feeling drippy"。在当时的体验领域(experiential domain),这句话很容易理解,它反映了深层的隐喻概念,即情绪是环境状态的反映(mood is an environmental state)。这个例子说明人们首先把世界的经验进行隐喻概念化(看到雨滴并将其与悲伤情绪联系在一起),然后选择符合语境需要的话语文本进行口头表达。

常见概念,从具体概念如颜色、动作等到抽象概念如爱、正义等,都是以隐喻为基础。因为沟通在很大程度上基于我们在思考、行动中使用同样的概念系统,因此语言是这个系统如何运行的重要证据来源。"如果人们受限于严格的字面语言范围内,那么交流即使不被终止,也会受到严重限制"。(Winner,1982)此外,对不常见的表达(例如,"Colorless green ideas sleep furiously")的研究表明,隐喻能力迫使人们从完整的单词组合中推测含义(Pollio & Smith,1979)。即使解释得有些牵强,人们也会尽力去推断隐喻含义。隐喻思维始终存在于话语交际而且占主导地位,而字面思维实际上可能只是一种特殊、有限的交际行为。再如"The murderer is an animal"如果没有语境信息,我们会倾向于使用隐喻含义。只有当上下文信息提示是生物界的动物时,我们才可能使用字面解释。由此可见,字面意思与无限的现实世界相连,而隐喻意义将话语扩展到了无限的潜在世界。

实际上,作为一般的工作模型,可以假设一个概念开始作为一种感知,即作为经验或现实的某些方面的模型。模型是吸收和重构我们对世界的感官和情感反应所产生的信息的结果。一旦从隐喻意义上把这些模型联系起来,就可以将之"概念化",即可以从其他模型或意象图式的角度来解释本模型。这也是我们重新构建表征认知模式的过程。在此以since 和 for 为例来解释从隐喻意义理解模型的认知现象。

(1)I have been living here since 1980.

(2)I have known Lucy since November.

(3)I have not been able to sleep since Monday.

(4)I have been living here for fifteen years.

(5)I have known Lucy for nine months.

（6）I have not been able to sleep for five days.

在 since、for 之后的补语分析表明，遵循前者的补语是"时间点"。在时间轴上显示特定年份、月份等的时间点：1980 年、11 月、星期一等。其后的补语反映了时间量的概念：15 年、9 月、5 天等。这两个概念域把时间看成一个点或是一个数量，正如 Lakoff（1987）和 Johnson（1987）所提及的意象图示。显然，它们是隐喻产生的概念领域。它们反映了我们倾向于用具体的东西来想象诸如"时间"之类的现象的倾向。从语法的二分法可以看出，这些概念领域在语言水平上具有特定的表现形式：since 之后的补语表明"时间是个点"，for 之后的补语表明"时间是个量"，是可以衡量的。

三、隐喻能力实证研究

Danesi 的研究旨在调查语言学习者在多大程度上能够从课堂学习中获取隐喻能力。实验对象来自多伦多大学的学生，A 组由 12 个非意大利本族语者，B 组是对照组，由意大利本族语者组成。两组都按照初、中、高级意大利语水平再分成 3 组，每组 4 人。受样本数量的限制，无法从实验结果中得出具有统计意义的结论。但是，该试验并不是为建构具有统计学意义的模型，而是为了验证学习者能否从典型的课堂教学中获取隐喻能力。在实验中，在未被告知研究目的的情况下，受试者要完成两个任务：一是问卷调研任务。为 10 个句子中的词语选择正确的隐喻意思，选项包括一个字面意思、两个隐喻意思。如：John is a fox. （1）John reacts like an animal. （2）John likes chickens. （3）John is wily and astute. 选项（1）是字面意思，选项（2）是错误的隐喻意思，选项（3）是正确的隐喻意思。第二项任务是翻译 10 个隐喻句子，其中 5 句从意大利语译成英语，另外 5 句从英语译成意大利语。该任务要求学习者从隐喻意义上对两种语言进行解码，再经过编程加工成另一种语言。

研究结果表明：就第一项任务而言，A 组总体上准确率为 57%，B 组总体上准确率为 83%。A 组受试倾向于解释词语的字面意思，B 组受试倾向于从隐喻意义上理解词语意思。在 A、B 组中高级学习者任务完成情况较好。第二项任务翻译，较之第一项任务难度增加，因此准确率较低。A 组译文的可接受程度为 23%，B 组译文的可接受程度为 34%。

两组中大多数正确的答案来自参加高级课程的学生。显然，A 组倾向于解释字面意思。B 组在任务上的表现要好得多，尤其是在高级水平上。这项初步研究表明，语言学习者通过课堂学习获取的隐喻能力是很有限的。其原因并不是他们不具备学习隐喻的能力，而是他们未接受过正规地对目的语及其文化的概念隐喻体系培训。二语学习者要想实现"概念流利度"，必须把日常经验置于合适的概念领域模型中进行分析。

第三节　Gardner 对隐喻能力的阐释

Gardner 从人文学科视角研究隐喻能力的发展。Gardner 和 Winner（1978）研究了隐喻理解、隐喻产出的过程，并进一步地从七个维度界定了隐喻能力。

一、隐喻理解过程

隐喻能力的一个重要方面是能够解释日常对话或写作中遇到的修辞形式。Gardner 和 Winner（1978）在 6~12 岁儿童中进行了实验，探索儿童是如何获取隐喻能力的。他们让受试者解释含有隐喻意义的句子的意思，"After many years of working at the jail, the prison guard had become a hard rock that could not be moved"。受试者分成两组，一组从给定的选项中选择最适合的释义，另一组自己给出释义。

这两种实验方法的结果相似，都能说明隐喻理解能力的发展过程。年龄最小的受试者，6~7 岁的儿童，完全按照句子的字面意思理解句子，他们甚至加入想象，赋予世界以魔力，"A king who turned the guard into a rock"（国王将士兵变成了岩石）。年龄最小的受试者的常见做法是改变话题和载体的关系，把各种事物、人物关系人为地关联起来，他们把句子理解为 "The prison guard worked in a prison with hard rock walls or that he happened to like rocks"（监狱看守在筑有岩石墙壁的监狱工作或监狱看守碰巧喜欢岩石）。

8 岁左右的儿童开始意识到，从某种意义上说，监狱看守就像一块石头。但是，仍然无法辨别不同领域之间的关系，无法把物质世界和心理状态联系起来。他们倾向于把监狱看守、岩石都视为物质世界。在他们看来，"A prison guard with muscles as hard as a rock"（监狱看守的肌肉像岩石一样坚硬）

10 岁左右的儿童开始意识到岩石用来描述看守人格或性格，他们能够搭建从身体到心理的桥梁领域。尽管如此，他们仍会选择不符合句意的个性特征。例如，他们会认为看守很坏，挑剔或易怒（bad，or fussy，or furious）。只有再大一点的儿童才能不断发现适当的能够构成隐喻基础的心理特征。

基于上述儿童隐喻理解的发展顺序，Gardner 和 Winner 复制了上述实验方法。他们用其他类型的隐喻，例如，交叉感觉隐喻 "The smell of her perfume was bright sunshine"（她的香水的气味是灿烂的阳光），在来自不同的社会阶层和社区各个年级的学生中进行实验。为确保实验结果不是测试条件的产物，研究为受试者提供一组隐喻和一纟图片，要求受试者把隐喻和适当的图片匹配起来。年龄小的受试者仍然选择表达字面意思的图片，由此可见，缺乏隐喻理解能力不仅仅是元语言障碍。

Gardner 和 Winner 分析了有助于提高隐喻理解能力的因素。一旦儿童掌握了与话题和媒介相关的词语意思，就有可能理解隐喻意义。因此，当儿童意识到了两者共同的属性时，就会理解"The pond is a mirror"（池塘就是镜子）和"The pebble was wearing a green coat"（鹅卵石穿着一件绿色外套），只要他知道外套指各种覆盖物。

但是，要获取准确的隐喻意思，词汇知识既不是必需，也不足以获取释义。马克斯·布莱克（Max Black）指出，"字典定义"对于理解隐喻并不是必要的。隐喻含义不是主要依靠词汇知识，而是凭借学习者对语境、视觉、情境的敏感性。基于此，如果为受试者提供一张表情严肃的监狱看守的图片或者讲述监狱中发生的故事，受试者就可能把监狱看守看成性格固执的人。当然，我们也不能完全依赖语境，忽略隐喻意思，比如为受试者提供相同的语境、相同的图片，但是意思相反的表达"The prison guard as a 'hard rock'"（看守像"坚硬的岩石"）、"The prison guard as a 'bendable blade of grass'"（看守像"柔软可弯曲的草叶"）。在这种情况下，仅注意隐喻的实际用词就能理解隐喻意思。

当然，从 Gardner 和 Winner 的上述实验中对隐喻理解的决定性因素下结论还为时过早，但他们的研究表明词汇知识（从某种意义上讲，"核心含义"或特征知识）未能在理解隐喻的过程中发挥重要作用。相反，隐喻句子的隐喻知识却是至关重要的。研究还表明，当以明喻、谜语或类比形式呈现隐喻的核心关系时，其隐喻意思更容易理解。儿童依靠语境比依靠词汇知识更能解码隐喻意思。

二、隐喻产出过程

大多数学者认为隐喻理解能力是在识别字面意思之后很长一段时间发展起来的、漫长的过程。关于隐喻创造能力发展过程更是众说纷纭。有些学者过于强调张力在隐喻产生中的重要性，认为需要经过长期大量语言知识、元语言知识积累才能培养出隐喻产出能力。还有些学者认为隐喻是人类在儿时就具备的能力。他们倾向于强调在隐喻创造过程中的创新性和自发性。他们把童年时期看成孕育诗意天赋的时期。事实上，儿童对世界的钦羡仰慕，隐喻发展的过程经常会受到损害，年龄大的孩子得努力重新获取小时候毫不费力就能获取的隐喻能力。

Gardner 和 Winner 的研究设计了隐喻产出实验，给孩子们一个简短的小插图，让他们提供一个听起来不错并"合适故事情节"的结局。比如，其中一个故事是：Things don't have to be huge in size to look that way. Look at that boy standing over there. He looks as gigantic as…

根据一系列标准给孩子们设计的结局评分。例如：结局体现字面意义[例如，"as gigantic

as the most gigantic person in the world"（是世界上最大的巨人）]；结局是传统的、无新意的[例如，"as gigantic as a skyscraper in the center of town"（像位于市中心的摩天大楼那样高大）]；结局是适当的隐喻，涉及跨领域的转变，这种跨领域转变在这个语境中是有意义的[例如，"as gigantic as a double-decker ice cream cone in a baby's hand"（就像婴儿的双层蛋卷冰激凌一样巨大）]；或者结局使用不恰当的隐喻，这种跨领域转变不符合语境要求["as gigantic as a clock from a department store"（像百货公司的时钟一样巨大）]。

实验结果表明，每个年龄段的儿童产生的恰当的隐喻都不多。受试者提供的隐喻大部分都是传统的、体现字面意义的。有趣的是，研究发现了一些"儿童诗人"。适当的隐喻最多出自学龄前儿童，甚至超过了大学生；而且，这些三、四岁儿童产出的隐喻比七岁以上儿童创造的隐喻更好。后者主动拒绝进行隐喻思维、固守语言使用的字面意思。但是学龄前儿童也产生了许多不合适的隐喻，说明他们对传统的经验和语言界限不敏感或不重视。他们愿意展开大胆的对比[如"quiet as nose"（安静如鼻子），"sad as shirt"（悲伤如衬衫）]，诸如此类的对比都不合乎语境要求。

三、隐喻能力界定

1.建构合理含义的能力

在日常交流中，人们经常会遇到含有语义异常或者明显矛盾的话语，隐喻能力就体现在能够在合理的范围内为这类话语构造合理的含义。而且人们要有意识地使用隐喻思维去建构合理的意义。事实上，正是听话者和说话者之间的这种心照不宣使许多字面意思和隐含意思不符合的话语变得幽默。如下例：

This is the 12th … the top is like a plateau with the top shaved off.（BBC golf commentary by R.Laidlow）

There they all are like ants，beavering away.（Sir J.H.Plumb）

2.传统隐喻边界知识

隐喻能力指人们能够辨别传统隐喻某些特质何时被拓展而成为异常现象，或者传统隐喻被彻底改造成了新隐喻。人们还应该能够评估结果，从而判断演讲者的真实意图是认真的幽默还是带有侮辱性的。为此，要储备一系列常见的隐喻表达方式。同一隐喻含义可以由几个不同的传统隐喻来描述，每个隐喻关注隐喻含义的不同方面，它们之间产生作用共同传递完整的隐喻含义。在这两种情况下，对隐喻意思的评估都需要掌握传统隐喻的界限，哪些意思不是说话者意图。下列四种情况在二语环境中经常出现：

（1）载体某些特征从传统上被迁移，而其他特征未被利用。

Lakoff 和 Johnson（1980）以"Theories are buildings"为例，在建筑隐喻中，关于墙壁（walls）和地基（foundations）的隐喻用法很多，"The theory needs a better framework/greater support/a firmer foundation"，"His theory collapsed completely under the weight of the opposing arguments"。但是关于楼梯、房间等内部结构或装饰的隐喻用法却很少见。因此，诸如"It's a Tudor sort of theory：solid and with a lot of black and white bits'；There's quite an impressive facade，but not much behind it"，或"There seem to be very few corridors linking the rooms together"等隐喻句子，只要说话者解释语境的细节，受试者就能理解其隐喻意思。这些用法就是说话者对传统特征的适度的、不是变革性的创新使用。

喜欢读英语小说的学习者经常遇到这样的情况，文学作家更愿意使用这种扩展性的隐喻创新而不是创建一个全新的隐喻，可能因为这会产生微妙的、而不是令人震惊的效果。例如，夏洛特·勃朗特（Charlotte Bronte）的小说充满了扩展的传统隐喻。如英语中的传统比喻，"A storm is a person"（风暴是一个愤怒的人）。从严格意义上说，这句隐喻意义包括激情、能量和吼叫声的传递。但是，身体耗尽能量的结果和怒吼嘶喊后的结果通常都排除在要传递的隐喻意思之外。值得注意的是，尽管有时候能明确地判断出传统意义何时终止，但是很多情况下还是存在相当大的分歧。比如，"An X is a person" X 可以是一本书。"The Bibie says"和"The Bibie said"区别在哪？事实上，二语学习者很有必要具备对隐喻中拟人化界限的意识。

（2）同一载体描述多个话题。

比如，love 和 anger 都可以用 heat 来描述。有些句子表达可以用这两个主题解释，比如"It happened in the heat of the moment"或是"The temperature rose"。但也存在一些限制，有些句子表达只能用其中一种方式理解。"He got hot under the collar""She boiled over"或"Anger is fermenting"都表明愤怒之意，而"She is a red-hot performer"或"a torrid affair"都和炽热的爱乃至情欲有关。食物也可以充当载体，同样也受到边界的限制。"peppery"描述易怒的性格，"spicy"暗示强烈的性欲。再如 fire 可以用于描述 love 和 anger 两个话题。但是"a fiery disposition"意指性格刚烈，只与愤怒有关，"burning with love for someone"意指为爱燃烧自我，只和爱情相关。

（3）隐喻载体的词性界定。

比如"The river snaked its way through the jungle"是常见的，但是"The river was like/resembled a snake"就很少见。对词义的偏好也具有文化特质，不同民族对词义的偏好也有差异。比如芬兰人常用"hard rain"，但是英国人会把"hard rain"和"hard time"联系起来，表示艰难的、不易实现的，而不是冲击力大的。

（4）隐喻形式单独或混合使用。

这对二语学习者来说是很困难的。Lakoff and Johnson（1980）指出，当两个隐喻所指具有共性的特征时，可以将它们混合使用。如"An argument is a building"和"An argument is a container"，建筑物和容器都需要坚固的墙壁和深层的凹陷处，因此，两者可以混合使用，如"The core of your paper forms a firm foundation for the new theory"。但是隐喻的混合使用也受到复杂的约束限制。例如，"Anger is a wave""Anger is fire"具有共性特征，二者都涉及大量的能量释放，在力度突然增强引起巨大破坏之后又消逝。但是，"A wave of anger flared up"或"A wave of anger passed over him and he was absolutely blazing"听起来就有些怪异，而"Anger is fire"和"Anger is storm"混合起来却很常见，比如"His anger flared up then abated"，或"He stormed across the room and，blazing with anger，thundered what was intended to be a reply"。这两个隐喻的组合要借助语用知识来解释，火和暴风雨经常交替出现，但是水火不容，水是用来灭火的，二者的隐喻用法不能混合使用。隐喻的混合使用对听者来说是很困难的，如果说话者混合使用某些隐喻，听者可能完全没意识到这种混合运用。

3.对话题和载体组合的敏感意识

受到语言资源限制，本族语者和二语学习者都要对语言进行适当的创新。

例如，英语描述口味和气味的词汇有限，至少在香氛师和品酒师的技术语言范围之外，因此需要语言创新。如果该创新属于未曾或难以描述的领域，更易于被本族语者接受。即使是这种情况，本族语者更倾向于使用明喻而不是隐喻，因为明喻能指出创新的事实，或者至少试着把话题和载体（vehicle）相匹配。

研究表明（Fillmore，1979），本族语者对话题和载体（vehicle）的可接受的合理搭配有明确的认识。但是在大多数情况下，这些搭配与已有搭配并不相关，反而是经过创造性的隐喻搭配之后，才使这种搭配合理化（Camac & Glucksberg，1984）。

4.解释和控制"模糊语"的能力

说话者/作者必须能够合理解释并精确地使用一系列副词（Lakoff 称其为"模糊语"），这些模糊语将引导听众/读者解读作者意图的方式，是从字面理解、隐喻地理解还是结合两种方式理解特定话语。有些术语传达的作者意图很明确，例如"He's an animal，figuratively anyway"涉及典型的隐喻用法。但是对于"really""literally"这样的模糊语，情况就比较复杂。比如"The news…forced Australian policy makers to ponder an area of the law that is indeed embryonic."（新闻……迫使澳大利亚决策者思考法律中确实属于初级阶段的领域）。这篇文章是关于人类胚胎的，法律还处于早期阶段，强调语气标记语 indeed"表明隐喻含义是首要的（即法律处于早期阶段），超过了对"胚胎"的字面意思的使用。因此，作者模糊语"indeed"既包括字面意思也包括隐喻意思，且后者意义超过前者，两种意思融合使用，但按照重要性等级排列。

如果只从字面意义上考虑表面上的隐喻表达，那么情况就变得非常复杂。如果使用诸如"genuinely""really"或"literally"等模糊语，问题在于"really"或"literally"真实意思经常与字面意思相反。"He literally hit the roof, he was so angry"这句话可以想象成是他真的把头撞到屋顶，但是除非有具体的语境信息，否则更容易被理解为愤怒至极（即他非常愤怒）。从学习者角度来看，这种复杂性可能很难掌握，如果缺乏上下文语境条件，很可能导致误解。

5.对"社会敏感"隐喻的意识

说话者需要了解目前哪些隐喻是某些人群的敏感点。例如，许多女性目前都反对把女人置于从属地位的假设，无论在口语还是书面语使用中。她们认为女性能够独立地发挥自身社会价值，为社会作出应有的贡献。来自截然不同的社会系统的学习者可能很难识别哪些表达是有争议的，也因此很难据此准确地使用隐喻表达。

当然，在许多情况下，与性别相关的隐喻几乎没有评估价值。例如，比较偏爱年轻女性的年长男人通常被称为"old goat"，但是很少有人会了解或真正关心山羊乃至老山羊的性行为，人们使用这种动物隐喻往往是基于这样的假设，即动物生活方式比较低级，因此动物隐喻常用来描述不良的、粗鄙的人类习惯。

6."多层隐喻"意识

亚历山大（1983）认为，对于本族语者来说，理解多层隐喻话语的意思很重要。如"Fencing: the art of missing the point"，在击剑中，要躲过对手的击剑点并进行还击，既有字面意思又含有进行有效防御保护自身的隐喻意思。显然，新闻报道和商业广告经常利用这种"多层"隐喻起到劝谏、说服的作用。如，Monza GSE 的汽车广告"Seats 4 in comfort. Leaves the rest standing"，在汽车广告的语境中，同时含有三层意思。根据第一种解释，"the rest"指其他人，如果只能坐 4 个人，其他人只能站着。这种解释只有在给出必要的语境信息时才能成立。根据第二种解释，"其余"是指其他品牌的汽车，意即 Monza 行驶得如此之快，把其他汽车甩得很远（随附的文字提供了相应的语境）。第三种解释是 Monza 质量明显优于竞争对手。这种解释是参照文本信息获得的。

7.隐喻互动性意识

上述提及的隐喻技巧对本族语者来说都是很重要的。根据 Lerman（1985）的研究，还有一些隐喻功能没有引起足够的重视，但是能增强话语交际的互动性。为了引起听者的注意，说话者偶尔使用听起来似乎并不合理的隐喻，以便转移听者注意力，让其揣摩推测载体（vehicle）的哪些重要属性被转移使用了。或者，说话者可以把一系列隐喻结合起来，引发听者的困惑，从而迫使其推断说话者的真实意图。Lerman（1985）还发现隐喻问题通常会得到隐喻性的回应。本族语者一旦开启隐喻话语就可以把话题连贯地深入下去，并且能够掌握何时适当地结束隐喻话语。实际上，"make many related statements which they could not make in explicit language"，把一些无法明确关联起来的话语用隐喻的方式相互联结是本族语者很重要的一项语言技能。其次，听者需要了解说话者在多大程度上指代隐喻意思，多大程度上在隐喻意思和字面意思之间徘徊。这种意识由所使用的词汇、伴随的副语言手势、听者的背景知识以及对说话者的期望等因素决定。

在面临情绪困扰的时候，也需要使用委婉语这种隐喻方式连贯地表达含义，从而推动话语的开展。当然在情绪化的环境中，更易于培养隐喻使用能力。在正常的语言教学情境下，要培养这种使用委婉语的隐喻表达能力就需要更精心细致的课堂设计。

第四节　Gibbs 对隐喻能力的阐释

Gibbs 对隐喻理论和实证研究都作出了重要贡献。他提出了隐喻理论研究的六项准则：区分语言中的各种隐喻；区分隐喻和转喻；区分隐喻产物和隐喻过程；区分隐喻处理和隐喻性处理；区分语言和思想中的隐喻如何相互作用；认识思想和语言中隐喻的体验动机。

一、准则一：区分语言中的各种隐喻

隐喻并不是 "A 像 B" 或 "A 是 B" 那样简单。隐喻形式有多种多样，我们应该认识到"对隐喻某个方面的特定理论解释可能不适用于隐喻语言的其他形式"。Gibbs 引用 Turner（1991）的观点对谚语表达（有时称为"xyz"隐喻）进行评论，读者必须理解"x"和"z"之间是用包含 "y" 的概念域连接的。具体地说，读者必须在概念知识中找到与"y"相关的一些"w"（通常可以用"w"的"y"来表示），然后必须映射"y"和"w"的关系到"x"和"z"的关系上。

他进一步提到，文学作品中的隐喻"并不是从一个领域到另一领域的概念映射，而是图象的映射，即图象隐喻。图象隐喻反映的心理意象是从一个领域到另一个领域的映射"（Turner，1991）。

二、准则二：区分隐喻与转喻

隐喻和转喻是不同的修辞格。根据 Gibbs 观点，二者的区别关键在于隐喻涉及两个概念领域，用一个概念领域理解另一个概念领域，这两个领域是不同的知识领域。而转喻只涉及一个概念领域，因为两件事之间的映射或联系发生在同一个领域内。转喻的理论基础是连续性，而隐喻的理论基础是相似性。检测这两种修辞格最简单的方法就是能否应用"像……一样"的句式。比如，"Achilles is like a lion"，a lion 是转喻，is like 是明喻。

三、准则 3：区别隐喻产物和隐喻过程

来自不同学科的学者从不同的视角分析隐喻，因此分析过程不同。比如，哲学家和语言学家试图发现人们是如何理解隐喻的，要找到理解隐喻的过程。相反，心理学家或心理语言学家对隐喻理解过程感兴趣是因为要阐明有关隐喻解释和识别的结果，即隐喻意义。研究隐喻的学者想解释隐喻理解的过程和结果，但其所需的方法论分析和理论描述不同。为了研究人们如何理解隐喻，我们需要一种能够验证大脑的心理事件（mental events）的方法。相反，要研究隐喻的美学价值，即诗意隐喻，则需要不同方法。Gibbs 认为隐喻理解有四个要素：隐喻理解（linguistic comprehension）、隐喻识别（recognition）、隐喻解释（interpretation）和隐喻鉴赏（appreciation）。隐喻理解是指"实时地创造话语含义的过程"。这个过程是"无意识的，涉及对语音、词汇、句法等不同语言要素的分析"。这些语言要素与上下文语境和对现实世界的常识相结合，能够理解隐喻表达。隐喻识别是指有意识地把理解的产物当成一种语言类型。在这种情况下，能够判断意义是"隐喻性的"。隐喻解释是指将早期理解的产物作为标记进行分析。隐喻解释的过程要迟于理解的过程，先根据基本的语言要素如语音、词汇、句法等，结合语境判断语言的隐喻意思，再有意识地反思文本或说话者的真实意图，形成对隐喻意思的最终解释。隐喻鉴赏是把隐喻当成由一种符号指代的产品进行审美的判断。心理学研究表明，隐喻理解和隐喻鉴赏是指心理过程的不同类型。他们认为对隐喻的理解分为意识—识别—解释—鉴赏的过程。

四、准则四：区分隐喻处理与隐喻性处理

隐喻处理是适用于任何情境或语言的一种通用的理解模式，如文学作品、童话、寓言等，它不同于对隐喻语言的处理。Gibbs 以孩子对故事的隐喻理解为例。例如，如果孩子听过或读过 Moby Dick 并理解其中人物角色的寓言含义，就能更好地理解故事情节。"与处理隐喻语言不同，隐喻性处理是一种有意识进行选择的阅读策略。当读者采用这种策略时，即使没有特殊的隐喻语言或文本材料，也没有隐喻思维模式的驱动，读者仍然可以采取隐喻性的理解方式。隐喻性处理可以被视为一种合理的认知策略，为人们用丰富的想象理解文本和现实世界增添了色彩"（Gibbs，1999）。

五、准则五：区分语言和思想中的隐喻如何相互作用

语言中的隐喻是认知语言学家关注的对象，思维中的隐喻是认知心理学家关注的对象。语言学家和心理学家从不同学科领域的视角来思考隐喻问题。以爱情隐喻为例，"We're at a crossroads"，认知语言学家根据实际旅行的经历来概念化恋爱经历，因此通过隐喻触及源域到目标域映射的各个方面（Cameron，1999）。相反，认知心理学家怀疑隐喻不仅是一种语言的装饰，而且是人类认知的一部分。Gibbs提出了关于隐喻语言和隐喻思想互相作用方式的四种假设。

假设1：随着时间的推移，隐喻思想可能会改变词语和表达的意义。Gibbs指出，隐喻在语义变化中的作用已经得到语言研究的证实，如Sweeter（1990）。

假设2：隐喻思想可能会激发语言社团之间通行的语言意义。

假设3：隐喻思维可能会激发说话者对各种词语和表达现有意义的使用和理解。

假设4：隐喻思维可能在人们即时使用和理解语言意义时自动地发挥作用，并与其互相作用。

六、准则六：认识思想和语言中隐喻的体验动机

在回答为什么某些概念隐喻用于讨论抽象概念的问题时，他认为："大量的语言证据表明，很多隐喻思维源自我们的实践经验"（Johnson，1987；Lakoff，1987，1994），例如，"Anger is heated fluid in a container"是一种具体的身体经验。在愤怒的状态下，人体会出现一些物理现象，如体温升高、体内液体增加（胃液、血液循环和出汗的速度加快）。这些身体经验"为容器带来了一种体验型格式塔（gestalt）的发展，称为意象图示"（Johnson，1987）。

第五节　与隐喻能力有关的核心概念

一、意象图式（Image Schema）

1.意象图式的定义

Johnson（1987）把意象图式描述为"在人们与外界在感知和行动的相互作用中，反复出现的、赋予经验一致性和结构性的动态模式"（An image schema is a recurring, dynamic pattern of our perpetual interactions and motor programs that gives coherence and structure to our experience）。

Lakoff（1987）采取了实验主义方法，用"进行思考的有机体的性质和经验"来表征意义。客观主义认为有机体的性质和体验不受意义的影响。Lakoff & Johnson 却支持体验式现实主义，他们从体验的角度界定意义，即根据我们在环境中发挥作用的集体生物能力以及我们的身体和社会经验来界定意义。他们将这种意义分为两部分：结构和该结构的体现方式。他们认为我们的概念是结构化的，使结构有意义的是概念形成之前的身体经验。概念形成之前的体验有两种：基本结构和运动意象-图示结构。"基本结构是人类认知、运动能力和形成丰富心理意象能力的整体融合。"运动意象-图示结构是"相对简单、经常在日常身体经验中反复出现的结构，如容器、路径、链接、力量、平衡和各种方向及关系，如上下、前后、局部-整体、中心-周边等"。Lakoff（1987）提出的抽象概念结构包括基本层次和意象-图示结构，一种是从物理领域到抽象领域的隐喻映射，另一种是从基本结构到上义层面和下义层面的映射。

2.意象图式的形成

我们可以这样理解意象图式的产生及其形态：人类从出生开始就一直处于由天地围合起来的立体的三维空间之中，甚至人类自身也可以看成容器，吸入氧气、呼出二氧化碳。因此容器图式是日常生活中最常见、最易于理解的意象图式。我们每天出入于不同的容器：进出交通工具、出入房间；把各种物品放入容器、从容器中取出，如把水倒入杯中、米放入锅中、首饰放入盒中、从抽屉中取钥匙、从衣柜里取出衣服等。当头脑中浮现出这些物品从各种容器中进或出的形象过程时，就是具体的心理意象（mental image）。进一步地，当把这些物品、盛放物品的容器抽象化为一个点、一个封闭图形，用一个箭头指示物品进出容器的轨迹，这就是具有高度概念性、抽象性的意象图示，亦即上述所说的容器隐喻。

这个容器图式可以用于概括日常生活中我们进出各种空间、把物品置于和取出各种收纳器具的生活体验，还可以投射于非空间的抽象领域，这个过程就是意象图示的应用模式。具体地讲，容器隐喻在抽象领域的应用包括人类陷入某种僵局、处于某种苦恼之中或是与某人坠入爱河。

从上面所述容器图式的形成及其在概念形成中所起的作用可以看出，意象图式是在对事物之间关系的认知的基础上所构成的认知结构，是人类经验和理解中一种联系抽象关系和具体心理意象（mental images）的组织结构。它在构建空间隐喻时起了两方面的作用。首先，它们提供了一种轮廓性的结构，可以帮助我们在头脑中形成丰富的意象；其次，意象图式有自己的内在逻辑，当一个意象图式结构通过隐喻被投射到一个非空间概念上时，该图式的内在逻辑在投射过程中被保留，成为非空间的目标概念的抽象逻辑，这使得我们可以运用空间思维来思考和理解非空间概念（Lakoff & Turner，1989）。

因此，意象图式的形成有其生理和物质基础，人与外部世界的交互作用形成各种空间关系，这种交互作用经过多次反复，就会在大脑中形成一定的意象图式，这种意象图式不是具体形象，而是抽象的认知结构；它已经脱离了具体、丰富的形象，是一种只包含少数构成成分和简单关系的结构。没有意象图式，我们就不能理解和表达经验，就不能把不同的经验域联系起来。人类经验中具有多种意象图式，除了上面介绍的容器图式以外，还有上-下图式、前-后图式、部分-整体图式、链接图式、中心-边缘图式。

3.意象图示的隐喻拓展意义

Johnson 为意象图示的隐喻拓展意义提出三种理据。

意象-图示转形（image-schematic transformations）：意象-图示操作比仅仅形成丰富的意象或心理形象更具体。

表面经验的系统性（systematicity of literal experiences）：Lakoff & Johnson（1980）把关于某个话题大量的字面表达整合起来，比如关于理论建构概念的字面表达，"Is that the foundation for your theory?"（那是你的理论基础吗？）就是基于对"Theories are buildings"这一概念系统的理解。

常规隐喻的扩展（extensions of conventional metaphor）：对常规隐喻的扩展分为对使用的、未使用的源域特征两部分。在隐喻映射中，源域-目标域的某些结构被映射到目标域中，这些被采用的结构构成了隐喻的基础和框架。以"Theories are buildings"为例，源域buildings 的部分特征引发了"construct"（建构）和"foundation"（基础）的表达。这些表达是日常生活中关于理论的常见表达。像 room（房间）、façade（外墙）就是源域-目标域中没有被触及的部分。

4.一词多义

一词多义不仅指单个词语的多种含义，还指多种相互关联、相互作用的含义。"由一个基本的意象图示隐喻地延伸出更多意义，这些意义通常从物质领域扩展到非物质领域乃至更抽象的领域。"

5.历史性的转变

对多义词各种意义的潜在隐喻系统调查显示，通过语义的改变，人们普遍倾向于从更易理解的物质和社会领域中借用（borrow）概念和词汇。

6.隐喻对推理的约束

类比思维过程构成了我们概念系统的基础。Gentner（1983）指出我们通过隐喻投影把源域的特征映射（map）到目标域。

Johnson（1987）提供了几种基于意象模式的隐喻实例，包含控制（containment）、力量（force）、平衡（balance）、路径（paths）、循环（cycles）、规模（scales）、链接（links）

和中心-边缘（center-periphery）。Johnson 以 path 为例解释了与之有关的意象图示。他认为在所有图示中，有一个内部结构明确、重复出现的意象图示。每种路径都有相同的成分：①源头或出发点；②目标或终点；③连接源头与终点的一系列连续的位置。关于路径明确的内部结构，为从具体的空间域到更抽象领域的大量隐喻映射提供了基础。

Johnson 认为隐喻是一种普遍的、不可还原的、想象的人类思维结构，这种结构能够影响意义的本质并限制我们的理性推理（Metaphor is a pervasive, irreducible, imaginative structure of human understanding that influences the nature of meaning and constrains our rational inferences），他强调了人类认知的重要的体验（embodied）想象结构，这些结构组成了意义网络，并产生了依据体验经验进行推断和反思抽象概念的模式。

总之，意象模式是一种认知结构，有些意象模式具有超越语言和文化的普遍性。我们根据身体经验（例如，空间经验，上下、前后等）形成了意象图示。正如和意象图式有关的概念隐喻理论所述，意象图式把经验与语言联系起来。如果语言学习者能够顺利地通过图式进行概念化，通过意象图式激活思考等心理活动，那么他们理解隐喻和使用隐喻的能力将得以提高。意象、图示和意象图示的关系可以归纳为：意象是对特定感知的表征形式，尤其是对视觉感知的形式；图示是关于一系列事件的一般知识（Rumelhart，1979）；意象图示类似于原型效应的认知模式（similar to a cognitive models account of prototype effects）（Lakoff，1987）。

二、类比、类比推理和隐喻

类比的原意是比例关系中的相似性。目前广泛使用的衍生意思是将两种具有相似性的事物进行比较。例如，当我们解释"光"（light）的运动时，我们用"水"（water）进行类比。类比推理是比较不同知识领域之间的相似性，并由二者之间的相似性作出推断。在理解不同现象时，比如"水流"系统和"电流"系统，我们可以比较水源、水的存储、水流、水压和电源、电力或电池的存储、电流、电压等知识或领域。在比较中，会逐一检查核对各个元素的相似性以及整个系统的相似性。从上一个领域（即源域）到下一个领域（即目标域）的转移称为映射。类比思维在学习和解决问题，或构建和创造新想法时会经常使用。基于类比的相似性包括表面相似性（surface similarity）、结构相似性（structural similarity）和关系相似性（relational similarity）。

Gentner 和 Jeziorski（1993）在分析类比和隐喻时，指出类比可以看成是一种具有高度选择性的相似性。在进行类比时，人们关注了某些共性而忽略了其他共性。在解释类比和相似性时，人们使用结构映射法（structure-mapping），其核心思想是"类比是一个领域（源域）到另一个领域（目标域）之间的映射，源域对象之间的关系系统被映射到目标域对象之间的关系系统"。类比推理是两个领域之间在保持结构一致的前提下的重合。在解释类比时，人们要在源域对象与目标域对象之间建立一一对应的关系。因此，"类比关注关系共同性，不受形成各种关系的对象的影响"。系统性原则（systematicity）是映射过程中最重要的原则。"人们更倾向于使用映射与推论性输入相关的高阶谓语系统，而不是映射孤立的谓语。系统性原则反映了在解释类比时对连贯性和推理能力的偏好。"（Gentner & Jeziorski，1993）类比推理与系统性相当。从源域结构到目标域结构的重合过程中，选择的标准是重合之后的结构能否保持连贯性。当源域结构和目标域结构实现了规律性的一对一匹配时，就有依据生成备选的推导，即从源域带来对目标域的预示。在这种情况下，类比推理对新的隐喻意思可以起到解释说明作用。

Gentner（1983）基于类比推理提出了隐喻理解的结构映射模型。根据结构映射模型，隐喻理解是通过源域到目标域之间结构关系的匹配，而不只是从源域到目标域的特征匹配。Gentner 区分了结构匹配和特征匹配，他认为结构匹配是主要的，特征匹配是次要的，是从属于结构匹配的。结构映射是对源域和目标域的特征进行逐一匹配，寻找二者的相似点，从而通过图示归纳把二者共有的结构关系从源域中提取出来，再用于解释目标域中的隐喻意义。在结构映射关系中，Gentner 强调了高层关系对寻找跨域映射相似性的重要作用。高层关系使我们对相似性的认知从具体、可感知的物理层面上升到抽象、不可感知的抽象层面。源域和目标域的具体特征可能并不匹配，但是其内部形成的结构关系是相似的。隐喻的相似性不仅包括特征的相似，更重要的还包括关系的相似。Gentner 的研究表明，儿童更多地关注表面的相似性，如大小、形状等，成年人能够归纳意象图示，从而更多地关注结构关系的相似性。

Johnson（1987）以把"电"（electricity）看成"流动的水"（flowing water）为例区分里隐喻与类比推理（Gentner，1983）。他的解释是"在类比推理中，我们将源域中对象之间的结构关系映射到目标域中的相应对象上。而在隐喻关系中，我们只把源域的某些特征映射到目标域中"。比如，在理解电子与原子核的关系时，我们可以把这种关系与行星与太阳的关系进行比较，"相关的映射转移了选定的结构特征（如吸引、围绕其旋转、质量更大等），但并没有转移特定的属性（如太阳很热、呈黄色，而原子核可能没有这些属性）"。Johnson 认为，类比或类比推理诉诸于领域中对象之间的结构关系，而不是源域的某一特定属性，而隐喻涉及的正是源域的特定属性。

Gibbs（1994）支持 Gentner（1983）的科学推理研究，他研究了学生对电或电路的理解，研究表明隐喻或隐喻图像可以引发科学推理（Gibbs，1994）。隐喻在日常生活中的普遍存在以及在概念系统的普遍存在都有助于引发科学推理。Gibbs 以习惯用语使用为例，从心理语言学视角验证了人类思想的隐喻性质。传统理论认为（例如，flip your lid 和 blow your stack）是不合常理的。但是，"心理学数据表明，习惯用语的意思不是任意的，是可以用独立的概念隐喻进行阐释的"。Gibbs（1994）提供了这些表达的证据，这些表达都属于概念隐喻："The mind is a container""Anger is heated fluid in a container"。Gibbs 等学者研究了人们对习惯用语"blow your stack""flip our lid""hit the ceiling"的心理图式，结果表明这些心理图式和"stacks are blown""lids flipped""ceilings hit"有共通之处。在这两种情况下，内部压力增大会导致向上猛烈地释放某种物质。所有这些都是物理反应，但是当人们把这些物理反应映射到上述表达上，习语的隐喻意义就很清楚明了了。Rumelhart（1980）认为图式在所有推理中都起着核心作用。我们的大多数推理并没有应用一般的推理技能，相反，大多数推理能力都与特定知识体系相关的特定模式有关。

第五章　隐喻能力与交际语言能力

第一节　概念隐喻与语言隐喻

Littlemore & Low（2006）研究了第二语言教学背景下隐喻和隐喻语言能力的范围。Littlemore & Low用"隐喻能力"泛指隐喻知识和隐喻使用能力，以及有效处理隐喻所需的技能。他们利用交际语言能力的一般模型（Bachman，1990）评估隐喻能力在语言教育中的重要性，该模型在教学和测试材料的设计和验证中得到了广泛应用。"隐喻能力"并不深奥，但是在交际语言能力的各个组成部分中都发挥着重要作用。隐喻实际上涉及到学习者需要使用、理解或学习的所有语言领域，它甚至可能帮助二语学习者学习本族语者可能并未有意识进行隐喻加工的词语或表达。

隐喻理解和产出涉及用显然不相关的实体去理解另一个实体的能力。例如，如果日本政府对进口汽车征税，以便为日本制造商创造一个公平的竞争环境（create a level playing field），那么"日本汽车市场"就会被暂时视为一个体育竞技场所。这可能是因为很难对市场进行口头描述，也可能因为在某种程度上作者正在评估形势，或者两者兼而有之。读者需要决定竞技场的哪些方面与关于汽车的讨论有关，以及该习语的意思是否被扩展。作者提出了如"市场"或"竞争"的目标域，但读者很可能不得不去推断它。无论哪种方式，许多分析人士都会认为两个语域（或"语义场"）正在被整合，或是作者主动提出，或是读者被动推断；日本汽车市场构成了目标域（正在讨论的语义领域），然而球类竞技场则构成了源域（正在被用来描述、理解或评估目标域）。

在这一点上，区分语言隐喻和概念隐喻是很重要的。语言隐喻是在口语或书面文本中出现的词语，它们看起来和语境不一致。"运动场"（playing field）和"公平"（level）与税收或汽车进口几乎没有明显的联系，但是，这种不协调可以通过建立语意暗含来解决，即两个语域间的平行性意味着在营销领域像在游戏领域一样，都需要公平竞争（Cameron，2003）。语言隐喻的关键在于词汇本身：选择"level"而不是"flat"或"good"。语言隐喻考虑了特定词的内涵以及表达的形态、句法和搭配特征。研究表明，语言隐喻倾向于在文本中集中出现，用于发挥预测性功能（predicative）（Cameron，2003）。

相比之下，在概念隐喻中，与用词相比，两个概念或实体之间的抽象的、深层的关系更重要。在语言隐喻中，实体可能需要被推断出来，但在概念隐喻中，它们几乎总是需要被推断出来，经常引发关于它们最佳所指的争论（Grady，1997）。概念隐喻可以说是一种思维方式，人们通常用更容易理解、感知的实体，如场所、物质和容器等来解释像时间、情绪和情感等抽象概念（Lakoff & Johnson，1980）。它们通常通过"A is B"的结构表示出来。例如，概念隐喻，THEORIES ARE STRUCTURES，（"theories"构成源域，"structures"是目标域）通常是通过语言隐喻来实现的，如：

That can't be a strong foundation for your theory.

The theory needs more support.

The theory rests on two premises.

在此，语言隐喻如"rest on"构成了源域，而不是假设的、深层的概念"structures"。使用概念隐喻有以下优势。首先，它包括各种形式的隐喻，视觉的、语言的或听觉的，或三者兼有。其次，它在常规表达中得到广泛应用，比如 calm down（冷静下来），simmer down（平静下来），plan ahead（提前计划），keep on working（继续工作），back in the 60s'（回到 60 年代），a career crossroads（职业分叉路口）。概念隐喻识别基本词汇和日常思维中的抽象隐喻特别有效：争论（argument）常被认为是战争（warfare），理解（understanding）常被认为是看到（seeing），爱（love）常被当作武力（physical forces），而观念（ideas）常被看成实物（ojects）。最后，概念还会显现很多语言隐喻共有的复杂性和系统性特征，使语言隐喻可以归结到更高层次的模型，如愤怒（anger）。语言隐喻也同样重要，特别对语言学习者来说，因为它关注用词，强调措辞和搭配的重要性。

语言隐喻和概念隐喻都要求听者/读者推断出两个词语或概念之间的联系，它们还具有不确定的交叉区域（Cameron，1999）。当完全不同或语意不一致的两个词逐渐靠近时，就会出现模糊地带——随着语域的合并，隐喻融合成转喻，或变成字面意思（或是基本词义的延伸）。"This essay thinks X"显然是隐喻的，但"this essay argues X"或"this essay describes/states/sets out X"是否是隐喻呢？无论采用语言隐喻还是概念隐喻，通常都需要在多个层次上同时操作。许多广告、标题、笑话和故事要求读者为同一词语构造一系列非隐喻的、隐喻的含义（Giora，2003；Low，1988）；语境可能涉及传统含义，但读者要以全新的方式把源域和目标域概念"整合"起来创造出全新的意思（Fauconnier & Turner，2002）。一般来说，语言隐喻和概念隐喻侧重于隐喻的不同方面（Grady，1997），尽管它们有时可能相互关联，因为听者可能需要（或选择）来识别概念，以解决语言隐喻的不一致。

第二节　隐喻与第二语言学习

语言隐喻和概念隐喻的普遍存在对二语学习尤为重要。因为很多词义是来自对表面意思的延伸，因此二语学习者需要具有隐喻意识。例如，河口（the "mouth" of a river）、针眼（the "eye" of a needle）和公司头目（the "head" of the company）是身体部位隐喻性延伸的常见表达。对于二语学习者来说，尽管有一些重要的重叠领域，但如上述所列的词义的隐喻扩展，往往因语言而不同。例如，在英语中，我们习惯用"眼"隐喻表达，如穿针引线（thread the cotton through the eye of the needle）、挖掉土豆的芽眼（don't forget to get the eyes out of the potatoes），以及转喻表达，如请替我盯着他（keep an eye on him for me, please）、他正在打量你（he's eyeing you up），但从语法直接翻译的话，我们可能很难理解"她没把眼睛放在口袋里"（she doesn't keep her eyes in her pocket）、"她有美国的眼睛"（she's got the American eye）或者"她有一只鹧鸪的眼睛"（she' got a partridge's eye）。虽然本族语者有时无须对基本意义、概念进行过多积极思考就会快速、自动处理传统表达（Gibbs，1994；Giora，2003），但是二语学习者的处境则会大不相同。他们往往不知道标准、默认意思，因此他们可能比本族语者花更多的时间、精力进行语意处理（Kövecses，2000）。对于习语或"死"隐喻（词语的非隐喻含义消失），如果不了解其含义，它们就会很鲜活，翻译成第二语言后不会消除语意的不一致。同样，要了解广告、新闻标题的多层次的隐喻意思，就需要二语学习者积极地进行隐喻思维。

研究表明，如果教师能系统地使语言学习者关注语言隐喻的源域和涉及词汇的隐喻意思，那么二语学习者语言知识的深度、保留度都会得以显著提高（Boers，2000）。Littlemore & Low（2006）的研究表明，在课堂中对学习者进行隐喻思维的指导有助于培养学习者的隐喻能力。他们在一组高级语言学习者中做了实验。他们让学习者理解"skirt around"的意思。这些学员是在英国参加为期一年的在职培训课程的日本教师，他们在讨论英语课上的语法教学，老师提到了"skirt around"这个话题：

Teacher：When we're teaching grammar at lower levels，we sometimes skirt around the hardest topics.

Student A：What is 'to skirt'？

Teacher：What do you think it means？

Student B：Hiding them？[Mimes a skirt shape i.e. starts off moving hands down from waist to knees and gradually moving outward，then moves hands round knees about 20 centimetres away from knees，in a circular motion，following them of an imaginary skirt.]

Student C：[Looking at Student C's mime] Go round？

Student D：Avoid？

学生 B 抓住了裙子的显著特征：它用来隐藏或掩盖下面的东西。然后，他使用哑剧来表现这个意思。有趣的是，虽然这个策略没帮助学生 B 理解其含义，却启发学生 C 得出结论"围绕着"。学生 C 似乎已经意识到裙子是外衣，绕着膝盖。虽然这些学生还没确定"裙子"的真正词源，但他们使用了词语的基本意思，然后运用隐喻思维充分进行了词义拓展。

二语学习者可能需要比本族语者更多地进行隐喻思维，这个过程有助于促进对第二语言的理解和学习。无论如何，学习者必须获得两种看似相反的技能，他们需要快速获取标准意思，以保持阅读、听力的流利度，同时，他们还要能还原、假设隐喻的细节，获得准确、合适的意思。Littlemore & Low（2006）的研究证明了隐喻能力贯穿在交际语言能力的各个方面，因此在课堂上进行隐喻思维的培训是非常必要的。

第三节　隐喻在交际语言能力中的作用

近二十年来，学者们提出了许多语言能力模型，其中最具影响力的就是巴赫曼模型（Bachman Model）为代表的能力框架。这类框架源自 Hymes 的成分列表方法，为了研究第二语言习得，Canale、Swain（1980）和 Canale（1983）扩展了此方法。而后在 Bachman（1990）的 *Fundamental Considerations in Language Testing* 中对模型稍作修改用于语言测试。

20 世纪 70 年代，美国语言学家 Hymes 对 Chomsky 对语言能力的描述提出质疑。Chomsky 区分"语言能力"和"语言运用"，他认为语言学的根本任务是研究语言能力。而 Hymes 认为在实际情境中的语言运用能力是对语法规则的实际运用，意义更重大。据此，Hymes 提出了交际能力，即 communicative competence。他认为交际能力包括语言能力和社会语言能力两个方面。80 年代，Canale 和 Swain（1980）补充了 Hymes 的交际能力描述，增加了策略能力，即对交际中出现的问题和缺憾进行弥补，Canale 还在后续研究中增加了语篇能力，即超越句子层面产出和解释语言的能力，由此扩大了交际能力范畴。

20 世纪 90 年代，美国语言学家 Bachman（1990）在其关于语言测试的著作中，重新整合、界定了交际能力，提出了交际语言能力框架（communicative language ability）。他认为交际语言能力包括独立成为语言理论的各部分语言知识，如词汇、句法、连贯等，同时还包括说话者在实际情境中运用语言知识的能力，通过使用一系列策略能力将信息与社会目的和情境适当联系起来。交际语言能力包括语言组织能力和语言运用能力，组织能力包括语法能力、语篇能力，语言运用能力包括言外行为能力和社会语言能力，如表 3-1 所示。

Bachman 仅仅在社会语言能力部分提及了隐喻，即对文化含义和比喻的理解能力。实际上，这是模型中唯一可以清晰地看到隐喻作用的地方。但是，我们想证明隐喻在模型的所有部分中都发挥重要作用，即言外行为能力、语篇能力、语法能力、策略能力和社会语言能力。

一、社会语言能力

Bachman 所提到的"对文化含义和比喻的理解能力"强调为理解隐喻，就要理解特定文化赋予特定事件、场所、机构或人的扩展含义以及相关评价。人们认为文化中广泛使用了概念隐喻，因此要想精确地理解或产出目的语，了解目的语的文化内涵是很必要的（Lantolf，1999）。

表 3-1　交际语言能力构成要素

Organization competence		Pragmatic competence	
Grammatical competence	Textual competence	Illocutionary competence	Sociolinguistic competence
Vocabulary or variety	cohesion	Ideational functions	Sensitivity to dialect
morphology	Rhetorical organization	Manipulative functions	Sensitivity to register
syntax		Heuristic functions	Sensitivity to natural ness
Phonology/graphology		Imaginative functions	Ability to interpret cultural references and figures of speech

Littlemore & Low（2006）举例说明了由文化误解导致的语言错误。一名高级语言学习者在培训课前写了一篇题为"Fatalism and Social Criticism in Tess of the D'Urbevilles"的文章。她想表达无论苔丝如何叛逆，她都无法摆脱伪善的亚历克人的魔掌，她写道："She is unable to ran away from his palm."在英语中，权力被系统地视为可操纵的实体，而拥有权力被视为一种可以显现的行为，包括用手抓住和握住。然而，在汉语中，"palm"不是基于这样的概念隐喻得以使用，而是更多地用来暗示孙悟空企图从如来佛手掌逃脱的徒劳尝试。这种差异可能也可以解释她为什么使用"逃跑"，因为人们确实可以逃离一个人（run away from a person），而传统意义上只能逃离人们的掌控（escape their clutches）。

从对语言的解释上看，缺乏适当的背景知识也会导致语言学习者误解字面意思很明确的词语表达。一个对文化误解的有趣例子来自孟加拉国的公务员，他在英国一所大学参加了关于"有效管理"的短期课程。在听到培训者引用玛格丽特·撒切尔的话"I want a revolution in the way in which civil servants attack their job"后，他在备注中写道，"attack their job"就是"审视自我的工作表现"，而不是培训者的原意"热心工作"。通过与该学生进行的课后讨论表明，目前孟加拉国正在开展一项运动，要求公务员严格评估自我工作能力，这是他以这种方式解释这个比喻的部分原因。因此，他似乎把"attack a person"的传统意义"攻击敌人"与其所在国家的负面的文化背景巧妙地结合起来（Littlemore，2001）。

二、言外行为能力

言外行为能力不仅指能理解词语的基本意思，还能理解这些词语传达的信息。根据Bachman 的观点，言外行为能力可以分为四个功能：表达功能、控制功能、教诲功能和想象功能。

1.表达功能（Ideational function）

根据 Bachman 的说法，表达功能是指使用语言来交流信息和与信息有关的感受。隐喻通常用于传达对情境的评估，如果无法理解隐喻会导致听众或读者完全误解这种评估。有些隐喻表达是中性的："He put forward some proposals…""His ideas arise from…"或"He aroused the interest of …"，但还有许多其他表达，可能是创新的或传统的，例如"information highway""a lion's share"或上面的示例"attack one's job"，既有信息报告成分，又包含评估成分。与字面语言相比，听者更需要隐喻语言来判断话语是否有评估之意。同样在语言产出方面，如果能够使用隐喻表达个人观点，那么交际语言能力也会有大幅提升。

2.控制功能（Manipulative function）

话语的控制功能主要表现为话语能影响我们周围的世界。话语有助于完成任务，控制他人的行为，或者建立关系。即使是在祈使句这样最简单的话语层面，隐喻仍是大部分对话的基础，这些对话主要表现为命令："Calm down""Back off""Stop poking your nose in"。在商务写作领域中，我们也会发现比喻语言发挥着控制功能。在下面的示例中，有名的商业大师汤姆·彼得斯（Tom Peters）用发电机（the 'dynamos'）比喻业绩出众的员工，用巡逻车比喻业绩平平的员工（the 'cruisers'），并暗示这类员工应该被解雇：

Only 10% to 20% [of workers] are ... dynamos... always working to learn something new ... continually building their practices in new and challenging areas. The rest of the partners are 'cruisers', who don't stand out as special talents. The bottom line：The long-term success of any professional service company depends on nurturing a high share of intellectual-miracle-building dynamos.（Peters，1994）

彼得斯使用"培养"（nurture）一词明确表明，我们需要培养大量"发电机"，并为其分配宝贵的资源。"巡逻车"就是工作不突出（not standing out），这意味着工作漫无目的或效率低下。

发电机和巡逻车的隐喻在搭配和各种暗示的支持下很有说服力。管理者阅读此书后可能受到启发把"巡逻车"似的工人解雇。在这种情况下，隐喻既发挥了工具作用，又发挥了控制作用。识别充当这些功能的隐喻有助于直接提高交际语言能力。

与此相反，不受他人使用的比喻语言影响的能力同样重要。为了避免受作者影响，读者需要明确论点背后的概念隐喻和转喻。然后，他们就能够通过识别不容易转移到目标域的源域方面，甚至提出替代性的概念隐喻来评估自己的局限性。该技能有两个重要但又不同的方面。首先是应对故意使用的隐喻。根据 Lerman（1985）的研究，尼克松总统在任时的白宫助手一贯使用各种各样的隐喻来避免直接提及非法活动。另一项技能是在面对无意的、却持续表达反对意见的观点时，还要保留自己观点的技能。比如读者在读 *New Scientist* 中谈及有关多细胞生物进化的雪球理论的一些最新文章时所面临的任务。文章主题是基于偶然突变的达尔文进化论，但书中充满了动画性隐喻以激发读者兴趣（Low，2005）。以下是打开页面中的示例：

What shook the planet out of its primitive complacency and heralded the arrival of multicellular animals?

Each individual cell had to be master of all trades.

（Source：*New Scientist* 12 April 2003）

在这种情况下，无论是母语使用者还是学习者，都需要在保持对话题兴趣的同时，不受动画性隐喻插图的影响。

通过获取并扩展对说话者使用的隐喻，人们可以在对话中执行操纵功能。在立陶宛即将独立于俄罗斯时，Mio（1996）引用了立陶宛人与俄罗斯代表通过电视进行的交流。这位俄罗斯代表将两国的分离与离婚做了比较，声称由于两国结婚已有很长的时间，任何离婚都将花费时间，而且在考虑全面离婚之前，有一段时间的分离是必要的。对此，立陶宛代表回答说，两国"没有离婚，因为我们从未结婚，立陶宛只是被强奸了"。Mio 断言这是"隐喻扩展的经典案例"，其中第二位讲话者从第一位讲话者使用的隐喻中提取并扩展了该隐喻，以使其略微扭曲，从而为他的论证提供了力量。因此，隐喻可以用来建立关系和实现互动功能。

比如，三名日语教师于 2002 年在伯明翰大学攻读学术英语课程，然后在 TEFL 开始攻读文学硕士。他们在课堂上参加了辩论，论题是"语法教学"。辩论进行了大约五分钟，内容如下：

语法教学讨论

学生 1 反对 It is best for the students to be showered in a lot of English.

学生 2 支持 But we don't want to throw them in the water.

学生 1 反对 We are not throwing them in the water，they are just in the shower.

学生 2 支持 We need to get them used to the water before swimming.

学生 1 反对 But grammar teaching is like sitting on the tatami mat，and not getting in the water.

学生 3 反对 And there is few water in Japan，this is why the classroom atmosphere is more important.

学生们用概念隐喻讨论"学习语言是沉浸式的"；"沉浸"被详细解释为在游泳池中游泳，并扩展到游泳池边的社交活动。辩论双方的学生都扩大了基本的隐喻，以加强论点，使他们的话语具有很强的操纵作用。研究表明，通过对使用扩展隐喻的明确培训，中级学生能够有效地使用它们，并在学术辩论中使用（Littlemore，2005）。

3.教诲功能

Bachman 语言能力的第三个组成部分，即教诲功能，是指我们使用试错法临时学习或向他人介绍我们周围的世界。例如，教师通常会创建临时的解释类比来帮助学习。因此，Cameron（2002）报道了一位小学老师将火山熔岩比作"黏性糖霜"（sticky treacle）和"流油"（running butter），而 Low（1999）报道了一位中学老师创造了"原子在获得电子时很高兴"（atoms are happy when they gain electrons），但告诉学生要记住不要学 习它。

另外，由于技术不断发展，有些隐喻将变得不合时宜。在这种情况下，我们需要找到替换隐喻。比如，物理学家们目前对"黑洞"一词的普遍使用感到不满，因为多年来，他们已经设法对"黑洞"进行了说明。

隐喻教诲功能的最后一个方面是认识到单个隐喻（无论是语言隐喻还是概念隐喻）只能表征给定主题的部分特点，因此，多个隐喻同时出现是很正常的语言现象。例如，为了理解人的大脑，心理学家使用了容器（container）、电话网络（telephone network）、镜子（mirror）、织布机（loom）、单胞子（homunculus）和计算机隐喻（computer metaphors）（Draaisma，2000）。这些隐喻中的每一个都对大脑可能的运作方式提供了某些见解，但没有一个能提供整体印象。再如，根据一个国家的政治有利位置，福利国家可以被描述为保护伞或安全网。二语学习者需要识别、解释、使用和评估这种启发式隐喻。

4.想象功能

Bachman 言语能力的第四部分是想象力，这是我们为达到幽默或审美目的而创造和扩展语境的能力。显然，这几乎涵盖了隐喻的所有文学或诗意用法，无论是在正式的文学语境中，还是在传统的互动语境中，如孩子们在数数游戏和唱童谣的过程中，或者在非正式的谈话中试图变得机智或有趣。Read 等（1990）发现使用隐喻的本族语者被认为"更有趣、更具说服力、令人难忘、语言能力更强"。这个结果可以用两种方式来解读，这两种方式在这里都是相关的。在某些情况下（如具有讽刺意味的），隐喻性表达可被视为话语的理想特征。另外，隐喻性表达也是个人语言风格的一个方面。

创造力的培养是传统二语课堂上最难实现的领域之一。如果我们能够找到减少教师和学习者恐惧的方法，将会很有帮助。Lakoff & Turner（1989）的研究表明，即使在文学中，很少有创造性话语依赖于完全创新，大多数是对现有隐喻的扩展或阐述。我们用约翰·班维尔（John Banville，2000）的小说 *Eclipse* 中的一句话来说明这一点。亚历山大是个孩子，他的父亲去世了，母亲的反应是要打他：

Her look immediately afterwards was one almost of triumph. She lifted her head back and widened her nostrils, like Snow White's wicked stepmother, and something came at me out of her eyes, sharp and glittering and swift, like a blade shown and promptly pocketed.（Banville，2000：57）

母亲的视线穿越空间直逼我而来。这里涉及到的隐喻元素包括：被观察者的视线穿越空间，穿越的实体类似于匕首（a cutting look，look daggers at）以及伤害人的视线（if looks could kill）。非常规元素是：①通过把表情转移到视线强调速度之快（a swift look）；②使用"came at"来突出表情行动轨迹的最后部分，正如野生动物的故意攻击；③将切割工具看成刀片（blade）；④使用"装入口袋"（pocketing）描述表情的短暂，暗示发出者仍然拥有这种表情及随之而来的恶意：它们只是暂时被隐藏。隐喻效果由三个重复序列得以加强：语气坚定的"eyes" "sharp"和"swift"中含有的拟声词"嗖嗖"以及"promptly pocketed"中的/p/s。仅仅二十个词就显示出概念隐喻和语言隐喻之间高度复杂而又趋同的相互作用。

在经济学和商业新闻中也可以找到其他例子，其中亚当·斯密的"看不见的手"（invisible hand）可以用来表达"看不见的手对抗铁的拳头"（the invisible hand versus the iron fist）之类的表达；"看不见的手需要戴看不见的手套吗"（does the invisible hand need an invisible glove）和"看不见的手上有绿色的拇指"（a green thumb on the invisible hand）（Resche，2003）。这些都是语境中的幽默表达。

二语学习者需要了解说话者或听者何时何地超越常规（Low，1988），并且他们需要意识到说话者对创造性隐喻的使用何时打破了新的概念。最重要的是，他们需要了解演讲者选择与习惯保持这种距离的原因，是娱乐性的，还是要传达更严肃的信息或意见。

隐喻在执行概念性、操纵性、教诲和想象功能方面所起的广泛作用再次表明，帮助二语学习者注意到非常规用法是大有裨益的。一个相关的因素是语言学习者期望人们使用隐喻的程度，提高他们对"隐喻无处不在"的认识，并强调隐喻的上述功能对提高二语语言能力是非常必要的。

三、语篇能力

语篇能力是指在书面和口头上都具备理解并产出组织严密、连贯的文本的能力。修辞组织是指文本的整体概念结构及其对读者或听者的影响。语篇能力也指使用语言规约来建立、维护和终止对话。

隐喻在界定话语单位边缘方面具有重要作用。根据 Drew 和 Holt（1998），人们系统地使用比喻语言来总结和结束对话或改变话题：

Ten lines of dialogue explaining a procedure：

Hugh：Yeah I will do. Yeah. That's great. Mm.

Liz：Uh...Yeah. Takes a bit of digesting.

Hugh：It will do. Yes.

Liz：/Still try it/Hehehe!

Hugh：You got it，Hehehe.

在这个例子中，Liz 声称这些信息"需要一些消化"，大概是在暗示 Hugh 是时候停下来了，让她花点时间分析、总结和/或评估他刚才说的话。对话中用 digest 这样形象化的隐喻表达起到了终止争论的作用。因此，听者明白了说话者脱离争论，要求结束/改变话题。Low（1997）在书面文本中发现了类似的隐喻用法，不同的是书面文本比口头文本的边界框架更细致、更交错，不同的隐喻表达用于发挥不同的功能，如总结、评价、终止，而不是被合并成一个单一的真实表达。

隐喻也被用来构建文本或对话中的议论（Cameron & Low，2004）。例如，Koester（2000）发现，比喻性语言，尤其是隐喻，在对话中一直被用来表示"问题-解决办法-评价"的模式：这是议论文的一个共同特征。根据 Koester 的观点，大部分用于发现问题的比喻性语言都在说明：比喻性语言通过让说话者隐藏在共同的价值观背后，从而降低了被听众评价的风险。它还允许说话者讨论有感情色彩的话题，同时避免做出承诺。这与使用比喻语言来解释和控制模糊限制语的能力有关，Low（1988）的"隐喻能力"表述中就出现了这种能力。

四、语法能力

语法能力是指语言学习者对目的语语法系统的知识和使用能力。在 Bachman 的所有分类中，这可能是我们认为与隐喻能力关系最小的一个。然而，随着概念隐喻和认知语言学领域的最新发展，很明显，大量被语言教育工作者划分的语法现象也有很强的隐喻成分，尽管人们经常需要从词汇层面（比如短语动词）寻找它。即使一个词经历了相当程度的语法化，它也能反映出一个更早、更具体的基本意义（Hopper & Traugott，1993）。下面以指示代词、介词和时态为例进行分析。我们假设大多数读者都熟悉"语法隐喻"（Halliday，1985），其中隐喻将动态过程通过名词化和名词短语的形式构建成稳定状态。语法隐喻在说明隐喻思维在澄清语法和认知之间的联系上起了重要作用。

1.指示代词

在英语中，术语"this"和"that"构成了一个最小闭集的一部分，其中两项相互对比，有时与"it"或"the"形成对比。"I'm talking to this guy here"的基本字面意思是，听众是一个对象，很明显地存在于此时此地，是与现在密切相关的、可见的、可触摸的。另一方面，"I'm trying to talk to that guy over there"则将听者定位为更遥远、更不可见（如果足够遥远的话，是看不见的，因此似乎不存在）的人，而且与当前的关联性也大大降低。因此，指示语的字面意义似乎与一个理想化的、有边界的对话空间有关（Clark & Clark，1977）。如果不借助隐喻，下面这样的句子很难用字面意思来解释。

（1） After eating：'That was really good!'

（2） Back reference in speaking：'Let's go out.' 'Yes, that's a good idea.' Versus back reference in writing. 'He suggested going out. We thought this would be a good idea.'

（3） Oh that（awful）woman/man!

（4） Joke：'There was this Englishman...'

（5） Phone：Is that John? No it's Peter.

（6） Noise：Who's that?

（7） Introduction：'Peter, this is John!'

在例（1）中，物理距离是用来表示已经不存在的食物里。例（2）中表明除了在写作中，在口语中 this 和 that 也表示已经结束了。在例（3）中，表示抱怨和开玩笑时，用物理距离来做心里排斥的信号或强迫听者有一种熟悉感，如例（4）。在例（5）接电话时和在例（6）中的黑暗中哭泣，存在实际的物理距离，但也强烈地感到茫然、心理的陌生甚或威胁。在例（7）的社交介绍中，"这"确实表示熟悉，但它也作为一种行为，以创造社会接受（或实际上，在对话群中的社会存在）。

总而言之，如果允许使用隐喻，以上七个例子都可以用一种非常直接的方式来解释，即隐喻远离理想化的对话空间。隐喻不仅是相关的，而且它的使用实现了对高度抽象系统的"人性化"的陈述（Low，1992）。的确，在这个时代，隐喻经常具有体验性特征（Gibbs，1999），而且以上对人体和密切相关的经验和行为的使用确实有助于说明一种体验性感觉。本族语者在选择或使用这些术语时不会"思考"太多，"思考"仅限于教师对学习者做解释。然而，上述 7 个例子也可能发生变体，如"There was that Englishman..."，此时听者需要迅速判断说话者是否在做评价，或使用指示代替改变话语的言外行为（比如不是开玩笑了）。

2.介词

介词和冠词对所有英语学习者来说是一个难题。由于介词通常在短语中充当从属项，所以把它们（就像大多数外语教科书那样）看作基本的语法现象是合理的。很多研究表明介词的不同意义通常不是不相关的，而是很显而易见地、有序地偏离一个或多个典型意义。从一种意义到另一种意义的变化通常可以用简单的位置/位置延伸来解释，或者用构成许多英语词汇基础的相同的常规隐喻来解释。因此，"I'll be there inside an hour"涉及到一个时间单位被当作一个容器，其边界是所关注的时间——类似于"This is John"（上文）中的对话空间。同样地，如果电视是开着（on）的，那是物理运动，如果你感觉是开着（turned on）的，那是心理运动，如果你感觉"关闭"（off），那是身体或心理上状态有异常。

Boers & Demecheleer（1998）关于"beyond"和"behind"的研究表明，教师对具有扩展隐喻意义的介词的描述可以促进第二语言的学习。Boers & Demecheleer 还建议，在讲解介词时，语言教师不应该仅仅按照字面到延伸的顺序进行教学，还可以使用三或四句组成的句群开展教学，如：

（1）　You can't see Snowdon from here，it's over there，beyond those hills.

（2）　I can't afford this house. It's beyond our means.

（3）　His recent behaviour is beyond my understanding.

（4）　This abstract concept is beyond me.

Boers 和 Demecheleer 的研究表明，至少对一些大学生来说，积极地将介词当作隐喻来思考有助于短期学习。初等学习者是否会发现这些概念还有待证实。

3.4.3 时态

所有的英语学习者都需要理解和使用 will do 和 going to do。然而，这两者很难区分，因此，我们认为构建隐喻意义是很有价值的。

首先，我们注意到，"I am going to York"，最初的、也是最基本的（虽然不是最常见的）意思是"我在通往 York 的路上"。就未来而言，未来是一个实体，我正在走向它。其次，我们可能会注意到，"will"有几种含义，从基本的"想要"开始，通过"意愿"和"期望"进行隐喻性延伸，直到其最新的含义"指示"。这个简单的区别让我们得以解释二者的区别：

（1）　If we invest in this project，we'll lose all our money.

（2）　If we invest in this project，we're going to lose all our money.

"We're going to lose all our money"这句话把我们的位置隐喻性地定位在眼下的道路上——一条通向破产的轨道上。其中暗含着"下坡路"已经目力可及或至少未来的迹象已经显现。然而，"we'll lose all our money"中的"will"并不包含这样的定位。它只是一种预期，或预测破产肯定会发生。因此，从隐喻角度分析二者间的差别是，"we're going to"中的说话人在某种程度上更情绪化，或更关心结果；"we will"中的说话人更加客观。

隐喻涉及到英语学习者需要能够理解和使用的一系列语法现象。我们还试图表明，教师使用隐喻可以提供简单、易于理解的"人性化"解释，而无需诉诸武断或复杂的理论语法解释。此外，由于学习者很少对语法感兴趣，使用隐喻教语法可能更能激发和吸引学生。一些语言教育者甚至走得更远，例如，Holme（2003）试图使用旅行和空间的潜在图式来帮助学习者通过直接的身体体验学习时态/方位标记语。体验性从而成为语法学习的驱动力量，学习者可以不用被动地解释语法。

五、策略能力

Bachman 模型的第二个主要维度，也是隐喻思维可能发挥作用的最后一个领域是"策略能力"。对 Bachman 模型的重构已经分离出了一系列普遍的、五种非语言技能，例如，评估（一种情景、任务或反应）、决定是否反应、规划实现适当反应所需的策略以及组织"语言知识元素"来完成这一任务。像"评估"和"计划"这样的概念对于语言使用者如何处理隐喻以达到他们的目的的讨论来说范围偏大，在此我们重点关注"沟通策略"。

就沟通策略而言，有两种主要的方法来分析策略能力：心理语言学方法和交互式方法。心理语言学方法的支持者倾向于将策略能力定义为说话者使用策略来弥补他们在目的语语言知识的不足，例如，为了让对话继续进行（Poulisse，1990）。这些策略通常被称为"补偿策略"。交互式方法的支持者更关注两个对话者操纵对话和进行语意协商的能力（McNamara，1995）。我们强烈认为，隐喻思维在策略能力的补偿性和交互性方面都发挥着重要作用。

1.补偿策略

补偿策略包括迂回（circumlocution）、意译（paraphrase）、造词（word coinage）和母语迁移（transfer from L1）。其中，造词和意译往往具有隐喻性。

造词的策略包括创造新的单词或短语来表达自己的意思。为了做到这一点，说话者经常以原有或创新的方式使用或改编既有词汇，来表达他们的想法。这个过程通常依赖于隐喻性思维，因为它涉及到拓展词语意义常规边界的能力。利用隐喻思维来填补新语义场产生的词汇空白，是语言变化和发展的核心。例如，最近将私营部门的思维引入英国公共部门的尝试带来了"限制性预算"（ring-fenced budgets）、"联合政府"（joined-up government）和"一站式商店"（one-stop shops）等新词。另一个例子是大量描述计算方面的隐喻性术语。事实上，Dirven（1985）认为，大部分词语的语意延伸都来自于隐喻思维。

本族语者倾向于扩展词语的意义来描述词汇缺失的概念（Clark，1981）。比如孩子们用"sleeper"来表示"bed"，用"darking"来表示"着色剂"等（Clark，1981）。她认为通过隐喻手段进行词汇延伸是儿童学习母语的主要策略之一。人们认为儿童会使用两种机制创造新词：结合语素和改变词义。词义的变化是一个隐喻的过程，这一点已经得到了肯定，但 Elbers 认为语素的组合过程在本质上也是隐喻的。她引用了一些新词作为证据，比如"moon-nuts"（指腰果）和"car-milk"（指汽油）。

在许多方面，儿童在母语阶段的词汇创新与二语学习者因二语知识缺失所使用的造词策略相似。在 Tarone（1978）的第二语言造词策略中，"airball"被用来表示"balloon"的近义词，这正是儿童母语者可能采用的表达。这就是"当学习者扩展他们既有词汇的语义维度时"采纳的策略（Kumaravadivelu，1988）。

Kellerman（1995）的研究表明，来自母语的迁移（或"跨语言影响"）策略存在约束；如果学习者认为这两种语言在类型化上很接近，那么改变母语表达的可能就大；但如果这种表达只适用于母语，或者语意不明确，那么改变母语表达的可能就小（Littlemore，2003）。

第二种沟通策略是意译（对现有的或已知的术语），通常涉及比喻性的比较。例如，当被要求描述"孔雀"时，一名大学生说"it has spots on its wings that are like eyes"（它的翅膀上长着像眼睛一样的斑点 ）（Littlemore，2001）。其他描述如"a pipe for elves to smoke"（精灵抽的烟斗，目标域是橡果），"like a lit candle"（像点燃的蜡烛，目标域是章鱼）和"like a helicopter"（像直升飞机，目标域是蜻蜓）。

只要学生能恰当地使用这些表达，这种使用就能提高他们的流利度和整体的交际有效性，使他们能够使用语言资源表达更广泛的概念。

2.互动策略

从广义上讲，互动策略是一种塑造口语或书面文本的方式，从而实现说话者（或作者）的目的。它可能只是简单地让对话以某种方式进行，比如使用比喻的表达来协商话题的变化，也可能是在书面文本中使用复杂的隐喻边界框架。Low（1997，1999）和 Cameron & Low（2004）提到的新闻报道涉及的框架包括以与文章话题有关的隐喻开头，以基于开头并带有生命、拟人色彩的隐喻结尾。如下这篇来自《经济学人》的科技短文就是很好的例子。文章以两个相关的食物隐喻开始，以章鱼隐喻结尾。

What the SQUID did

Think of a freezing cold sandwich with the thinnest of fillings. It is not an appetising thought; but understand it and you know, more or less, how a superconducting quantum interference device（SQUID）works.

...

Cheap, small SQUID magnetometers may yet come swimming out of the laboratories.

（Source：*The Economist* 11 June 1988）

为了发挥解释性功能，隐喻经常与其他手段结合使用，如指人和他们的行为，直接引用，开玩笑，或进行讽刺。让读者感觉到尽管缺乏专业知识，也能处理好这个话题。有趣的是，随着文本的推进，作者可能改变读者的定位。上述 SQUID 的文章概述了电子学和 Josephson 三明治的最新研究，作者首先讨论了可食用的三明治，令人食欲大增的特征和其馅料。作者通过互动手段实现这个效果，比如命令（think of）和直接称呼读者（you know）。然而，当读者开始理解这个主题时，"三明治"就不再被隐喻化了，在搭配上不再与饮食相关，并移除了对读者的直接吸引力。结果"三明治"就成了一个中性的技术术语。

隐喻在专业话语中也被视为一种策略工具。Cameron（2003）在她的研究中，小学老师谈论火山熔岩（sticky treacle，黏糖蜜），指出了老师有意在没使用隐喻之前，给孩子们介绍基本的关于火山熔岩的内容，而后从略微不同的角度使用两个隐喻，但这两个隐喻都让孩子关注火山的核心特征。

策略能力不会在功能上独立于其他能力之外。例如，在《经济学人》的文本中，作者不仅仅在与读者互动，而且在做评论，并试图说服读者接受自己的特定观点。因此，策略互动功能是与 Bachman 的言外能力所涉及的评价功能、操作功能紧密相连的。此外，读者需要接受《经济学人》文本中的框架效应或边缘效应，这进一步说明了策略能力和 Bachman 的文本能力之间的联系。在口语和书面文本中，大量的隐喻性语言被用于实现各种类型的策略目标。

第六章 隐喻思维的心理认知过程

第一节 关于隐喻理解的基本理论

狭义的隐喻能力包括输入、输出两个层面，即隐喻的理解能力和产出能力。关于如何理解隐喻目前还没有达成共识。传统观点认为，为了理解隐喻，听众和读者首先需要分析并发现字面意思与语境信息的不一致。另一方面，"直接进入理论"（direct access view）的支持者认为听众和读者不需要通过完整的字面意思来理解隐喻含义，充分的语境信息可以用来理解其含义（Gibbs，2001）。因此，语境发挥作用的时机是有争议的：它是在激活所有可能的解释之后发挥作用，使听者能够在解释中做出选择，还是从一开始就限制了不符合语境的解释，或至少很快抑制了这些不当解释（Gernsbacher，1990；Rubio Fernandez，2004）。另一个有争议的问题是源域和目标域之间的互动性。有些学者认为，隐喻的理解涉及识别不同域之间的相似处，也有人认为目标域是用来根据源域构建信息的，还有人认为存在源域、目标域之外的第三个域。目前解释隐喻理解的主要模型有直接进入理论（the direct access view）、等级凸显假说（the graded salience hypothesis）、互动理论（interaction theory）、整合理论（blending theory）、隐喻生涯理论（the career of metaphor theory）和类包含模式（the class-inclusion model）。

直接进入理论（Gibbs，1994）认为在隐喻理解过程中赋予语境一个至关重要的角色。听者利用语境来引导他们获得符合语境的恰当的隐喻解释。因此，人们不需要了解隐喻的全部"字面意思"，就可以获取它在语境中的隐喻意义。

等级凸显假说（Giora，1997）认为在遇到隐喻表达时，我们会自动获取源域和目标域的最突出、最明显的特征，即使这种特征与语境不相关。根据 Giora 的说法，这个过程是由一个"语言处理器"（linguistic processor）来完成的，它既独立于语境，又和语境共同工作。语境处理器（contextual processor）使用语境线索来确定隐喻意思。无论对传统隐喻还是新奇隐喻，这两种处理器都要识别隐喻表达的含义。等级凸显假说阐释了听众或读者如何利用现有关于某个领域的知识来解释隐喻意思，但很难理解为什么要强调语言处理器、语境处理器的独立作用，因为两者需要结合起来才能准确理解隐喻意思。

根据互动理论（Black，1962），人们使用隐喻的目标域作为一个过滤器来组织和突出源域的某些方面，而隐藏其他方面。根据这一理论，源域和目标域之间可能没有任何先天相似性，但由于它们同时出现，产生了新意义。例如，Gineste 等人（2000）指出，当被要求解释"亲吻是一种水果"（a kiss is a fruit）这一隐喻时，提供信息的人会提出诸如天堂、崇拜、需求、象征等概念。这些概念都不是亲吻或水果的核心意义，但确实代表了两个词同时出现激发的隐喻联想。在很多情况下，它们反映了第二个隐喻，感官上的享受也是一种饮食（Sensual pleasure is eating）。因此，当人们解读"吻是一种水果"（a kiss is a fruit）时，这些"非字面意思"的联想就会被激活并被强调，而"吻"和"水果"这些更"字面意思"的含义就会被淡化。

概念整合理论（Fauconnier & Turner，1998）认为仅凭隐喻映射并不能完全解释人们面对隐喻表达时所产生的所有解释。有些解释包括看起来与源域或目标域都不相关。为了解释这些，Fauconnier 和 Turner 假设隐喻是心理空间的结合或概念整合过程（the blending or conceptual integration of mental space）。根据 Fauconnier 和 Turner（1998），心理空间（mental space）是"在我们思考和交谈时构建的概念小包，目的是为了理解当前的、暂时的概念"。在隐喻语境中，概念小包由听众对隐喻涉及的两个领域的联想组成。在组合过程中产生了第三个新的心理空间，其构成元素跟源域、目标域都不相关，称之为"新生特征"（emergent features）。例如，在解释俗语"虚荣心是理性的流沙"（Vanity is the quicksand of reason）时，人们可能会想到"监狱"和"末日"这样的概念，从表面上看虚荣心与流沙没有关系。然而，这个例子突出了一个"新生特征"带来的问题：上述例子中，如果我们用外延式、脱离语境的方式定义"虚荣"和"流沙"，就会发现特征与"虚荣"或"流沙"无关，是真正新产生、新出现的。如果我们从广义看，不同读者结合具体语境可能对"流沙"产生不同的解读方式，那么"流沙"也很可能被认为具有监禁、死亡之意，等等。另一方面，概念整合理论强调了源域或目标域的某些特征在特定隐喻表达中出现时可能会发展出新特征。概念整合理论表明可以为同一个词语创建一系列不同的整合词，这些词可以同时使用，也可以按顺序使用。

隐喻生涯理论（Gentner & Bowdle，2001）认为，隐喻映射可以通过比较或分类过程来完成。当隐喻逐渐规约化后，对隐喻的加工过程可能会由比较转到分类。例如，第一次遇到"针眼"（the eye of the needle），听者可能会比较眼睛和针。但是，熟悉这个表达式的听众会立刻把眼睛和针尖上的洞联系起来。因此，隐喻的辨识和解读由规约化程度决定，处于不同规约化阶段的隐喻需要不同的解读方式。已经规约化的隐喻其喻体获得本义和隐喻意义的双重指称；新奇隐喻只有本义指称，读者需要进行比较理解其隐喻意思。可以说，喻体的规约化过程就是喻体获得抽象范畴指称的过程。这种双极性的划分类似于 Giora 的等级凸显假说，等级凸显假说也是考虑到听众以前对隐喻表达式的既有认知，因为它可以解释母语和非母语人士在隐喻解释技巧上的差异。隐喻生涯理论对语言教学很有意义，它解释了本族语者和非本族语者在隐喻理解上的差异。

根据类包含模式（Glucksberg et al.，2001），隐喻的两部分被纳入包含它们共同属性的单一类别中。Glucksberg 等以"我的律师是鲨鱼"（my lawyer is a shark）为例，人们想表达律师属于"鲨鱼"这类范畴。"鲨鱼"可以属多个范畴，既可以属于"大型海洋动物"这种常规范畴，也可以属于无常规名称的范畴，如具有相关特征但又无法确切描述的范畴：大型海洋动物等。隐喻性范畴解读需要给本体指定一个与喻体相关的意义范畴。在"我的律师是鲨鱼"的隐喻性范畴表达中，鲨鱼这一喻体被用来指代"凶恶的、攻击性强的、给人带来威胁的"这类范畴，通过把本体归属为该类范畴的成员，本体（我的律师）即具有了这些特征，从而实现对"我的律师是鲨鱼"这个隐喻性范畴的表征和识解。

对本族语者来说，隐喻理解需要听者识别出源域和目标域之间的某种关系。通常情况下，源域和目标域之间的关系涉及到源域的非核心特征或内涵映射到目标域上。上述各种观点可能对此提出略有不同的解释。但上述理论一致认为隐喻的解释在很大程度上取决于语境，只是对语境介入的具体时机存在分歧。上述理论给语言教学带来重要启示，即隐喻理解需要听者注意到与说话者共享的源域和目标域知识。这种知识可能涉及源域的非核心特征。这意味着，为准确理解目的语隐喻，外语学习者必须了解源域的各种特征，以便识解在特定语境中被转移到目标域中的那部分特征。这个过程对本族语者来说并不困难，因为他们和说话者建立了共同的语境意识和共享知识，便于准确推测说话者意图。然而，对外语学习者来说，情况就变得复杂了，因为他们可能与本族语者建立不同的源域特征，即使特征相似，也可能因未找到符合语境的特征而导致错误的语意迁移。

第二节　培养外语学习者建构隐喻心理过程的重要性

隐喻对于外语学习者来说是陌生的。如果遇到新的词语，外语学习者可能会首先利用语境进行猜测或查字典，以期找到合适的语意。如果遇到认识的词语，他们会根据语境扩展词意。如果词意还不明朗，他们会采用识解新奇隐喻常用方法，尽管这个隐喻表达式对本族语者来说已经是常规隐喻了。鼓励二语学习者运用隐喻性思维，对提高二语学习能力很有意义。

当判断隐喻为新奇隐喻后，我们需要：

（1）识别源域和目标域术语；

（2）使用目标域从源域中挑选出符合语境的特征；

（3）在可选的解释中选择最恰当的解释。

我们以常被用来为英国工业中心 Boddingtons 啤酒品牌做广告的口号为例。广告展现在商务情景中，衣冠楚楚的商务人员品尝着装在光滑品脱玻璃杯里的啤酒，标语是

"Boddingtons The Cream of Manchester"。结合视觉语境，我们可以推断源域是"可以联想到的奶油特征"，目标域是"这款啤酒具有的品质"，这个品质正是广告商要引起我们注意的。正如图 6-1 所示，并不是所有的源域特征都能映射到目标域上。源域特征能否映射到目标域由目标域性质决定，而目标域性质在很大程度上又取决于语境。至少有一个特征是由广告中的视觉信息和文化知识共同决定的：传统北方啤酒顶部有一层奶油泡沫，南方啤酒却没有。奶油上升到啤酒瓶的顶部形成视觉和结构上的平行。

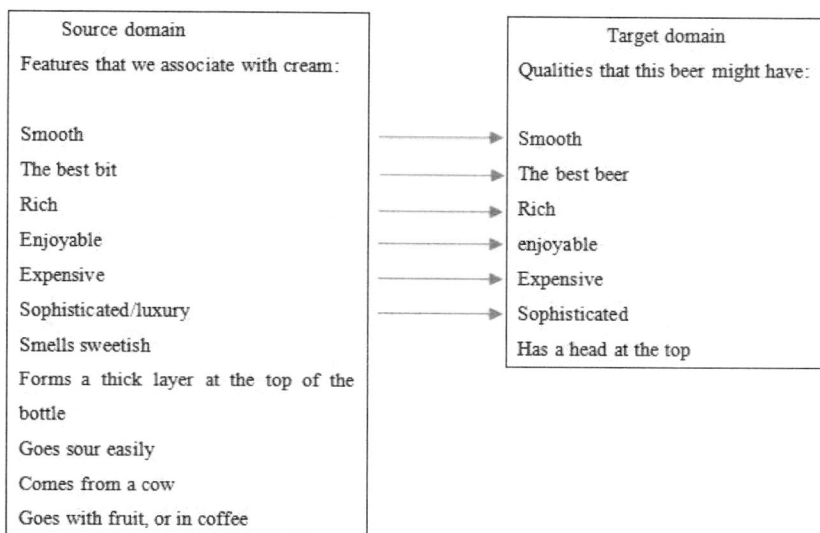

图 6-1　啤酒广告隐喻映射

在这种情况下，口号也从视觉上看起来很复杂，世俗、粗俗夹杂着北方的工业环境。而隐喻习语"The cream of"进一步加剧了视觉上的不协调感。"The cream of"通常指人，因此，这句口号的焦点从啤酒转移到喝啤酒的人身上——喝啤酒的人成了社会的精英（the cream of the society）。广告的妙处在于它展示了两组对立信息：以典型的南方人（圆滑世故，时尚大胆，但看不起工业英格兰）和典型的北方人（认为南方人的圆滑是虚伪的表现，但是认为北部啤酒是最佳的）。如果观众对这两种立场都不认同，就会认为这则广告很讽刺，而这正是广告商要达到的效果。

如果外语学习者不了解英国北部和南部的文化模式和啤酒文化，不了解广告中的讽刺之意，他们只能关注到所谓奶油啤酒的特征。但即使是他们对"奶油"的反应，也将取决于他们之前的文化体验。

比如，四个日本高级英语学习者看到这则广告可能会感到疑惑。他们不了解关于啤酒的英语文化套路，不熟悉英语广告惯例，而且，鲜奶油在日本也不普遍（Littlemore，2005）。所以，对日本学生来说，源域奶油突出泡沫、短暂物质的显著特征。这些显著特征严重影响了他们对这则英语广告的理解。他们认为这则广告暗示了啤酒的味道可能是"人造的""甜的"和"短暂的"。为了便于他们识解广告意图，需要比本族语者更有意识地寻找源域的特征。在教师的鼓励下，他们想到奶油在顶部、是牛奶中最好的部分，因此啤酒应该也是最好的。但是，他们没想到啤酒应该是奶油状的。因为日本人更喜欢喝口味淡的、清爽的啤酒而不是"奶油味"的。因此，受目标域知识的局限他们无法了解广告的隐喻之意。即使补充啤酒源域背景知识后，他们也很难利用语境推断出这则广告涉及到两个目标域：啤酒和饮酒者。因此，这些日本学习者在搜索源域背景知识、识别目标域上都遇到了困难（Cameron，2003）。

上述理论表明，要正确地理解隐喻，外语学习者需要有意识地经历一些心理过程。我们将之概括为五个心理过程，即注意（noticing）、激活源域知识（activation of source domain knowledge）、联想流利度（associative fluency）、类比推理（associative fluency）和意象形成（image formation）。从心理语言学角度看，这些过程被本族语者潜意识地用于隐喻理解和产出。通过有意识地参与这些过程，语言学习者可以提高他们理解目标域隐喻表达的　能力。

第三节　外语学习者理解隐喻的心理认知过程

一、意识性

近年来，在应用语言学领域学者们就"隐喻意识性"问题展开了讨论。Schmidt（1990）认为在语言输入被加工处理之前应该受到关注。Ellis（1994）认为隐性的、潜意识的学习也很重要。我们暂且不去卷入观点之争，但我们很关注意识性在语言学习者的隐喻解释技能培养方面所起的作用。显然，大多数情况下，本族语者很自然地使用隐喻意义，而不需要额外关注隐喻的使用方法。而对于学习者来说，如果想要提高处理目标语言中隐喻意义的能力，则需要在主动处理特定的隐喻表达之前，意识到标志字面意思和隐喻意思不一致的信号。

我们可以通过提高学生对隐喻的口头信号（Goatly，1997；Cameron & Deignan，2003）、声音信号（如语调）（Vanlancker-Sidtis，2003）、肢体语言（Corts & Pollio，1999）的敏感性来增强其隐喻意识。另一个影响学生隐喻意识的因素就是他们在多大程度上预期到交际者会使用隐喻。许多语言学习者没有受过语言训练，他们把隐喻更多地看作一种诗意化的手段，也没有预期到在比较枯燥乏味的日常语境中会经常出现隐喻表达。

研究表明，在书面话语中，本族语者更容易意识到涉及对比的隐喻、作为特定文学手段的隐喻和涉及拟人的隐喻（Graesser et al.，1988）。相比动词性隐喻，本族语者更容易意识到名词性隐喻。跟名词性隐喻相比，儿童更容易误解动词性隐喻（Cameron，2003）。这一发现表明，如果语言教师想让学生意识到隐喻以及隐喻可能产生的问题，帮助他们注意到像口头隐喻这样不明显的隐喻是十分必要的。

如果想让语言学习者有意识地关注隐喻，那么建立意识性过程必须先于其他隐喻理解的心理过程。相比之下，其他四个心理过程是紧密相连的，需要同时进行。

二、激活源域知识

激活源域知识对正确理解隐喻是十分必要的。比如，为了理解为什么 Margaret Thatcher 经常被描述为"铁娘子"，我们需要了解钢铁是坚硬、冰冷和不易改变的。一听到"iron lady"我们就会把这些铁的特征转移到目标域。当我们看到或听到一个源域词语时，它所激发的不仅是单一感官，而是由一系列与语境相关、彼此密切相连的语义网络（Eco，1979）。比如，"iron lady" 可能会让我们激发"steely" "iron-fisted"的相关联想。为了理解一个隐喻，我们需要激活一个大致符合说话者语意的特征网络，然后在这个网络中找到与目标域词语相关的特征。

当本族语者解读隐喻时，他们很可能会激活与说话者基本一致的特征网络。但是，这个过程对于外语学习者来说比较困难，因为与特定源域词语相关的特征网络有时受文化影响。就同一个语义网络而言，有些特征可能对于来自特定文化的学习者特别突出（Giora，2003），当他们使用某一概念去激活该语义网络时，英语本族语者却没有感悟到这个特征，因为这个特征对英语本族语者来说不是最明显的，如上述提到的啤酒的例子。因此，外语学习者要意识到受文化因素影响，词语所激活的语意特征网络在不同民族之间是有差异的。

三、联想流利度

语言学习者和本族语者在源域知识上存在差距。这就意味着学习者很难迅速地找到一个恰当的隐喻解释。在这种情况下，语言学习者可以使用联想流利度来弥补由文化差异产生的语义网络差异。联想流利度是指根据给定的提示，建立广泛关联的能力。联想流利度要求学习者使用各种不同的搜索策略从记忆中检索信息。各种不同的搜索是宽泛的、彼此相连的，不要求逻辑严谨、标准统一（Miller，1987）。如果语言学习者在判断隐喻意义之前提出几个可能的解释方法，其成功概率更大。能够找到一系列广泛的源域特征将有助于学习者产出隐喻，因为他们更可能从多样的源域特征中发现词语意思的隐喻延伸。

事实上，联想流利度是发现各种可能的词语隐喻意思的基础（Pollio & Smith，1980）。当联想流利度应用于隐喻理解时，也被称为"隐喻流利度"（Johnson & Rosano，1993）。Carroll（1993）研究了联想流利度和隐喻流利度之间的关系。Carroll 对大量旨在衡量产生丰富相关语义能力的测试进行因子分析，找到了一个高度相关的因素，即"联想流利度"。他还发现有一项测试专门让受试者使用多种方式补全明喻。这项研究结果表明，当受试者被要求为隐喻提供多种解释时，他们会搜索源域中可以迁移到目标域的特征网络。使用发散搜索方法的受试者会进行更广泛的查找，获取的某些意思是使用集中搜索方法的受试者不能发现的。所以，他们更可能发现非核心的隐喻意思，这对正确理解隐喻是很必要的。总之，联想流利度是外语学习者解读隐喻含义的有效技巧，学习者可以通过尝试不同可能的解释方法发现、探求更符合语境的解释。

四、类比推理

如上所述，成功的隐喻理解需要最大限度地利用语境。为了能准确理解新隐喻，我们需要使用目标域来寻找哪个与源域词语密切相连的特征是可以采纳的。这种发掘源域和目标域相关关系的过程就是类比推理的过程。因此，类比推理就是找到概念之间部分相似性和相关性的过程，这个过程使得用其中一个概念的特征解释另一个概念的特征成为可能（Holyoak & Thagard，1995）。有学者认为，在两个截然不同的领域之间根据共同特征或关系特征找到相似关系是隐喻加工能力的核心技能（Paivio & Walsh，1993）。

Trick & Katz（1986）的研究证实了类比推理在隐喻理解和鉴赏中的重要作用。研究发现类比推理能力强的受试者更容易发现相距甚远的源域和目标域之间的隐喻关系。

和联想流利度一样，类比推理也可以帮助外语学习者用来弥补其源域知识的缺失。本族语者可以主要依靠直觉、文化知识和相关特征网络的激活来解释隐喻，但对外语学习者来说，这个过程可能会更艰难、枯燥。因此，为了找到正确的解释，尽可能多地在源域和目标域之间进行类比推理是有效的方法。

五、意象形成

多年来有很多研究表明，心理意象对理解、产出隐喻语言意义重大。Paivio（1983）的双重编码理论（Dual Coding Theory）认为人脑对文字数据和非文字数据，特别是视觉数据是分别储存的。文字数据是有序储存的，非文字数据可以重叠储存。当表意具体的词语引发相应的视觉图像时，文字与非文字数据就彼此相联。但是表意抽象的词语很难激发具体的视觉想象。所谓双重编码就是指表意具体的词语在获取意象图式的支撑后，形成了文字与图像的双重编码。所以这些词语比抽象词语更容易被读者记住。

Paivio & Walsh（1993）研究了双重编码理论对隐喻理解的影响。他们认为正是互动的意象把源域和目标域联系起来。意象通过对比源域和目标域帮助说话者或听者理解、产出隐喻，意象可以产生新奇的、整合的隐喻形象，还能提高相关信息的查找效率，准确地理解隐喻。意象图式以非文字形式存储，因此它可以和文字信息快速结合起来，实现源域和目标域的有效融合。

第四节　如何在外语教学中培养隐喻能力

一、隐喻语言教学和语言游戏

隐喻或提喻发展了许多词语和表达式的延伸意思。语言的隐喻用法可以发挥很多交际功能，如解释（explication）、劝导（persuasion）、建立关系（relationship building）等。因此，语言学习者能够识解词语的隐喻延伸意思，能够判断、验证对词语隐喻延伸意思的预测也很重要。为此，需要为学习者提供机会、空间进行目标语游戏。语言游戏能够帮助学习者打破中介语系统，防止语言僵化，从而发展语言能力。另外，语言游戏还能达到寓教于乐的效果。

Cook（2000）强调了Cailliois（1961）提出的惯例性、规范化游戏（conventionalized, rule-governed play）与自发性、自由化游戏（spontaneous, relatively free play）的区别，二者都对培养创造性思维发挥认知作用。自发性、自由化游戏有助于学习者拓展目标语词语的隐喻性用法，有利于验证对词语延伸意义的推断，更易于接受延伸意义。另一方面，词语的延伸意义受到隐喻规则的制约。而且词语延伸意义还受到文化因素的影响，增加识解隐喻意思的难度。使用隐喻、习语和谚语完成话语任务，如转换话题，也要遵循规则。当学习者按照这些规则识解隐喻意思时，游戏就具有挑战性。语言学习者和教师、研究者一样，在很大程度上不了解游戏规则。尽管有研究表明这些领域具有系统性，但是学习者经常因为隐喻、措辞模式没有规律受挫。鉴于此，目前教师可以指导学习者利用话语决定在多大程度上需要进行隐喻编码、何时放弃编码。就隐喻产出而言，教师需要帮助学习者利用隐喻语言使用的模式、相关文化背景、本族语和目标语隐喻模式的差异等知识决定话语的接受程度。为此，需要让学习者接触传统的、创造性的隐喻语言，培养隐喻注意力、激活相关图式、进行类比推理、展开联想流利度和构成意象，提高隐喻识解和产出的能力。

二、任务式教学和语言游戏

Bachman 交际语言能力框架能够证实隐喻语言具有很多功能。帮助学习者识解、使用隐喻语言的有效方法之一就是鼓励他们完成真实、功能目标明确的交际任务。Willis（1996）认为，能够实现语言任务学习效率最大化的最好方法是遵循一个"三阶段任务型学习框架"，包括任务前阶段、任务周期和语言焦点。下面以冰激凌广告为例来看看这个周期是如何用于鼓励口头进行隐喻语言产出的。

在任务前阶段中，当教师对任务进行概述、阐明任务目标及教学目的时，就需要激活必要的隐喻语言资源，包括相关的概念隐喻、转喻、习语和隐喻表达式。Willis 建议，在学习者做任务之前先给他们收听本族语者做任务的录音，或者让他们观看其他食品如何使用隐喻和转喻做广告，会让学习者受到启发。

在任务周期中，真正的"语言游戏"最有可能发生，因为学习者可以相对自由地尝试目标语言。学习者可以开展小组学习，然后向全班汇报，收效良好。因为使用隐喻性语言有可能造成尴尬、有损颜面的行为，学习者在运用隐喻性语言表达的时候很有可能被认为是"错误"的，所以在小组内先尝试会避免尴尬。此外，口语的创造性是一种"即兴现象"（emergent phenomenon）（Carter，2004），因此最好是在没有老师或其他学习者密切关注的小组中培养口语的创造力。

有研究表明在语言课上，学习者经常在"非任务"期间进行语言游戏，并因为它创造了课堂活动中的"暂停时间"。这并不是一件坏事，甚至应该不时地加以鼓励，因为学习者在"非任务"期间参与的语言游戏可以帮助他们在个人层面上参与语言学习进程。Cekaite & Aronsson（2005）举例说明了一群 7~10 岁的语言学习者是如何"将语言学习转变成对语言审美潜力的玩笑式探索"的。他们发现，"语言游戏是同伴之间学习语言的重要组成部分"。如果想让学习者自发地、游戏式地使用隐喻语言，我们需要时不时地让他们独立去做，这也可以促进合作式学习、培养学习策略。教师转变为监督者、鼓励者，如果无意中听到使用不当之处，可以与学生单独交流，不必在班级范围内点评。当学习者做课堂报告时，教师作为一个被动的观察者可以记录学习者使用隐喻性语言的情况，给予简短的反馈。

在语言焦点阶段，教师可以讨论学习者使用的隐喻语言，并评价其在目标语言中的恰当程度。恰当的用法要巩固加强，不恰当的用法也不要立即摒弃，而是提出传统的替代形式。教师应着眼于启发学习者运用语言手段标记新奇隐喻语言的使用。

三、在语言技能教学中培养隐喻思维

隐喻思维在听、说、读、写四项技能中相应地发挥不同的作用，给学习者带来不同的挑战。在阅读教学上，当词汇经过隐喻性扩展以适应新语境后，隐喻思维有助于培养学习者猜测词义的策略技巧，同时也有利于他们发现、评估潜在隐喻的能力，培养批判性思维。除此以外，这也将有助于学习者识别隐喻性语言群、确定其功能。在阅读诗歌及其他文学作品时，若学习者的注意力集中在语言与文化之间的联系，并反思诗歌中隐喻性文化指称的普遍性，这将使他们从中获益。

能够在写作中合理地运用已有隐喻表达、创造新的隐喻表达对二语学习者具有挑战性。因此，在写作教学上可以培养学生的隐喻思维。隐喻性思维有助于让学习者学会如何创造性地、适当地运用隐喻性语言，还可以帮助学习者了解如何策略性地运用时态、语法隐喻加强学术写作的修辞效果。隐喻性思维还能为写作提供整体框架和连贯性。在听力教学上，隐喻性语言能够帮助学习者识别信号词语。听力中经常用不同的语调标示习语或谚语的使用。让学习者意识到隐喻性语言发挥功能的范围之广，理解运用隐喻性语言不仅是为了修辞。帮助学习者寻找隐喻性语言中含有的评估性成分。在对话中，隐喻性思维可以帮助学习者辨听说话者运用习语转变话题甚至结束话题的意图。在口语教学中，鼓励学习者围绕一两个概念隐喻组织思维有利于传递思想，使得表达更有系统性、更富逻辑性，从而提升辩论水平和说服力，帮助学习者使用隐喻、转喻交际策略，并使用标记词语明确交际策略。

第七章　隐喻功能

第一节　隐喻功能研究文献

维柯（1968）认为通过隐喻建立的原初人类世界是具体、真实的，体现了原初人类看待世界的真实方式。维柯认为想象是认知的核心，认知源于想象。他指出，原初人类仅凭感觉去感知世界，他们没有建立可理解的类概念，不能从个别的事物中抽象出共同的性质，因此就用身边熟悉的事物制造出某些范例或理想的图像形成标志性符号，并把同类中和这些范例、图像相似的个别具体事物归纳到这些符号中，由此建立分类系统。这些标志性符号通过建立存储观念的分类系统，为组织思想提供参考。他认为，原初人类在感知世界时总是伴随着自我体验，总是把外在的感觉体验内化成内在的心理事件，逐渐形成"自我中心主义"的世界观。

里昂（Lyons，1977）认为，隐喻迁移过程是每个说话者语言能力的重要组成部分，特别是孩子语言习得的重要方式。人类利用隐喻发现我们周围世界中现象之间的相似性和差异性，将感觉印象转换为一组抽象符号。通过将一个事物或事件与另一个事物或事件相匹配建立起统一的模式。这些模式对扩大人类认知非常重要。如果没有既定的模式，婴儿的大脑将被大量的感官数据充斥。正是通过识别实体和经验之间的共同点，才从这种混乱中创造出秩序。Schank（1979）指出："在每个抽象层次上识别相似性是人类组织记忆的关键"（Detecting similarities at every level of abstraction is the key to human memory organization）。随着孩子的成长，他们与世界互动的主要方式就是在寻找当前世界与记忆中模式的相似之处，通过对相似性的归类达到认识世界的目的。

奥托尼（Ortony，1975）指出了隐喻可以从三方面促进语言学习，即简练（compactness）、生动（vividness）、填补表达空白（inexpressibility）。他将这些总结为紧凑，生动和不可表达的论文。隐喻的简化作用是指隐喻能够实现未知领域向已知领域的转化。隐喻能使表达生动是指由载体（vehicle）引发的意象图示有助于学习者获得难忘的学习体验。填补表达空白是指隐喻给我们某些无法用其他方式编码的经验进行编码，扩大了人类的认知范围。隐喻在上述三方面的作用对提高语言学习发挥了重要作用。

因此，隐喻不仅起到修饰语言的作用，它对词语释义和建立概念性理解至关重要。理查兹（Richards，1936）指出："思想是隐喻的，思想是通过比较推进的，在这个过程中产生了语言隐喻"（Thought is metaphoric and proceeds by comparison, and the metaphors of language derive therefrom）。其原因是人类很自然地倾向于根据已知概念、熟悉事物理解未知概念、未知事物。因此，语言教师应该经常使用抽象概念和具体事物之间的类比，根据日常经验来解释抽象概念。

第二节　从认知语言学视角看隐喻功能

正如认知语言学家 Lakoff 和 Johnson 所言，隐喻远不止于在语言层面发挥修饰作用，而是成为人类认知新事物的工具和手段。将隐喻在语言视角和更深层次的认知视角承载的功能概括为如下几个方面：

一、填补词汇空白

隐喻的功能之一是填补词汇上的空白。当现有的词语不足以表达意思时，人们往往会通过扩展或迁移现有词语的意思来填补空白。有时，这不仅是词语的可得性问题，更是是否易加工的问题。比如，如果不使用隐喻我们很难描述时间流逝，这是词语的可得性问题。但是描述太空距离时，我们可以计算出距离是 94，630，000，000，000 公里，但是这个数字太大不易加工，于是使用 light-year（光年），把时间概念化为空间。

至少有三种方式可以使用隐喻来填补词汇空白。第一种情况是缺乏适当的术语，我们不得不诉诸隐喻。在此，隐喻成为一种构词法，例如，crane（起重机），其字面意思是鹤；mouse（鼠标），其字面意思是老鼠等。第二种情况是缺乏最确切的词语，只能进行近似描述。比如：He put his face in the water and half-gulped，half-ate it.（他把头埋进水里，半吞咽吃起来）。Gulp 和 eat 都不完全符合要描述的动作，因此结合使用二者作为次优的选择，是一种近似表达。第三种情况是通过与特定实体相关联，隐喻使得表达更精确。比如：My cry for help was the cry of the rat when a terrier shakes it.（我的呼救声就像一只老鼠被猎狗捉住时发出的惨叫）。of the rat 后面的修饰语"when a terrier shakes it"用具体的事例更贴切、精确地描述了声音的凄惨。

最初研究隐喻功能的是古希腊哲学家亚里士多德。他认为，隐喻来自于事物之间的相似性，使用隐喻可以实现别具一格的修辞效果。亚氏的隐喻修辞论从语言层面界定隐喻的功能，作为一种修饰手段，隐喻使得表达更具体、贴切，引人入胜。隐喻的修辞功能广泛存在于各个领域之中。在日常生活中也屡见不鲜，"at the foot of mountain""the eye of the needle""sister company""information highway""relationship network"这些隐喻用法使语言更鲜活、更生动、更富有表现力。

二、解释与模型化

当隐喻的喻底成为核心问题时，隐喻可以用听者更熟悉的术语来解释一些相对抽象的概念。例如，对基础科学专业的学生使用经过管道中的水流解释电流：电压就是水压；电阻就是管道宽度；安培数就是流速。这个隐喻模型强调了电流和水流之间的相似性。实际上，还应强调二者的不同之处，以防止误解：电子的流动不是从正极流向负极，而是带负电荷的电子从负极流向正极。

与上述时空隐喻的逆转一样，在植物生理学领域，当描述植物中的液体流动时，也可以把电流-水流隐喻逆转。比如，Many flow equations are closely analogous to Ohm's law which describes the flow of electrons, and which we will use as a model. （许多计算流动的公式和计算电子流动公式相似，这些电子流动公式当成模型使用）。

把隐喻作为一种科学模型为我们提供了解释隐喻的新视角。因此，从科学探究的本质看，隐喻构成了理论或模型（Boyd，1979），比如当代隐喻把电脑当成人脑。引入该模型构成了理论上的变化。这个模型能做出得以检验的预测，也因此开启了对借助电脑运行研究人脑运行的科学探究过程。换句话说，这种理论建构隐喻的喻底（grounds）最初是开放式的，在研究过程中通过虚拟可预测的喻底来更精确地建构、验证喻底。

当然，有些心理现象可能无法用这种计算机模型/隐喻来解释。科学家就提出一个新的理论建构隐喻，整合了更多的科学依据。例如，光的波动（wave）理论在某些方面是不充分的，需要辅之以粒子（particle）理论。

隐喻的解释和模型化并不囿于科学领域，在神话中也很普遍。例如，世界起源有其病原学功能，可以用来解释为什么女性在分娩时遭受痛苦，为什么男人必须为谋生而工作，为什么人类穿衣蔽体，为什么蛇没有腿，为什么一周有七天。再如，In England you put it under the pillow, and a fairy will come and give you two and a half p.（在英国当你把掉落的牙齿放在枕头下面，牙仙就会赶来给你两个半硬币）。之所以将这个神话当成隐喻，是因为主题（父母用硬币代替牙齿）和载体（仙女用硬币换牙齿）效果相同：都是牙齿消失了，硬币出现了。孩子能相信这个隐喻是因为没有意识到这种不对称的隐喻（asymmetric metaphor）。

三、概念重构

当我们提及理论建构隐喻时，与其说我们谈论的是解释，不如说是重新概念化。实际上，文学隐喻似乎经常用于把我们的体验重新概念化。文学隐喻使我们使用非传统术语或不熟悉的类别从不同的角度看待我们的体验。许多诗歌隐喻摆脱了传统类别的束缚，引入了不熟悉的类别。比如，Yeat 的诗行"arrogance and hatred are the wares peddled in the thoroughfares"（傲慢和仇恨就像在街上兜售的器皿）。要理解这句话，就要把傲慢和仇恨重新概念化为商品，需求量很大的可以用来买卖的商品。概念化重构不只有短期效用，在某些情况下，比如当概念获得特定的意思，其概念化意义也能持久。如物理学中能量公式 E=MC2，这里的 energy 指 the ability that something has to work or move（物体能够运动的能力），这个隐喻意思源自其字面意思 a special power that some people believe exits in their bodies and in some buildings（人体或建筑物拥有的特殊能量）。物理学的这个公式使得 energy 作为世界万物能量指称的普遍意义得以持续下来。

再如，竞争是游戏（competition is game）。竞争和游戏的共同点是都由两个或两个以上的参与者在共同的竞争平台（playground）比拼，最后决出胜负，也就是一方获胜（win）、一方出局（lose）。竞争的原则要公平、公开（fair play）。由"competition is game"的概念隐喻引出了一系列词语的引申含义。因此概念隐喻拓展了一系列词语的应用范畴，并在这一过程中派生出更丰富的意义。

四、类比推理

类比推理与上述模型化和重新概念化似乎有异曲同工之妙，这些都是解释体验的方式，都具有概念性功能。但是模型化旨在说服听者乐于接受，因此还具有人际功能。当隐喻经过合适的概念化重构，从沟通意义上看就有高度的说服性，从情感角度上体会就自然得体（Steen，1994）。模型化和重新概念化主要用于描述世界，而类推议论主要发挥以言行事，即产生行为效果。类比议论的典范就是英国大学剧作家约翰·利利（John Lyly）的小说《尤弗伊斯》（Euphues）。如下例节选：

The fine crystal is sooner crazed than the hard marble，the greenest beech burneth faster than the driest oak，the fairest silk is soonest soiled，and the sweetest wine turneth to the sharpest vinegar.

这段选文的语境是自从贵族出身的尤弗伊斯到达那不勒斯后，一位年长的绅士就发现他的行为不符合贵族风范，很快会变成浪荡公子。在这段话中他要说服、劝谏尤弗伊斯不要沉溺于虚荣浮夸而有辱贵族风范，不要行事不负责任，不要和狐朋狗友鬼混。这段话具有警示之意，其言外之意是劝诫尤弗伊斯改变不良的行为。

五、传达情感态度

隐喻的主要功能之一是表达情感。MacCormac 认为隐喻的一般言外之意在于产生诸如惊奇（wonder）和困惑（puzzlement）之类的情感，并且隐喻的言外之意，即其特殊情感效果会因个体和环境而异（MacCormac，1990）。长期以来，文学一直伴随着情感的激发（Richards 1948），正如 Wordsworth 所言"诗歌是强烈情感的自发外溢：它起源于在宁静中重拾曾经的情感"。因此，诗意化隐喻可能部分是由于隐喻的情感影响和张力所致。

关于隐喻张力的典型例子是当 Cleopatra（克莉奥帕特拉），埃及托勒密王朝最后一位女王，把蛇放在胸口准备自尽时说："Dost thou not see my baby at my breast. That sucks the nurse asleep?"（Antony and Cleopatra）这个隐喻的独特魅力在于话题（top）和载体（vehicle）之间的情绪联想是冲突的，这个话题和载体之间的冲突就像毒蛇和吃奶的孩子之间的巨大冲突。

六、修饰、掩盖和夸张

与上述提及的概念重构、理论构建隐喻不同，有些隐喻给表达披上一层引人瞩目的或是隐形的外衣，发挥修饰、掩盖的作用。这种修饰或掩盖又具有情感功能。比如：He fell asleep. 意思是"He died."在此隐喻作为委婉语使用，其目的是避免提到让人产生负面联想的事物或人物。庞德（1936）收集了一系列用于美式英语的死亡、垂死和埋葬委婉语，其中许多是隐喻性的：

He climbed the golden stair, called to the eternal sleep, crossed over the great divide, answered the last muster, used for dying; and planting, cold meat party, used for funerals.（Pound，1936）

有些非人性化的根隐喻如"人类是机器"（human=machine）是用来避免提到人类，实现委婉含蓄的效果。比如，"We have spare tyre"这里的 spare tyre 指 rolls of belly fat（腹部堆积的脂肪），waterworks 指 urinary tract（泌尿管）。

在发挥修饰功能时，隐喻经常在诗歌中以拟人手法出现。比如：

In the soft bosom of Campania's vale,

When now the wintry tempests all are fled

And genial Summer breathes her gentle gale

The verdant orange lifts its beauteous head

诗歌用 bosom，fled，breathe，head 这些人类的身体部位或者动作使表达更生动形象，增添了修饰效果。

七、增加亲密度

因为对隐喻的理解取决于共同的基础即喻底（shared grounds），所以隐喻可以成为激活一个群体的共同假设的一种手段。隐喻表达的含义取决于说话者的知识，而不是直接体现在表达本身中，所以听者必须参透说话者的知识，探索说话者的思想，继而在自己的头脑中激活说话者隐含的意思（Cohen，1979）。这个过程创造一个话语共同体，同时也排除了那些不能参透说话者意图、不能获取相关信息的人。比如，"Michael Heseltine was Wat Tyler and John Major was Bolingbroke to Maggie's Richard II"，有些读者能理解其隐喻含义，因为他们了解瓦特泰勒（Wat Tyler）领导的反对人头税的农民起义，查理二世（Richard II）被主教波林布鲁克（Bolingbroke）罢免，波林布鲁克后来成为亨利四世（Henry IV），以及1990年英国的政治状况。这些读者因为对这段历史上英国政治局面的了解形成了一个共同体。那些缺乏英国这段历史、政治知识的读者就被排除在这个共同体之外。

各个领域都有从隐喻引申而来的专业术语。比如，在市场营销领域，launch new product（发布新产品），advertising campaign（广告活动），marketing strategies（营销战略），price ceiling（最高价），invisible hand（无形的手），elastic demand（弹性需求）等隐喻表达密切了商务从业人员这个话语共同体内部的关系。

上文所述的隐喻概念建构、类比推理功能说明隐喻是人类组织概念系统的有力工具、隐喻具有劝谏功能。除此之外，隐喻还具有号召行动、解决问题的认知功能。比如在电影《海神号（Poseidon Adventure）》中，乘客们正在船上庆祝新年时，一场海底地震产生的巨浪将整个船舱颠倒过来，机舱中钢铁装置也乱做一团，面对此景，这场海上逃生的带头人 Scott 喊道："Don't think of it as you're seeing it but simply as a mountain to be climbed"（不要被眼前的杂乱迷惑，这就是一座要攀登的山）。这里的隐喻既发挥了概念重构的作用，又有指挥、引导的作用。

八、提高记忆保留度

有些隐喻使用了夸张手法，旨在吸引注意力。这种夸张手段可能是夸大规模、数量或力度。从某种程度上说，所有的隐喻都是夸张性的，因其偏重强调两个事物之间的相似性。有些隐喻具有明显的夸张特征，例如：Then he moved to a private bar upstairs and trouble erupted；Britain's butter mountain.

这里的夸张手法作用有二。一是传递情绪，读者要把载体（vehicle）的感情转移到话题（topic）上，隐喻旨在突出这个情感转移过程（foregrounding），吸引读者关注这个转移过程。积极隐喻（active metaphor）是心理突出（psychological foregrounding）效应的结果。隐喻使用了非常规的指代或类连接（colligation），语言上的偏离把隐喻从遵守规则的背景信息中凸显出来。比如商务话语中的 a lion's share，众所周知狮子乃森林中的猛兽，处于食物链顶端，那么能够占有大量市场份额的公司在商场中就具有竞争优势，处于优势地位。再如 infant industry，强调 infant 弱小、需要保护照顾的特点，那么在经济中需要被保护的行业就是幼稚产业。另一方面，夸张手法的作用体现在和语境中其他的表达相比，隐喻的意思不够直接，从关联理论角度上看，也就是需要读者更多的认知加工努力，读者可以通过激活相关意象图示，建立相关词语语义网络，挖掘适合该语境的隐喻意义。

第八章　语法隐喻

第一节　经验语法

当人们把语法当作一种人类经验理论加以讨论时，人们关注的是三大纯理功能中的概念功能。Halliday（1998）认为语法的概念功能获得了极大关注，但是从概念上或从功能上看，概念功能并不比其他两项纯理功能，即人际功能和语篇功能更基本、意义更重大。

作为一种意识形式，语法随着人类的进化不断得以发展。在语法意识中，每个实例（每种意义的行为）既构成经验的一部分，又体现了社会交际过程。但是大多数情况下，我们并没有意识到这个作用。当我们关注语法时，我们首先会意识到语法的描述功能（representational power），即语法能够指代感知现象的潜力；而意义的理论通常就是构筑在这种指代关系上。在我们建构意义的过程中，描述功能并不比其他语义具有优先权。正如 Lemke（1990）所言，最抽象的科学理论只有在同时采取一种社会行为的形式时才能实现。

语法的概念功能的实质是把人类经验转化为意义（meaning）。语法建构了有关事物和相关关系的世界，语法把我们对现象的感知进行分类。也就是说，语法建立了一种经验理论，用模型来解释人类生命体与环境之间极其复杂的相互作用。

二十世纪主流语言哲学把语法的建模功能解释为在人类生命体和环境之间建立一种被动的对应过程，由此语法通过识别物质世界中既定模式，即不同现象之间的相似性，来发挥经验作用。因此，词汇语法分类，即词汇或语法系统中的术语，只是反映既有事物或对其进行编码。语法把人类经验进行分类，把在某方面具有相似性的经验归为一类现象，而其他现象被排除在外。

用词汇建构的意义可以很容易地解释这一原则。这个问题就是用什么词汇，即名称，来命名具有相似性的事物。比如，我们可以看到窗外伸出地面的各种物体，包括树木（trees）、灌木丛（bushes）、矮灌木（shrubs）。路上的行人有的在走路（walking），有的在跑步（running），有的在开车（driving）。这种用词汇构建意义的方式可以从儿童学习母语的过程中观察到，也可以从成年人学习第二语言的过程中观察到。但是，我们经验中更普遍的分类不是词汇构建的而是语法构筑的，因为语法提供了了解我们自身和环境的更广泛的基础。

总的来说，语法将经验解释为一种过程（process），用语法单位即从句的形式实现的过程。每个过程又以语法结构（configuration）建构，语法结构中包括过程本身（the process itself），参与过程的某些实体（entities that participate in the process）以及与过程有关的各种环境因素（various circumstantial elements that are associated with it）。这些语法结构的要素以动词、名词或介词短语等语法类别出现。然后，通过某种形式的语法连接（conjunction）把不同的过程关联起来。

Halliday（1998）认为意义是人类经验的物质层面和意识层面相互融合的结果，而语言表达形式同样是二者融合的结果。因此，意义是一种潜势，人类表达意义的过程实际上是创造意义的过程。意义的形成是人类意识和人类经验互动的结果，意义本身必然是相对的，是说话人构建的过程，而词汇语法作为"内容层面"与"表达层面"之间的接面也为语言构建一个可能的世界提供了物质基础。

第二节 语法层次和隐喻

人类的意识是自然选择的产物。神经科学家已经证明，大脑是在有机体与其环境之间日益复杂的相互作用下进化而来的，有机体在日益复杂的社会互动中逐渐形成了群体。这些进化过程产生了人类独有的"高阶意识"。高阶意识是符号意识，正是这种符号意识把经验转化为意义。高阶意识取决于语言发展的两个关键步骤：功能多样性或元功能-"意义"体现行为模式，即意义是一种符号性的、与物质关系并存的，意义本身是相对的，是人类意识和人类经验互动的结果。另一个关键步骤是分层组织或层次化（stratification）。初级符号系统，即其他物种也具有的、人类婴儿在使用母语之前的"原语言"，是没有经过分层的系统。这种系统储存的仅仅是各种记号，没有语法体系，因此无法创造意义。其语境是既定的结构如"here I am""let's be together""I want that"。相比之下，作为高阶意识的语言是经过层次划分的。词汇语法层次介于意义和表达之间，对意义的选择体现于对形式即词汇语法的选择。

原始符号中被标记的部分现已发展为一个意义空间，在这个空间中，意义潜势（meaning potential）得以无限扩展。这样的系统可以创造意义，这种文本构成的资源引发了话语流，并可以通过进一步解释、更改语调等方式进行修改，从而成为兼具互动性和描述性功能的表达形式。在原始符号系统中，"内容"是在与经验世界的接触中直接生成的，因此如上所述内容是既定的。而在较高层次的符号系统中，意义是在符号空间的体现关系中创建的，该空间由语义层（与经验世界相连接）和词汇语法层（纯粹的抽象符号结构层次）定义。语意层是对经验世界即语境的体现。由于体现语境的语义层存在着细微的区别，作为体现语义层的词汇语法层也必然出现分化，即一个意义可以体现为若干种形式，一个形式可以体现若干种语义。

比如：The driver drove the bus too rapidly down the hill, so the brakes failed。语法通过多层次系统建立了类别和关系，正是这些类别和关系把人类经验转化为意义。在创建形式上的区分（如动词和名词之间的区分）时，语法是关于过程的理论，即区分过程本身和参与过程的实体。但是，如上所述，由于语法具有解释的能力，因此同样地语法可以通过分层系统解构原有意思，或在层次之间重新选择从而重新构建意义。由于层次化就是把意义映射到形式，用动词表示"过程"，用名词表示"参与者"，因此语法还可以进行重新映射，如用名词表示"过程"，那么上述句子可以转化成名词词组 the driver's overrapid downhill driving of the bus。这种经验已经被重新转化了，换句话说，它经历了一个隐喻的过程，因此语法的层次系统具有内在的隐喻能力。

其实经验的初始分类已经是一种隐喻过程，因为这种分类涉及把物质世界转化为符号世界。从传统上看，隐喻这一术语仅适用于词汇转换，词汇隐喻的本质是"能指相同，所指不同"（same signifier, different signified）。比如，spoonfeed，字面意思是把食物捣碎使之易消化然后放在汤勺中喂食儿童，隐喻意思是为学习者提供少量精心选取的教学材料。与词汇隐喻不同，语法隐喻是"所指相同，能指不同"（same signified, different signifier）。比如，"brake+fail"的一致式建构为 brakes failed，也可以将其转换为非一致式建构，即 brake failure。所谓一致式建构，是从语言的概念意义出发，用动词体现过程，用名词体现事件的参与者，用形容词体现食物的特征，用副词或介词短语体现与事件有关的环境因素，用连词体现事件之间的逻辑联系。而非一致式建构则打破了上述语言规则，通过用名词体现过程，用动词体现逻辑关系等方式使得表层意义和话语的隐喻意义出现分歧。导致这种差异产生的语言手段正是语法隐喻。像 brake failure（刹车失灵）一样，还有许多类似的语法隐喻现象，如 heart failure（心脏停止跳动），power failure（停电），engine failure（机器坏了），进一步地还有其他用名词表示过程的例子，如 economic growth（经济增长），tooth decay（牙齿腐蚀），price increase（价格上涨），curve shift（曲线移动）等。

显然，在从"The driver drove the bus too rapidly down the hill, so the brakes failed"到"the driver's overrapid downhill driving of the bus"的转换过程中，同时出现了很多转化，the driver/the driver's；drove/driving；the bus/of the bus；too rapidly/overrapid；down the hill/downhill；fail/failure；the brakes/brake；so/resulted in。

隐喻转换引起两种语法形式的变动：语法级阶和语法结构。一方面，由原来的复合句降级为名词化词组。另一方面，句子构成要素被重构，原来一致式小句中表示过程的动词词组（was driving）被重构为非一致式小句中的名词（driving），原来一致式小句中的施动者、方式和目标分别被重构为非一致小句中的修饰成分，如指示语、修饰语、定性语（the driver-the driver's；too fast-overrapid；the bus-of the bus）。语法隐喻引发句子结构发生多层次转化，因此语法隐喻具有综合性特征，这种综合性特征（syndrome of grammatical features）赋予名词化词组更丰富的意义。

Halliday（1996）运用语法隐喻分析科学语篇的语言特点后发现，科学语篇中以名词化出现的语法隐喻现象很普遍，并指出科学语篇中的语法隐喻虽然降低了原有的级阶，但却更便于语篇的展开，并且增加了语篇的信息量。

第三节　语法功能

名词词组是创建意义的有力工具。名词词组的意义创建功能主要来自于其多层次扩展能力。从历史的角度来看，"词组"具有扩展的含义；动词和名词都可以被扩展为词组。动词词组主要通过复杂的时态、情态等语法手段加以扩展，而名词词组使用修饰语从词汇角度加以扩展。名词可以作为关键词发挥作用，其他词语围绕该核心名词，分别发挥不同的功能。比如：

one of the	last few	viable	subtropical	rainforests	in Australia
Deictic	Numerative	Epithet	Classifier	Things	Qualifier
指示语	数量词	描述语	类别语	事物	定性语

这种扩展的语义原则及其话语意义在于，它按照从最即时到最系统的参数顺序来定位参与实体。在英语中，前置修饰语按照"从左到右"，从指示语开始，到分类语结束。指示语可以在对话中即时找到参与实体，分类语可以通过次分类系统地定位参与实体，其他修饰语位于二者之间的连续体上。

名词化词语还适用于降阶事物的扩展。一致式的小句或短语可以语法化为词语，从而充当前置修饰语，比如 four-legged animal 中 four-legged 就是分类语，而在一致式的小句或短语中它们充当定性语，如 an animal with four legs（短语）/having four legs（非限定性小句）/ which has four legs（限定性小句）。当这些修饰语作为前置修饰语时，事物的意义通常比较模糊，可以对比如下两个例子：

在 four-legged animal 中，four-legged 充当类别语；

在 long-legged animal 中，long-legged 充当描述语。

如果将这些修饰成分语法化为限定性小句，则这些语法功能之间的差异就表现为时态差异，只要表达的过程是某种物质类型的，而不是心理类型的。如下例所示：

在 our forces need low-flying aircraft 中，low-flying 充当类别语；

在 hit by a low-flying aircraft 中，low-flying 充当描述语。

因此，从语法上看，名词化词组具有将大量词语元素进行功能配置的潜势。在这种功能配置中，词语可以以词语本身或以级阶转移的短语或小句的方式直接或间接地发挥作用。名义化词组具有的结构扩张潜力显然与他们在经验建构中的作用有关。名词化词组可以以一致式方式解释参与者，即参与过程的实体，一致式表达更加稳定、持久，但是过程本身经常是转瞬即逝的。比如，树叶已经飘落，人们所见的是落叶，但是飘落的动作已经结束。有两种方式可以解释这类现象。一是和过程相比，参与者更可能被归类、被赋予更多属性，即叶子的分类比下降的分类多。二是参与者比过程更有可能充当中心事物。就"fall+leaves"结构来说，我们更有可能以 leaves 为中心构建 they are falling 的信息，而不是以 fall 为中心构建 it was being done by leaves 的信息。

当一致式小句表达的事物通过语法隐喻以名词化形式重新构建时，其语义潜能能够释放大量的能量：指称潜能（the potential for referring）和扩展潜能（the potential for expanding），也就是说，把经验转换为符号分类的重构，把语义组合构建成有序合理的论述。

第四节　语法隐喻的分类

在一致式语法中，名词表示事件的参与者，动词表示过程，副词和介词短语等表示与过程相关的环境因素。非一致语法打破了这种常规，名词可以表示过程，也可以体现特征，而动词则表示逻辑关系。由此可见，语法隐喻引发了词汇语法层和话语意义层的不对等。不同类别的词语在一致式小句和非一致式小句中实现的功能不同。见表 8-1。

表　8-1

Semantic function（词义功能）	Grammatical class（语法分类）
Relator（in sequence）（逻辑关系：顺序）	Conjunction（连词）
Minor process（in circumstance）（环境：次要过程）	Preposition（介词）
Process（过程）	Verb（动词）
Quality（性质）	Adjective（形容词）
Entity（thing）实体（事物）	Noun（名词）

在非一致小句中，词语类别的转换导致其语义功能的变化。比如，一致式小句 diamond is kinetically unstable…转化为非一致式小句 the kinetic instability of diamond leads to…。从 unstable 转化为 instability 的过程中，词语类别由形容词转变为名词，即由性质转化为实体或参与者。

通常情况下，语法隐喻中词语类别的转化遵照如下顺序从左到右展开。

relator ——→ circumstance ——→ process ——→ quality ——→ entity

逻辑关系 　　　环境 　　　　过程 　　　　性质 　　　　参与者

这一转化顺序意味着：①任何语义元素都可以通过名词化构建成参与者；②逻辑关系、环境或过程可以通过形容词化构建成表示性质的词语；③逻辑连词或环境可以通过动词化构建成过程；④逻辑连词可以通过介词化构建成发生在某一环境中的次要过程。上述语法隐喻中词语类别的转化顺序不能颠倒。参与者不可以被构建成过程，以此类推。

因此，我们可以发现所谓的一般性转移即围绕名词化的转移。语法隐喻的方向是实现名词化，使表达更加具体。名词化的语法隐喻过程通常涉及两个方面的转移：级阶转移和地位转移。表8-2、表8-3分别展示了连词therefore和动词increase在语法隐喻过程中发生的转移。

表 8-2　　Therefore（relator）

move in status （地位转移）	move in rank （级阶转移）	example （示例）
relator：conjunction （关系词：连词）	clause nexus（复合句）	（a happened）　so　（x happened）
circumstance：preposition （环境：介词）	clause（小句）	（x happened）　as a result of　（happening a）
process：verb（过程：动词）	clause（小句）	（happening x）　resulted from　（happening a）
quality：adjective（性质：形容词）	nominal group（名词词组）	the resultant　（happening of x）
entity：noun（参与者：名词）	nominal group（名词词组）	the result　（of happening a）…

表 8-3　　Increase（verb）

move in status （地位转移）	move in rank （级阶转移）	example （示例）
process：verb（过程：动词）	clause（小句）	（price）　is increasing
quality：adjective（性质：形容词）	nominal group（名词词组）	increasing price
entity：noun（参与者：名词）	nominal group（名词词组）	an increase（in price）

（Source：Hallida. Things and relations：Regrammaticising experience as technical knowledge，1998.）

在从复合句向小句、从小句向名词词组的级阶转移过程中，伴随着词语在不同类别间的转换。级阶转移和地位转移都为了使表达具体化。其中有个特例，即参与者从一个名词词组向其他名词词组内的修饰语的隐喻转换，如the driver's driving of the bus。在这里，driver是表示物主关系的指示代词，the bus充当介词短语中的修饰语。这里涉及的两类词语类别转换不是单独出现的，而是伴随着其他隐喻转换同时发生的。另外，这两类词语转化所依托的名词词组本身就是隐喻实体，即是经过语法隐喻转换而来的性质或过程，

driving 由表示过程的动词 drive 转化而来。当过程被名词化，语法隐喻就要把一致式中被替代的参与者和环境重新融入到非一致式表达中。正如在 "brakes failed" 中 failed 名词化为 failure，即语法隐喻实现了从过程到参与者的转换，其他语法元素也要随着转换，brakes可以充当名词词组的修饰成分：表示范围的定性词，如 failure of the brakes；表示所有关系的指示代词，the brakes' failure；或者充当分类语，brake failure。换句话说，这些参与者成为被名词化参与者的扩展成分。语法利用名词词组的意义潜势赋予一致式小句中的参与者不同的功能地位。

作为主导隐喻，名词化隐喻引发小句中其他词语的类别转换从而实现从小句到名词化词组的转化。在这个过程中，其他词语发生的次要隐喻转换是否引发了语意连接（semantic junction），即是否获取了一致式的语义分类？ 在 brake failure 中，brake 可以充当分类词，那么 power failure，engine failure，heart failure 是否代表 failure 的不同分类呢？ 按照下列从小句到名词化词组的转换过程，

小句 ——→ 名词化词组（所属关系+名词）——→ 名词化词组（分类语+名词）

the president decreed ——→ the president's decree ——→ the presidential decree

我们可以构建 the president's pyjamas ——→the presidential pyjamas ，功能分类词 presidential 和词语搭配 president with pyjamas 意义不同，因此 presidential 不能看成 pyjamas 的分类，因此上述 power， engine 和 heart 也不能看成 failure 的分类。次要隐喻是主导隐喻发生的结果，因此次要隐喻自身并没有发生语义连结现象。

第五节　语法隐喻的综合性特征

词汇隐喻通常表现为两个词语之间的简单对立。如 fruit/result，即 the fruit of their efforts 是具体表达，隐喻性的表达，而 the result of their efforts 是抽象表达，取其字面意思。随着词语意义的发展，新隐喻不断取代死隐喻，词语的字面意思和隐喻意思之间的更迭链条可能会更长。

和词汇隐喻不同，语法隐喻并不是通过词语之间的转换实现的，而是从一种语法分类向另一种语法分类转换，这种转换涉及的情况更加复杂而不仅限于单个词语的意思转换。语法隐喻替换由主导隐喻发起，其他次要成分随着发生变化。比如上述连词 therefore 转换为名词词组 the result of happening a...，这个转换过程涉及一系列中间过程。因此在解构高度复杂的语法隐喻时，我们需要确定在多大程度上实现名词化。比如：fire intensity has a profound effect on smoke injection. 我们可以逐次解构由 effect 引发的一系列语法隐喻转换过程：

（1）the intensity of a fire profoundly affects

（2）the injection of smoke according to

（3）the intensity of a fire more or less smoke is injected as

（4）a fire grows more intense so（4）more smoke is injected

即（1）（2）火势影响烟雾的喷洒程度，（3）火势决定了要喷洒多少烟雾，（4）随着火势增加，要喷洒更多的烟雾。

在一致式结构中的动词 affect 被名词化为 effect 从而实现了从过程到参与者的转换。另一方面，考虑到两个小句之间的因果逻辑关系，也可以把 effect 看成由连词经语法隐喻转化而来，即实现了从连词到名词的转换。

但是，由于隐喻过程是在语法层面发生的，因此任何转换都可能对整个小句产生影响，并可能影响整个小句的逻辑关系。某个词语的级阶转移和地位转移就会引起其他词语在这两方面的转移。因此，语法隐喻是个综合发生的过程，是一系列相互关联的转换引发的句子结构重新构建的过程。

第六节　语法隐喻——词语重构还是意义重构

儿童的意义世界是一致式的这就是他们能够同时理解语法又能使用语法来解释自己的经验（Wells，1986）。语法是我们对世界进行分类的方式，使我们能够分析出可互换的元素，即在保留部分要素不变的前提下改变其他要素。这就是小句的意义所在，小句是语法要素的有机构成，不同语法要素发挥不同功能，这些功能相互补充，共同构成语法整体。

随着儿童的成长，他们要逐渐进入成年人构建的知识世界。作为条件，儿童需要用名词化形式重新构建小句语法。"语法隐喻"就是要建立词语重构的分类方法，使人们既可以检验重构的内在方向性，也可以检验不同词语的同现模式或综合性特征。这意味着在语义层面和词汇语法层面之间进行交叉匹配从而实现隐喻的解构。这种解构的方式并不唯一，正如其他元语篇功能，如翻译、错误分析一样，解构的方式是多样化的。Halliday 认为应该根据隐喻转换的目标，比如名词化，进行分类。一致式的程度就可以根据隐喻转换目标而有所变化，因此解构方式也有所不同。

语法隐喻是一种词语重构（即用不同的方式表达同样的内容），还是一种意义重构（即用不同程度的一致式表达不同的意思）？这一点其实就是隐喻变体的模糊性。当一个事物，以一致式小句表达的事物，用名词性词组重新建构后，很多语义信息被隐藏了。比如 animal protection 可能有如下几种实现方式：how animals are（or should be）protected（by humans）；how animals protect themselves；how we protect（or should protect）ourselves from animals。

如果语法隐喻重构为 the protection of animals 就可以排除第二种构建；如果用介词 by，from 替代 of，我们可以获取更多的语义信息。只有当构建出一致式的小句形式，我们才能确定动物在保护过程中所起的作用。这表明名词语法不能作为基本的经验构建，因为需要先知道结果再进行语意构建。

从这个角度来看，名词化性的隐喻话语方式似乎失去了意义潜势。当事物重构为名词性词组时，会出现大量的中性化意义。但事实不限于此。名词化的结果不是意义的缺失，而是模糊性，各种不同的可能意义都是独立存在的。因此学习者就要进行语意推断。比如上述 animal protection 可能作为标题，文章第一段可能就会出现 animals protect themselves in many ways，此时 animal protection 的语意就明确了。但是语义范围并没有缩小。相反，在向语法隐喻转换的过程中，新的意义通过级阶转移和地位转移被创造出来。

每一种人类语言都是一个多层次系统，其中内容层面被分解成语义层面，语义层面和人类的经验世界相连接，而语法是一种纯粹的抽象组织方式。语法层面和语义层面可以通过一致式关系进行建构或者解构，或者以其他方式重新建构，即用语法隐喻重新建构语法元素之间的关系。语法隐喻赋予语言系统强大的创义能力（semogenic power），在不同的隐喻分类以不同方式实现一致式向非一致式转化的过程中创建了新的意义。因此，意义不是固定不变的，意义的选择是个动态过程。语法隐喻为重新界定隐喻概念提供了理论基础。语法隐喻突破了传统词汇隐喻的单一形式，通过不同词语在级阶和地位上的转移，实现了不同程度的一致式。因此，词汇隐喻和语法隐喻是两个不同层面的语言运用现象，二者相辅相成共同构成了隐喻的全部内容。

第七节　商务语篇中的名词化隐喻

根据上述语法隐喻分析，名词化大致分为以下几种词语类别转换：

（1）从过程转化为事物；

（2）从特征转化为事物；

（3）从评价转化为事物；

下面以商务语篇为例分析名词化的语法隐喻的类型。以下语篇选自《经济学原理》教材。

President Obama laid out his vision for innovation，growth，and quality jobs earlier today at Hudson Valley Community College. The president's plan is grounded not only in the American tradition of entrepreneurship，but also in the traditions of robust economic thought.

During the past two years, the ideas propounded by John Maynard Keynes have assumed greater importance than most people would have thought in the previous generation. As Keynes famously observed, during those are times of deep financial and economic crisis, when the "invisible hand" Adam Smith talked about has temporarily ceased to function, (1) there is a more urgent need for government to paly an active role in restoring markets to their healthy function.

The wisdom of Keynesian policies has been confirmed by the performance of the economy over the past year.(2)After the collapse of Lehman Brothers last September, government policy moved in a strongly activist direction.

(3) As a result of those policies, our outlook today has shifted from rescue to recovery, from worrying about the very real prospect of depression to thinking about what kind of an expansion we want to have.

(4) An important aspect of any economic expansion is the role innovation plays as an engine of economic growth, in this regard, the most important economist of the twenty-first century might actually turn out to not smith or Keynes, but joseph Schumpeter.

(5)One of Schumpeter's most important contributions was the emphasis he placed on the tremendous power of innovation and entrepreneurial initiative to drive growth through a process he famously characterized as "creative destruction".His work capture not only an economic truth, but also the particular source of America's strength and dynamism.

从过程转化为事物：

在一致式小句中，过程由动词体现，而在非一致式表达中，则可以由名词来体现。上文中（2）（3）（4）句的名词（斜体字）都是由动词转换而来。具体来说，对比第（2）句可能的一致式表达和非一致式表达：

After the collapse of Lehman Brothers last September

After Lehman Brothers collapsed last September

对比第（3）句中可能的一致式表达和非一致式表达：

As a result of those policies, our outlook today has shifted from rescue to recovery

As a result of those policies, out outlook today has shifted from rescuing to helping the economy recovering from the depression

对比第（4）句中可能的一致式表达和非一致式表达：

An important aspect of any economic expansion is the role innovation plays as an engine of economic growth

As the economy expands，an important aspect is the role innovation plays as an engine which drives the economy to grow

第（4）句同时出现了两个名词化词组，使得表达更加凝练，更加正式。

从特征转化为事物：

事物本身具有的属性特征也可以转化为名词。对比第（5）句中可能的一致式表达和非一致式表达。

One of Schumpeter's most important contributions was the emphasis he placed on the tremendous power of innovation and entrepreneurial initiative to drive growth through a process …

One of Schumpeter's most important contributions was that he emphasized the tremendous，powerful innovation and entrepreneurial initiative to drive growth through a process…

从评价转化为事物：

在一致式中，评价意义主要由情态动词或情态副词体现。而在非一致式中，则可以由名词体现。第（1）句的非一致式中 need 是名词，其一致式表达可能为：The government needs to play an active role in restoring markets to their healthy function urgently. 名词化使得表达更加正式、更加书面化。

再如：The president's legislative affairs advisers will tell him how Congress will view the proposal，what amendments members of Congress will suggest，and the likelihood that Congress will pass some version of the president's proposal into law. 此句对应的一致式可能是 how likely that Congress will pass…表示议会在多大程度上可能同意把总统的建议变成法律规范。使用名词化使得表达更正式、简洁。

第九章 隐喻与认知风格

理论和实践表明，在二语学习环境中，识别、产出和解释隐喻的能力对于语言学习者来说非常重要（Cameron & Low，1999）。Hoffman（1983）的研究证实了隐喻对于理解、习得词汇的重要性，指出相对于外延意义，词语通常具有更多的内涵（隐喻）意义，这些内涵意义使用得更加频繁。例如，"cup"表示喝酒的器具，但也可以从隐喻意义上指橡子的一部分（a part of acorn）、髋关节（a hip joint）、胸罩（a part of bra）、体育比赛（a sporting competition）。认知语言学家Lakoff和Johnson（1980）认为，概念隐喻构成了人类思想的基础，因为它们使得所有语言使用者用具体的方式思考抽象概念。特别是针对第二语言学习者，Danesi（1986）认为"学习者交际语言能力发展的真正标志是能够用目的语进行隐喻思维"，Low（1988）认为产出、理解隐喻的能力是二语学习非常重要的部分，因为隐喻有助于理解、扩展思想、以新的视角思考问题、吸引注意力并阐明思想。二语学习者还可以使用隐喻表达思想的创造性（Gardner，Kircher，Winner & Perkins，1974）。

语言教师力求帮助语言学习者发展他们的隐喻能力（Boers，2000；Lazar，1996），因为作为语言的基础，概念隐喻在各种语言中的表现形式不同（Boers & Demecheleer，1995），各种语言实现相同的概念隐喻所使用的隐喻表达不同，因此二语学习者很难恰当地使用隐喻（Deignan，Gabrys & Solska，1997）。尽管帮助学习者发展隐喻能力对语言学习意义重大，但隐喻产出、隐喻理解的能力因人而异（Kogan，1983）。而且，研究表明隐喻能力是一种相对稳定的认知特征（Kogan，1983）。因此，在二语课堂中，有些学生可能会发现理解隐喻、使用目标语并不难，而其他人则觉得难度很大。

隐喻能力对二语学习意义重大，但对隐喻能力的构成及其与个体差异或语言学习的关系的研究还很少见。隐喻能力是一个整体建构还是由几部分组成并不明确。对个体差异与隐喻能力的相关性研究可能会证明是否有某些学习者具有特定的认知特征，这些认知特征使他们具备较强隐喻能力。Littlemore（2001）采用实证研究方法探讨了认知风格对隐喻能力的影响，以及隐喻能力与交际语言能力的相关性。

理论和研究表明，隐喻能力由四个部分组成：隐喻产出的独创性、隐喻解释的流利废、发现隐喻意义的能力、提取隐喻意义的速度。隐喻产出的创造性是指能够产出非常规隐喻的能力（the ability to think up one's own unconventional metaphors）。隐喻解释的流利度指为既定隐喻找到多种意义的能力（the ability to find more than one possible meaning for a single given metaphor）。换言之，在话题和载体（vehicle）之间找到多个喻底。发现隐喻意义的能力是指为新异隐喻找到合理的解释的能力（the ability to think up a plausible meaning for a novel metaphor）。提取隐喻意义的速度是指在有压力的环境中，能够快速为隐喻找到合理解释的能力（the ability to think up a plausible meaning rapidly and under pressure）。

Pollio & Smith（1980）用实证分析验证了上述隐喻能力的前三个部分，即独创性、流利度、发现隐喻意义的能力是隐喻能力构建的重要方面。他们组织 70 名成年人完成 11 组隐喻能力测试。这些测试包括对原创隐喻产生测试（如要求受试者以创新的方式补全作品，例如 "The other was a softer voice, as soft as____"），隐喻理解测试（如要求受试者解释自相矛盾的表达，例如 delicate armour）。他们还进行了流利度测试（如要求受试为既定的明喻提供尽可能多的结尾）。他们还测试了联想流利度（如让受试者为特定物品找到尽可能多的用途）、创造力（让受试把自己当成某种动物，据此话题写篇作文）。通过对这 11 项测试的因素分析，Pollio & Smith 发现五个与任务相关的因素。其中三个因素，即创新的比喻用法、联想流利度和三段论分别和隐喻产出的原创性、隐喻解释的流利度和发现隐喻意义这三个方面相关。其余两个因素，即诗性隐喻敏感度和 Torrance 因素，与隐喻能力的各方面都不相关。

第一节　隐喻能力的个体差异

认知风格是个体在认知过程中，即感知、组织和处理信息时采取的独特、惯性化的方法（Schmeck，1988）。认知风格会影响学生的整体学习方法（Riding & Douglas，1993；Schmeck，1988；Willing，1987）和语言学习过程（Skehan，1998）。认知风格通常用几组两极连续体来表示（Moran，1991），整体/分析型；松散类比推理/紧密类比推理型；场依赖/场独立型；同步/后续型；整体/序列型；口头表达/想象型；聚合/发散型；齐平/尖锐型（陈俊林，2004）。

一些学者将这些认知风格维度视为相同基本认知风格连续体两极的不同表征形式（Miller，1987；Willing，1987；Skehan，1998）。连续体的一端是分析型、反思型、聚合型、紧密类比推理型、基于分析型的场独立型（filed-independent，FI）学习者，另一端是整体型、冲动型、趋异型、松散类比推理、基于记忆的场依赖型（FD）学习者。许多研究人员通过关注整体/分析维度来描述认知风格维度（Miller，1987；Riding & Cheema，1992；Schmeck，1988），这与整体处理（把部分之和看成整体）和分析处理（把整体拆分成部分）形成对比。换句话说，整体处理涉及将信息汇总起来并将它们作为一个整体进行处理，强调各部分之间的相似性和统一性，而分析处理则强调各部分之间的差异和分离性。

按照整体/分析维度划分认知风格与按照场依存/场独立划分认知风格相似。场依存和场独立代表人们处理信息时两种截然不同的方式和风格。场依存型主要依靠外部环境提供的信息，将局部整合起来从整体上认知事物。场独立型则相反，主要依靠自身已有的知识体系作出判断，倾向于不受环境影响独立解决问题。早在50年代，美国心理学家威特金（Witkin）就区分了场依存型和场独立型的认知风格。他最早的研究是测量人们如何确定物体的空间垂直性后来又使用了镶嵌图形测验（Group Embedded Figures Test，GEFT），即让受试者看一个简单图形，然后拿掉，换上一个复杂的图形，但这时简单图形表面上看上去不复存在，因为它的全部线条都已与复杂图形的线条融为一体了。受试者的任务是从复杂图形中辨认出简单图形。场独立型的人则倾向于独立看待事物，不受周围环境影响，因此能够从复杂图形中感知到指定的简单图形，任务得分较高；场依存型的人把组织结构看成一个整体，从整体上把握事物，因此很难排除背景因素的干扰，任务得分较低。

场依存/场独立型的认知风格划分问题在于缺乏足够的、对称的测量手段（Chapelle，1992）。场依存型不能像场独立型那样完成测试任务。整体/分析型结构具有对称的测试手段，即认知风格分析（Cognitive Style Analysis，CSA），更适用于第二语言习得（SLA）的研究。此外，Chapelle & Green（1992）提出场依存/场独立型的三个重要方面，这些方面是GEFT无法充分衡量的：依赖内部和外部参照、认知重构能力和人际交往能力。对内部、外部指称的依赖与其说是能力问题，不如说是风格问题。内部参照（FI）的人更相信个人判断，而外部参照（FD）的人则更乐于寻求他人意见。认知重组能力有助于灵活地处理收到的信息，必要时实施控制和转换。场独立型个体比场依存型个体这方面能力更强。另一方面，场依存型个体比场独立型个体的人际交往能力更强。在二语习得研究背景下，GEFT似乎更适合衡量认知重构能力，但不适用于衡量对内部和外部指称以及人际交往能力（Skehan，1998）。

由于分析型风格实际上与场独立型风格定义相同（Witkin，Moore，Goodenough & Cox，1977），因此分析型认知风格很可能导致有效的语言学习，特别在通过结构测试、完形填空和口述来测量语言学习效果的情况下（Hansen & Stansfield，1981）。由于整体风格从认知角度界定了整体维度即场依赖型，整体/分析型划分适用于与整体认知风格有关的研究。

第二节　隐喻能力和整体认知风格

有关整体风格与隐喻能力相关性的数据源自对场依存/场独立型认知风格研究。Johnson和Rosano（1993）的研究表明场依存型认知风格（通过积木设计测试）与二语隐喻解释流利度（为特定隐喻提供解释的数量）之间存在显著相关性。他们认为这一研究结果与在交互式环境中引发的反应有关，并且通常来说，场依存型个体人际交往能力较强。但 Johnson 和 Rosano 的发现也可能是由于其整体认知风格所致。

从理论上看，整体风格与隐喻能力之间呈相关性，因为两个概念都与松散类比推理有关。认知风格的紧密/松散类比推理维度是指个体运用相关知识看待新问题的方式（Holyoak，1984）。Holyoak（1984）区分了字面类比和深层的隐喻类比。字面类比基于紧密的相似性，如蜻蜓和蝴蝶的相似性；深层类比基于不相关事物的对比。Henderson（1986）做关于这两种类比关系的实验，他让一群神职人员用跨国公司的形象描述罗马天主教。这种类比起初引起了震惊，但他们逐渐发现了跨国公司和罗马天主教的相似性。

Goatly（1997）认为，类比推理是隐喻解释过程的核心，能够发现不寻常的、松散的、不完整类比意义的能力因人而异（Pollio & Smith，1979）。由于这些松散、不完整的类比构成了大多数隐喻的基础，因此有理由认为能够感知松散类比的个体更能够产出和理解隐喻。这种观点得到了 Pollio 和 Smith（1980）的隐喻能力因素分析测试的实证支持，该研究包括松散类比推理测试和隐喻理解测试。

关于整体风格与隐喻能力相关性的假设的另一个来源是聚合/趋异的认知风格连续体（Guilford，1967）。聚合型个体处理问题时试图寻找一个正确、标准答案，而趋异型个体则试图寻找多种、原创型的解决方案。Guilford（1968）提出了趋异思维方式的子类别，其中之一被他称为联想流畅度（从原始刺激因素中发现大量关系的能力），这种能力可能与隐喻解释的流利度有关。Miller（1987）研究了趋异型个体从记忆中搜索信息的策略，研究证实了趋异思维与隐喻解释流利度的关系，为不同思维与隐喻解释的流畅性之间的联系提供了理论支持。他认为，趋异型的搜索标准是模糊的，所以其搜索过程是广泛的、相互关联的，而非合乎逻辑的。

Burbules，Schraw 和 Trathen（1989）认为，为了创建或理解隐喻，个体必须在隐喻各个组成部分的关联网络中寻找叠合区域，趋异型个体寻找叠合区域的能力更强。Carroll（1993）的研究为联想流利度和隐喻解释流利度的关系提供了实证支持。因素载荷分析的测试之一是让受试者以尽可能多的方式补全明喻，如果隐喻解释流利度与联想流利度有关，而联想流利度是趋异思维的一个方面，那么隐喻解释流利度可能与发散思维相关。

许多研究人员（Miller，1987；Riding & Cheema，1992；Schmeck，1988）提供了理论和实证支持，表明松散的类比推理和发散性检索都和整体认知风格密切相关。因为类比推理和发散性思维可能是隐喻能力的基础，所以整体认知风格型个体的隐喻能力发展得更好。

第三节　隐喻能力和交际语言能力

隐喻能力对外语学习者很重要，因为它可能会影响他们的整体交际语言能力。交际语言能力通过动态的方式把语法规则知识和如何运用语言实现交际目的的知识结合起来（Bachman，1990）。Bachman 坚持认为，对修辞格（包括隐喻）的释义能力是交际语言能力的重要方面，因为它涉及到对"根植于某种特定社会或话语社团"的图像或意义的鉴赏能力（Bachman，1990）。

交际语言能力的这个方面对外语学习者来说特别重要，因为隐喻已被证明是非本族语者尝试听懂口语话语时的一个重要障碍（Littlemore，2001）。为了理解说话者所要表达的隐喻，听者必须能够获取与说话者相同的语境信息。许多二语学习者（例如在大学演讲中）无法立即获得这样的语境信息。在演讲者开启下个主题之前，他们通常没有时间利用必要的资源对隐喻进行解释。在这种情况下，隐喻解释的流利度和发现隐喻意义的速度可能是特别有用的技能。如果学习者可以想到某个特定隐喻的多种可能意义，他们就有可能了解说话者的真实意图。如果学习者能够快速解释隐喻意义，也能跟上演讲者的步伐。在口头互动的情况下，快速解释隐喻的能力有助于学习者跟进对话者，保持顺畅的交流。

此外，隐喻是在话语中标记紧密关系的重要手段。口语和书面语通常都包含一些潜在的概念隐喻，在一定程度上把词汇衔接起来。例如，金融话语中的概念隐喻"Money is a liquid"，这一概念隐喻的隐喻表现形式可以是多样的，cash flow，the funds have dried up，he's sponging off me again，a capital reservoir 等。隐喻能力强的学生可能会发现这些隐喻表达潜在的概念隐喻，从而更好地利用话语背后的思维方式。

隐喻能力也可能有助于言外能力，也成为"功能性知识"（Bachman & Palmer，1996）。Bachman（1990）认为隐喻能力包括使用和理解概念、操纵、调节，以及语言的启发式功能。概念功能是指使用语言来交换有关知识或感觉的信息。Littlemore（2001）研究表明说话者和作家经常使用隐喻来表达他们对特定主题的态度，而错误解释这些隐喻的非本族语者经常会误判这种态度。能够在隐喻中找到意义甚至获得几种可能含义的学生犯这种错误的可能性更低。此外，隐喻经常起操纵、调节、启发作用的作用（Mio，1996）可能意味着，隐喻能力强的学生表达自己的想法时更有说服力。

第四节　认知风格对隐喻能力影响的实证研究

一、研究问题

Littlemore（2001）对隐喻能力对交际语言能力的作用开展了实证研究。她的研究围绕三个问题：①隐喻能力四个方面即隐喻产出的创新性、隐喻解释的流利度、发现隐喻意思的能力、发现隐喻意思的速度之间是否具有相关性；②隐喻能力四个方面与整体认知风格是否相关；③隐喻能力四个方面是否和二语学习者的交际语言能力相关。

二、研究方法

为检验上述问题，Littlemore 在比利时一所大学进行了实验。受试者是 18~20 岁的至少有 8 年英语学习史的英语专业学生，达到中级或中高级英语水平，母语是法语。受试者共 82 人，39 名大一学生，43 名大二学生。

实验 1：

检验发现隐喻意思的能力、发现隐喻意思的速度、隐喻解释的流利度的实验。Littlemore 使用机考方法，为受试者提供一组句子，要求受试者判断句子中词语的隐喻程度。也就是说，源域在多大程度上为目标域提供参照信息。在测试题目之前的提示信息中，给出了评判句子隐喻程度的标准。隐喻程度分为五级：

一级：这是异常现象（anomaly），很难在两个元素之间找到共同点。

二级：两个元素之间可能存在隐喻，但是很难发现。

三级：不能明确隐喻关系。

四级：隐喻关系并不明显。可以确定二者之间有关系，但是隐喻关系不明显。

五级：这是典型的隐喻。二者之间的隐喻关系清楚明确。

然后，为 25 个本族语者和 25 个二语学习者提供一组含有隐喻意思的句子。这些句子将在屏幕上逐次出现。受试者需要判断隐喻意思的程度，点击上述五级量表中的相应部分。电脑记录了受试者对每个句子的反应及反应时间，从而得出两个分数。根据他们从一级到五级平均反应的得分衡量其发现隐喻意思的能力。如果选择答案四级或五级（表明他们判断该句含有隐喻意思），电脑根据其平均反应时间来衡量其发现隐喻意思的速度。

接着，受试者进入第二部分旨在衡量隐喻解释的流利度的机考测试。这部分测试要求受试者为 5 个法语（母语）句子、5 个英语（第二语言）句子尽可能多地作出释义，例如：A dog is a walking stick；A dream is a solar eclipse. 所用语言和题目的句子保持一致。根据受试者提供的平均释义句子的个数衡量其隐喻解释的流利度。

实验2：

检验隐喻产生创新性的实验。隐喻产生创新性测试改编自 Gardner（1974）用于测试儿童创造和欣赏新异隐喻能力的测试，随后被 Trosborg（1985）采纳用来研究二语学习者产生新异隐喻的能力。测试为受试者提供两个样例，分别是法语、英语样例。而后要求受试者创造性地补充 16 个句子（法语、英语各 8 句），使句子具有隐喻含义。例如：In winter, the weather in Scotland is extremely cold. As soon as you go out of the house your face starts to feel…；The lake was a shining… at the bottom of the valley。根据试测句子（20 个）的信度选取了前 16 个句子用于本项测试。该项测试得高分表示受试者倾向于使用创新隐喻，而得低分表示受试者倾向于使用字面意思。8 个句子的平均得分用来衡量受试者产生创新隐喻的能力。

认知风格分析（Cognitive Styles Analysis，CSA）是一种客观、双向、基于计算机的整体/分析型认知风格连续体测试。Riding（1991）采用 CSA 分析受试者的认知风格。在 CSA 的分析部分中，要求受试者在复杂形状中找到嵌入其中的简单形状。简单图形（如三角形或正方形）和复杂图形同时出现在屏幕上，屏幕底部弹出问题 "Is shape 'A' contained within shape 'B'？" 如果受试者认为是，点击 "正确" 键；否则，点击 "不正确" 键。以不同的形状重复该过程 19 次，其中一些形状之间有包含关系，另一些没有。从理论上讲，分析型认知风格受试者应该对这部分测试快速做出反应，因为他们会自动关注细节（例如参见 Kirby，1988）。该测试类似于测量场独立型的镶嵌图形测验（Group Embedded Figures Test，GEFT）。二者的区别在于，CSA 中电脑自动记录反应时间，而 GEFT 需要测试组织者人工记录反应时间。

在 CSA 的整体加工的测试中，要求受试者判断复杂几何图形的相似性。同分析部分测试一样，屏幕上同时出现两个复杂图形，底部弹出问题 "Is shape 'A' identical with shape 'B'？"。同样的过程重复 19 次，有些形状相同，有些则不同。如果受试者认为答案是对的，点击 "正确" 键；否则点击 "不正确" 键。从理论上讲，整体型认知风格受试者应该对该部分测试快速做出反应，因为他们会自动关注整体情况。

在两部分测试中，计算机会记录受试者的反应时间，并计算两种反应时间的比例。在计算分数时，CSA 没有考虑受试者答案的准确性，因为测试题目难度不大，受试者答题的准确率达到 96%，因此答案的准确率可能不会对总分产生重要影响。

实验3：

检测交际语言能力与隐喻能力之间的相关性。该实验以受试者的期末考试形式进行。在期末考试中，交际语言能力测试占 15 分钟，以访谈形式进行。在访谈中，受试者讨论了由《时代》杂志的一篇文章所引发的一系列社会、伦理和道德问题。访谈被录音记录。访谈开始之前 20 分钟，为受试者提供《时代》杂志的十篇文章，受试者可以从中选择一篇感兴趣的文章，用 20 分钟时间阅读，然后接受两位经验丰富的访谈者的采访。两位访谈者都是英语本族语者或近于本族语者的大学教师。访谈内容是关于该文章的主要内容和涉及到的社会、政治、道德问题。测试的重点是受试者能否讨论所提出的问题，而不是对文章的理解能力。如果受试者不能对话题发表见解，访谈者会进入下一个话题。受试者和访谈者都可以主动改换主题。

在访谈过程中，访谈者会依照下列标准给受试者的交际语言能力打分。

一级：受试者不能或不愿意进行互动。访谈者需要不断干预访谈过程。受试者不能理解或回答部分问题。

二级：互动性弱。受试者能够回答问题但不能深入分析。访谈者不得不加以干预推动访谈顺利进行。受试者有时不能表达个人观点。

三级：受试者能够回答问题、提出个人观点，但是不能深入展开话题。互动有时有些牵强。

四级：受试者能够保持对话题的兴趣，能够就话题交流个人观点。能进行适当的互动，但是是在外语学习背景的框架下。受试者可能应对英语语言环境。

五级：受试者能够自如地参与、开启互动。能够通过开启、保持、详细阐述和访谈者进行必要的对话、讨论。使用第二语言交流并不影响互动效果，能够进行适当、得体的互动，在必要时能展现出幽默、讽刺等情感。

三、研究结果

Littlemore（2001）的研究结果表明，就第一个研究问题即隐喻能力四方面的相关性而言，在本族语测试中，发现隐喻意思的速度与隐喻产生创新性的分差为 11.4%，与发现隐喻意思的能力的方差为 18.1%。在第二语言测试中，发现隐喻意思的速度与隐喻产生创新性的分差为 0.07%。结果表明，相对于第二语言来说，隐喻能力四方面在本族语中的相关性更高。但是整体上，隐喻能力四方面的相关性不高。就第二个研究问题即认知风格和隐喻能力四方面关系来看，在本族语测试中，整体型认知风格的受试者比分析型认知风格的受试者得分高。但是在第二语言测试中并未得出该结论。就第三个研究问题即隐喻能力和交际语言能力的关系而言，不论在本族语、还是第二语言中，交际语言能力和隐喻能力四方面的关系都不显著。

第十章　隐喻与文化

认知语义学认为"语义以会话者会话时所处的情景设置为需要，而不仅仅是以语言的客观现实为基础"。这就意味着语义的形成既受到客观因素的制约，也受到主观因素的影响。在人的主体因素中，情感是很重要的方面。情感常被当成身体受到外界刺激时发生的生理过程，如体温、心跳等，虽然情感也参与认知活动，但不能概括事物的本质特征，因此从认知层面看情感不具有概念意义。马克·约翰逊认为："人类认识的深层次是比喻性质的。人类对经验的概念有许多是隐喻性的，人类创造思维的理据也在于此。" 因此，缺乏概念逻辑的情感不能产生判断、评价等认知效果，情感包含着一系列丰富的概念框架，是由复杂的概念系统构建的。因此，用隐喻思维中的概念隐喻研究情感能够在大量、散乱的情感表达中发现内在的规律性和逻辑性。

第一节　情绪隐喻

在复杂多变的情感中，喜和怒是两种最常见的极端情绪。汉语和英语中都包含大量表达高兴、愤怒的表达式。下面以这两种情绪表达为例，分析隐喻思维构建情绪表达中存在的概念系统。

一、高兴的表达式

Happy is up.（快乐是向上的）

他很高兴。

He is very high-spirited/happy.

他兴冲冲的。

His spirits are rising and rising./He's pleased and excited.

Happiness is light.（快乐是轻松的）

他们各个兴高采烈。

They're all in high spirits and with a strong glow./They're all in great delight.

他笑逐颜开。

He smiled, which caused his face to beam./He beamed with a smile.

Happiness is a fluid in a container.（快乐是容器中的液体）

他心中充满喜悦。

His heart is filled with happiness.

他再也按捺不住心中的喜悦。

He could no longer contain the joy in his heart.

的确，当我们感到快乐时，身体会向上伸展、四处走动、积极活跃、上下跳跃，眼神是明亮的，表情是微笑的。毫无疑问这些是普遍的经验，可能会产生普遍的简单或主要的隐喻（simple or primary metaphor）。"Happiness is fluid in a container"这一隐喻在上述三种语言中都存在，因为构成该隐喻的主要映射是基于普遍的经验和隐喻认知：情绪存在于我们的身体容器内；情绪与体液有关，如血液；控制情绪就将物质保留在容器内。换言之，不仅主要的隐喻普遍存在于各种不同的语言和文化中，而且以共同经验和认知基础上的映射为基础的复杂隐喻也在各种语言和文化中广泛出现。

二、愤怒的表达式

正如"The angry person is a pressurized container"，作为另一种极端情绪，愤怒也是普遍存在的概念隐喻。表现这种概念隐喻的语言隐喻多种多样，如下例：

You make my blood boil.（你让我热血沸腾）

Simmer down.（平静下来）

Let him stew.（他自作自受）

He blew his top.（他发怒了）

上述语言隐喻都属于容器隐喻这一基本隐喻，而且这里所指的容器是加压的容器，可以是加热或不加热的情况下加压的。

上述语言隐喻中涉及的对应关系或映射包括：

装有某些物质或物体的容器指代生气的人；

容器中的物质或物体→愤怒的情绪

容器中物质或物体承受的压力→生气的人因愤怒而承担的压力

产生压力的原因→导致愤怒的原因

把物质或物体保留在容器内→控制愤怒的情绪

从容器中出来的物质或物体→愤怒情绪的宣泄

这些映射会产生这样的愤怒场景，人体内存在一种行为驱使的力量，而这种驱使人行事的力量需要加以控制。如果没有加压的容器隐喻（pressured container metaphor），"原因、力量、被驱使的表情"结构完全是随机发生的，不可预测的。但是通过详细的映射，隐喻使得不同语言中的各种"愤怒"的表达方式保持连贯一致。加压容器隐喻引起了一系列的扩展隐喻。

当愤怒的强度增加时，液体上升：

His pent-up anger welled up inside him.他再也抑制不住愤怒。

强烈的愤怒产生蒸汽：

Billy's just blowing off steam.比利只是在宣泄压力。

强烈的愤怒对容器上产生压力：

He was bursting with anger. 他特别生气。

当愤怒变得太强烈时，情绪就会爆炸：

When I told him，he just exploded.当我告诉他时，他很激动难以自抑。

当人的情绪难以控制时，情绪就会爆发外溢出来：

I blew my stack.我大发雷霆。

（Kövecses，2002）

汉语和英语对愤怒情绪隐喻表达的一致性表明，概念化的生理特征为"生气的人是加压的容器"这一概念隐喻提供了内在的认知驱动力。

如果没有表达方式的约束性，很难发现不同的语言和文化如何将这种高度统一的概念（加压容器的隐喻）用来表达愤怒。但是这些用于表达愤怒的生理变化可能与其他情绪产生的生理变化交叉重合，因此高兴也可以以加压容器的概念隐喻来体现。尽管高兴的情绪中，心理产生的热度可能不及愤怒情绪产生的热度。总而言之，处于强烈情绪状态的人可以用"加压的容器"这一概念隐喻来表示。加压容器隐喻的意义核心在于"控制过程中遇到的困难"，映射"控制情绪过程中遇到的困难→把物质保留在加压容器中的困难"。这一映射是加压容器隐喻的特征，它适用于包括愤怒在内的多种情绪，还可以用其他语言表示。压力容器的隐喻的特征在于，它不仅适用于愤怒以外的情绪，还适用于英语以外的其他　语言。

如果从生理基础解释隐喻现象，我们就会发现同样的生理现象在不同的文化中可能会有不同的解释，并且不同的文化会用不同的方式解释身体活动。也就是说，同样的身体活动在不同的文化或次文化中获取的意义不同。这些身体经验构成了许多概念隐喻的基础。

第二节　事件隐喻

近年来，认知语言学开始关注事件隐喻。在事件隐喻中，事件的不同方面，如状态、变化、原因、行动、目的都是通过一系列物理概念实现的。如下例：

状态是地点：They're in love.他们恋爱了。

变化是动作：He went crazy.他发疯了。

原因是力量：The hit sent the crowd into a frenzy.这一击使人群陷入疯狂。

行动是自我驱动的动作：We've taken the first step.我们已迈出第一步。

目的是目的地：He finally reached his goals.他终于实现了目标。

手段是途径：She went from fat to thin through an intensive exercise program.她通过集中锻炼减肥了。

困难是障碍：Let's try to get around this problem.让我们试试解决这个问题。

外部事件是巨大的移动的对象：The flow of history…历史的进程

预期的进展是旅行时间表：We're behind schedule on this project.在这个项目我们已经落后了。

长期有目的的活动是旅途：You should move on with your life.你应该继续过好你的生活。

事件隐喻不仅在英语中普遍存在，在汉语中也是屡见不鲜。如下例。

状态是地点：

国有企业处于良好状态。

The state-owned enterprises are in a fine state.

改变就是从一个地点转移到另一个地点：

该项目启动了。

The project got into motion.

该项目进入运行。

This project entered into motion.

基础工业建设步入佳境。

The construction of basic industries stepped into a good state.

原因是力量（控制物体在不同地点之间的转移）：

这些支柱产业的兴盛带动了整体经济的发展。

The formation of these prop industries brought into motion the development of the overall economy.

目的就是目的地：

中国正朝着建立新体制，实现现代化的目标前进。

China is advancing toward the goal of building up a new system and realizing modernization.

上述事件结构隐喻展现了英语和汉语之间的一致性。事件结构隐喻似乎不可能从英语迁移到汉语。在匈牙利语中，也出现了同样的事件结构隐喻。这种结构隐喻应该是不受文化影响的，因为其建立基础是身体体验，而身体体验是独立于语言之外的。比如：运动会产生位移；力量会以有形的方式影响物体；如果我们想达到目的就需要移动到特定的地点；有时我们不得不在能够实现目标的多种途径中做出选择。身体经验中的这些相关性为每个子映射提供了独立的动机，从而形成了事件结构隐喻。考虑到身体经验的这些相关性，相同的隐喻结构在不同的语言中普遍出现就不足为奇了。

第三节　隐喻的跨文化差异

每个社会集团都有特定的思维方式、社会制度、语言习惯，受到地域环境、社会环境和历史沿革的影响，不同民族对同一始源域的观察和体会往往显现差异。语言是文化的载体，因此隐喻语言反映了不同文化的思维方式和价值观。在不同的语言和文化中，可用于表达特定目标域概念化的概念隐喻范围有所不同。以情绪隐喻为例，汉语有句"心里乐开了花"，这句隐喻表明中国人内向的性格特征（宁宇，1995），把这句话和英语中"Being happy is being off the ground"进行对比，发现后者反映了英语话语者外向的性格。

Kövecses 对比了美国人和匈牙利人对生命隐喻的不同用法。大多数美国人把生活看成最珍贵的商品（the most precious commodity），值得珍惜的过程（something that we have to cherish and take care of），被他人低估的珍贵过程（something precious underestimated by others），珍惜、尊崇生活（valuing and admiring life），美好的事物（a wonderful, beautiful, and dear thing）；而大多数匈牙利人则把生活当成要打赢的一场战役（as battles that have to be won），人的一生要不断作战（people having to fight throughout life），人们总是要证明自己和抗争（people always having to prove and fight），大多数情况下，人生是令人疲倦不堪的（which is exhausting and tiring most of the time）。美国人谈论生活中可能遇到的高风险（the stakes being high），人们不得不警惕风险（watch what they risk），人们要遵守规则，按规矩行事（keeping the rules and playing the right way），人们享受在社会规则范围内允许的生活（making their life as good as possible within the limits and rules of this game）；而匈牙利人谈论的是人们要放弃梦想，接受现实（having to give up their big dreams, accepting life as it is given to them），适应各种可能性，不要抱怨生活（adjusting to the possibilities, and the importance of being not dissatisfied.）

体验哲学是认知语言学的理论基础，隐喻作为认知语言学范畴内的重要概念，其哲学基础也是反映人类经验的体验哲学。以上述情绪隐喻为例，人类在经历极端情绪如高兴、悲伤时，产生的生理变化是一致的，因此隐喻具有普遍性和共通性。再如在汉英两种语言中，在用人体映射山的部位，比如 the foot of the mountain（山脚），用金钱映射时间（time is money），因此有 save time、spend time、kill time，节省时间、花费时间、浪费时间。但是不同民族在始源域和目标域之间建立的语义映射可能会有差异，有四种不同类型的经验似乎对文化建构概念隐喻的差异发挥作用，即价值观差异、历史和行为差异、社会组织差异、地貌特征差异。

一、价值观差异

价值观是文化的重要组成部分，涵盖人类如何看待自己、自己与社会中他人的关系、自己与自然界的关系。价值观是综合性的文化集合，具有稳定性、持久性，也具有民族性、地方性。作为社会人，每个人的价值观都受到其所处的社会环境影响，可以说社会环境塑造了社会成员的价值观，影响着社会成员的思维态度和行为方式。在汉语中，狗代表忠诚，但也有贬义色彩，比如猪狗不如、狗咬吕洞宾不识好人心、狐朋狗友、狗仗人势等。在英语中，狗是很受欢迎的宠物，逐渐成为家庭成员，比如 Love me, love my dog（爱屋及乌），Every dog has his own day（每个人都有得意的时候）。

二、历史和行为差异

不同文化所用的概念隐喻差异反映了不同文化之间的行为差异与历史差异。Boers 和 Demecheleer（2001）的研究发现：跟法语相比，英语会更多地使用以 "hat"（帽子）和 "shipping"（航行）为基础的习语，而法语则会使用更多基于 "food"（食物）的习语。这些差异可能归因于英国人与法国人之间的历史差异与行为差异：长久以来英国人将本国视为一个沿海远行的国家；戴帽子在英国也更常见；另一方面，法国人比英国人更注重食物。Boers 和 Demecheleer 考察了法国的英语学习者发现比起与食物有关的习语（如 to have egg on one's face 丢脸，to cry over spilt milk 做无益的后悔），法国学习者在理解与帽子和航行有关的习语上（如 to keep something under one's hat 保密，或者 to get someone on board 让某人加入）遇到更多困难。这些发现表明文化群体间的历史差异和行为差异能影响所使用的概念隐喻，这些概念隐喻的跨文化差异会阻碍学习者对隐喻的理解。

但是，Deignan（2003）认为不可过多地把文化差异和隐喻联系起来。产生隐喻表达式的社会环境和隐喻表达式的使用之间存在时滞，所以隐喻表达式的使用者不一定了解隐喻产生的社会环境，"隐喻表达是一个不完整的文化遗物"（Deignan，2003）。据此，教师要明确使用隐喻有别于完全理解隐喻。比如，使用 "I didn't catch what you said" 并不代表说话者了解"管道隐喻";"You seem pretty sanguine""I'm feeling a bit phlegmatic this morning"并不代表说话者了解跟身体幽默有关的古老的医学理论。正如本族语者,语言学习者也可能需要解决概念隐喻的局限性,这跟言外能力相关。

三、社会组织差异

社会组织形式的差异也会导致文化差异。比如,Trompenaars(1993)认为不同文化中,人们袒露在社会关系中的真实感受的程度有所不同。这种差异又映射到不同文化所使用的概念隐喻上。比如,在日本文化中,人们经常预期着别人不会表露出情感,许多概念隐喻就和"hara"("belly"肚子)有关,belly意为真相、真实感受、真实的自己,与"tatemae"(社交面孔)正好相反。愤怒由腹而生,所以日本人控制愤怒时就是把最真实的感受隐藏起来了。类似的表达还有"hara ga tatsu"("Stomach stands up"胃立起来了)意为发脾气;"hara ga suwatte iru"("Stomach is sitting.")指心意坚决。"hara"带有隐藏的情绪之意,在译成英语之前需要考虑到其社会含义。

四、物理环境差异

物理环境对人类思维过程有巨大的影响,不同的环境特征导致不同文化使用概念隐喻的差异(Kovecses,2002)。比如,Dirven(1994)分析荷兰语和南非语的源域时,发现野生动物在南非语的使用频率高于荷兰语。这表明,历史上很可能南非人比荷兰人遇到的野生动物的数量多。

气候环境对不同文化使用概念隐喻也有影响。比如,Boers(1999)系统地统计了十年来在《经济学家》社论里所有反映概念隐喻"The economy is a healthy/unhealthy patient"的表达式。他发现这些表达式在冬季的使用频率明显增加。Boers的研究发现表明,我们与环境互动的潜意识表现也能影响我们使用的语言。

第四节 文化差异对隐喻能力影响的实证研究

Littlemore(2001)认为隐喻已成为留学生们听课过程中的绊脚石。留学生们常因为不能理解教师使用的隐喻而误解讲座内容,有时还会误解教师对讲座内容的态度。

产生这种误解的原因之一可能是学生在解释隐喻时使用了不同的文化参照体系。研究表明隐喻通常是承载文化的表达方式,其含义需要参考共同的文化知识来推断(Charteris-Black;Deignan)。来自不同文化背景的人们共享文化知识的程度是不同的,这种差异很可能反映在人们对隐喻的理解能力上。受文化因素的影响，说话者和听话者会赋予同一个源域不同的内涵，因此容易产生误解。不同的文化背景也可能会影响留学生以不同的方式使用语境线索来解释隐喻。学生可能会注意到与自己文化期望一致的语境线索，忽略不一致的语境提示。

一、Hofstede 文化维度理论

Hofstede（1980）的四维价值观框架可以用于发现学生和教师在价值体系上存在的差异。在这个框架中，四个维度分别是不确定性规避、权力距离、个人主义与集体主义、以及自我与社会取向。尽管这个框架被不断完善，但这四个方面仍然是区别不同民族文化的最重要的四个要素。

不确定性规避是指组织和文化在多大程度上避免生活中的风险和不确定性以保护自身。与 Hofstede 价值观框架的其他维度一样，不确定规避也是一个连续体。处于低不确定性规避文化中的个体，倾向于将不确定性看成生活的正常现象，能以平常心接纳之，试图减少通用规则。他们不喜欢标准化规则，能够接受行为和风格上的差异，不喜欢精确的规定。而处于高不确定性者将不确定性视为一种威胁，认为标准化是可取的，不能接受有巨大差异的行为和风格，喜欢精确的规范。根据 Hofstede（1980），英国属于低不确定性规避文化，英国人通常比较适应不确定性。孟加拉国公务员制度严格，加之传统上孟加拉国具有明确的社会分工（White，1992），表明与英国教师相比，孟加拉国学生更可能避免不确定性。

权力距离是指社会或组织成员对权力不平等的接受程度。在低权力距离社会中，不平等关系被最小化，人人参与决策。下属的意见得到尊重而不是仅仅被发号施令；老板被看作从善如流的民主人士；规则面前人人平等。在高权力距离社会中，人们能够接受并预期地位的不平等。有些人做决定，另一些人则服从安排；下属不指望自己的意见被采纳，只是决策的执行者；老板被视为长辈；有些规则仅适用于老板，而其他规则仅对下属适用。根据 Hofstede（1980），英国是一个低权力距离的社会，孟加拉国是高权力距离社会。因此，孟加拉学生比英语教师更倾向于高权力距离。

个人主义或集体主义维度指人们在多大程度上把自己当作个人或团体的成员。在个人主义社会中，人们希望以个人的工作表现得到尊重，受到个人成就的内在驱动，员工和雇主之间的关系是建立在互惠互利基础上的契约关系，个人观点能够被倾听、尊重。在集体主义社会中，人们需要来自团体的归属感，需要和某一团体相关联，员工和雇主关系依靠道德原则来维系，双方重视和睦相处，避免正面冲突。根据 Hofstede（1980），英国社会

是典型个人主义社会。孟加拉社会传统上依赖于网络和人际关系系统（Lewis，Wood & Gregory，1996），那么孟加拉社会属于集体主义社会。

自我或社会维度是指组织在多大程度上推崇强势的"自我导向"价值观或温和的"社会导向"价值观。社会导向型文化的成员倾向于保持谦虚、关心他人。他们强调生活质量，并倾向于在生活中保持低调的生活态度，在工作中"放低身份"（undersell）。他们认为亲密的人际关系是最重要的，他们倾向于通过妥协和谈判解决冲突。自我导向型文化的成员重视自信和竞争。他们强调成就感和果敢坚定，他们倾向于保持高调来"抬高"（oversell）自己。他们非常重视金钱和物质，倾向于通过斗争解决冲突。根据 Hofstede（1980），英国倾向于相对自我导向型的文化。在传统的孟加拉社会，对家庭的关注要高于对专业和公共事业的关注（Bertocci，1972；Wood，1988）。这表明孟加拉国学生可能比英国教师更偏向于社会导向型文化。

二、使用 Hofstede 文化价值维度验证文化差异对隐喻能力的影响

Littlemore（2003）研究了非本族语者如何使用语境提示解读大学讲座的隐喻意思以及教师对主题的态度。她采用了小规模、探索性调研。她使用了 Hofstede 的维度价值观框架分析学生对讲师隐喻的解释，该框架广泛应用于职场，特别适合本研究，因为所有学生和许多教师都是各自国家的公务员。另外，讲座内容在很大程度上也与工作和管理领域有关。

1.研究方法

该研究受试者是 18 名来自孟加拉国的公务员，在伯明翰大学参加为期 6 周的公共服务管理课程。共有 7 位教师组成团队进行授课。受试者英语水平较高（雅思成绩均在 6 分或以上）。本次培训旨在讨论英国公务员制度的优劣势，以期促进孟加拉国公务员制度的变革。培训讲师是国际发展学院的教师和在职公务员。

研究采用 Hofstede 设计的用于跨文化比较的"价值观调查问卷"。该问卷包含 18 个题目，按照五级量表选择重要性。例如：Have a good working relationship with your direct superior? Have considerable freedom to adopt your own approach to the job? Have an element of variety and adventure in the job? 研究发现两个重要结论，一是受试者比培训讲师更倾向于规避不确定性；二是受试者比培训讲师更适应高权力距离。至于价值观模型的另外两个维度，培训讲师比受试者略倾向于集体主义价值观，受试者比培训讲师略倾向于社会导向价值观。但是这两个结论都不具有统计学的重要性。

第二部分隐喻解释任务为受试者提供 7 个工作或管理领域的片段，要求受试者解释斜体部分、阐释培训讲师的观点并给出自己的观点。在此节选每个片段的部分内容。这部分

任务选择的隐喻都来自讲师在课堂上的真实话语，或以听课或录音方式记录下来。7个片段分别代表 Hofstede 文化价值观的四个维度。如下所示。

Extract 1: Reducing the size of the public sector is crucial. It may be by privatizing, it may be by cutting jobs. It's not good enough just to do that. It's not good enough just to cut the machinery of Government back… (ego or social orientation)

Extract 2:

The main element of structural adjustment is the liberalization of external trade. You know what I mean by that? Dropping tariff barriers. Freeing up external trade, stopping any prohibitions on imports… (uncertainty avoidance)

Extract 3:

Mrs. Thatcher's view was: "It may hurt for a while, this medicine, but what we'll do is take off the controls. We'll take the controls from the flow of capital, we'll let the British economy live or die by the forces of international competition", and actually quite a lot of it died. (ego or social orientation)

Extract 4:

I don't know if you've come across the phrase "trickle down economics".The idea being, of course, that you make the poor richer by making the rich richer. And the wealth of the rich will trickle down to the poor and jobs will be created. And it takes a long time for that to happen. And we concluded as a nation that we couldn't wait for that to happen.

Extract 5:

Blair's Government has attempted to slowly shift the creaking apparatus of public administration, and to change it round from what it had become, to enable it to become capable of solving problems …

Extract 6:

…But we are a team. We're professionals together. We're stuck between many different dilemmas you see. We have these top-down, bottom-up forms of assessment. Being in a business and a university creates a lot of ethical problems.

Extract 7:

Since then he has come along with another lot of catchphrases, for example "policy liberalisation".It doesn't matter if the cat is black or white, as long as it catches mice. (uncertainty avoidance)

(source: Littlemore 2004)

2.研究结果

实验结果表明，7 个受试者不能正确理解规避不确定性的隐喻，即 "freeing up external trade" 放宽对外贸易管制，以及 "It doesn't matter if the cat is black or white, as long as it catches mice." 不管黑猫白猫，捉住耗子就是好猫。当被问及它们是何隐喻意思的时候，这 7 个受试者表示 "不清楚" 或 "培训讲师的态度是中性的"。事实上，"Good is up" 是很普遍的隐喻，在这里表明贸易自由化可能是一件好事。但是他们的回答表明，他们对语境线索并不敏感。究其原因可能是与英语本族语者相比，他们对 "自由化被誉为治疗经济不景气的灵丹妙药" 这样的言论接触较少。在孟加拉国，贸易自由化并没有被广泛推行，由于国内产业的脆弱性，孟加拉国仍然非常重视贸易保护主义。因此，这 7 名受试者没有领悟到讲师认为自由贸易是一件好事的想法。图示是在我们脑海中对现存的世界的反映，可以用来理解和解释信息输入（Cook，1997）。我们能够激活相关图示就意味着我们不必关注信息输入的每个细节，因此可以加快信息处理速度。但是图示有时会限制我们吸收新信息的能力，那些不符合我们头脑中图示的信息有时会被忽略，甚至被拒绝，如果要理解那些不符合图示的信息就需要付出额外的认知努力。因此，这 7 个受试者可能没有付出额外的认知努力来加工这个不符合已有图示的信息。要接受贸易自由化就需要容忍经济系统中出现某种程度的不确定性。这些受试者来自高不确定性规避文化可能影响了他们，造成了他们对隐喻表达的误解。

15 个受试者未能正确理解 "It doesn't matter if the cat is black or white, as long as it catches mice." 他们典型的回答是："good government is necessary"（好政府是必要的），"working government is good"（正常运转的政府是好政府），"policy should be workable"（政策应该可行）和 "government should work properly"（政府应该正常运行）。他们都没有提到 "务实的方法才是可取的"。这也反映了受试者来自倾向于避免不确定性的价值体系。要完全理解这句话的隐喻意思，就要接受政治家有时可能也不能完全掌控政策制定，有时甚至要妥协。孟加拉国的文化价值观更倾向于保持传统价值观，如诚信、确定性等。因此这些价值观在受试者头脑中形成的图示很突出，所以他们可能更关注 "white"（白猫），而忽略 "black"（黑猫）。

所有的受试者都认为体现权力距离维度的隐喻 "We have these top-down, bottom-up forms of assessment." 意味着两种评估方式并存，即自上而下和自下而上的评估方式同时存在。只有 2 个受试者把握了语境提示 "we're stuck between many difficulty dilemmas" 和 "a lot of ethical problems"，他们认为培训讲师这种评估方式可能存在问题。这可能跟文化差异有关，因为受试者可能会更积极地看待、接纳高权力距离。尽管受试者准确地理解了概念隐喻 "hierarchy is a steep ladder or mountain"（等级制度是陡峭的梯子或山峰），但是他们比培训讲师和英语本族语者对形势的评估更加积极、乐观。经与受试者在测试后的讨论得知，他们的组织内部没有"自下而上"的评估方式，他们没有完全掌握讲座中提到的这一概念。这种评估方式的缺失可能导致受试者头脑中意象图示的缺失，因此在吸收跟这种缺失相关的新信息时遇到了障碍。这种障碍不太可能来自于价值体系的差异，因为和英国一样，在孟加拉国，森严的等级制度也是不受欢迎的。

大多数受试者都能正确理解"trickle down"的意思。可能因为受试者来自高权力价值体系，在他们所处的社会中财富集中在社会上层，需要经过很长时间才能分流到社会下层。但是有 3 个受试者认为培训讲师是赞成这种分配体系的，而恰好相反，培训讲师是反对这种体系的。从测试后与受试者的讨论得知，他们认为"The idea being, of course, that you make the poor richer by making the rich richer."一句中的"of course"传递肯定、积极的态度，事实上，培训讲师在此使用讽刺的语气。因此，这 3 个受试者对词句理解出现了偏差。

受试者能够正确理解"cut back the machinery of government"和"we'll let the British economy live or die by the forces of international competition"中的隐喻意思。这两句中的隐喻反映了 Hofstede 文化价值框架中的自我导向和社会导向维度。受试者都认为削减公共部门、撤销政府补贴能让英国经济更加繁荣和让经济体在国际竞争中实现优胜劣汰。这可能由于英国和孟加拉国在这个价值维度上差异较小，也可能和语境提示有关，"it's not good enough to…"和"actually quite a lot of it died"表明培训讲师对削减公共部门的中立态度、对不能在国际竞争中生存的企业的否定态度。

第十一章　隐喻与词汇教学

近来认知语言学领域的研究成果表明，概念隐喻很大程度上有助于发展抽象思维（Lakoff & Johnson，1980）。而许多语言构成要素以往被认为缺乏规范性，但实际上它们具有相当的系统性（Lindstromberg，1991）。因此，语言教学者和研究者一直在运用相关研究成果，帮助学生学习和记忆目的语语法和词汇。Boers（2000）和Charteris-Black（2002）等研究者发现，如果语言学习者可以敏锐地洞察到所学语言中出现的概念隐喻，则他们理解和记忆语言各要素会更加轻松。

此外，隐喻还能通过构词法帮助语言学习。随着语言的发展，构词法往往有着隐喻和转喻的特征（Dirven，1985）。例如在英语中，"eye"一词经过隐喻和转喻，不仅只有眼睛的意思，也可以指镖靶的靶心（the centre of a dartboard）、土豆里的黑点（a black spot in a potato）或者针眼（and a hole in a needle）。对母语者来说，这些用法是约定俗成的，但对语言学习者来说，这些词义往往比较新奇。

Littlemore（2002）探讨了如何培训学习者使用基于隐喻的猜词策略。Littlemore 阐述了使用基于隐喻的猜词策略的认知过程，对比了分组法和个体法的猜词策略效果，并进一步分析了两种方式的利弊。

第一节　基于隐喻的猜词策略

以"targeting"的词义（Identifying and targeting the right customers are both vital to a firm's success）为例说明基于隐喻的猜词策略。很多学生熟悉 target 的名词形式，但他们可能不会考虑这个词在商务语境中的隐喻延伸意思。了解 target 一词在此处的含义，必须先回想"target"的字面意义。此时教师可以画出一只箭靶，同时也画出弓和箭，再引导学生尽可能多地联想与图画相关的概念。随后学生可能会想到"瞄准目标""瞄准""向箭靶射击"等概念。然后就可以要求学生把这些概念与当前语境联系起来，学生或许会想到"对特定消费群体展开调研""为满足此消费群体需求设计产品"以及"在此消费群体爱读的杂志中推广产品"。之后学生脑海中应该形成交互式的图像（例如，一个公司向一群消费者"发射"产品样品），由此推导出更准确的解读——不管是发现目标消费者（identify the right customer），还是识别消费者特点（see what that customer looks like），抑或是找到准确的"箭头"射向消费者（find an appropriate arrow to hit that particular customer）。和只听教师讲解的学生相比，采用上述策略的学生更能理解一个词的深度和广度。

基于隐喻的猜词策略包含以下心理认知步骤：联想流利度、类比推理以及意象构成。

联想流利度是指在接收既定的语言刺激后，学习者能够进行广泛联想的能力。（Guilford，1967；Carroll，1993）。在解读新奇隐喻时，为了寻找与目标域共有部分，就要先构建与源域相关的联想网络，因此联想流利度是理解新奇隐喻的第一步。和联想流利度较低的个体相比，能够熟练运用联想流利度的个体在理解隐喻时，通常会得出更多相关的释义（Pollio & Smith，1980，Littlemore，2001）。

类比推理是通过观察概念之间的一些相似之处，来找出其中一个概念的特征，以此阐明另一个概念（Holyoak，1984）。Paivio 和 Walsh（1993）指出了类比推理在解读新奇隐喻中的地位，他们认为类比推理是进行隐喻加工的关键，即能够在完全不同的区域之间找到部分相似性。语言学习者在遇到陌生的由隐喻演化而来的词汇时，只能根据源域信息推断目标域信息。因此，学习者必须先根据语境推断出目标域，下一步才能开始进行类比推理，即寻找源域与目标域之间的相似点。故类比推理必须作用于生词和其出现的语境之上。换言之，要想有效地理解隐喻，学习者必须尽可能多地找出与基本概念有关的意思（即联想流利度），与此同时找出这个基本概念与其语境之间所有可能的联系（即类比推理）。

使用心理意象有助于个体发展联想流利度和进行类比推理。有观点认为意象产生是理解隐喻的有力工具，因为意象产生可以使不同的视觉信息同时映现，而口头产生的信息只能按顺序依次映现（Paivio and Walsh，1993）。因此，隐喻的可想象性决定了隐喻意义可被理解的程度（Katz et al.，1988），因此，鼓励学习者建构新奇表达的心理意象对理解新奇隐喻的含义大有裨益。

第二节　不同教学方法对基于隐喻的猜词策略的有效性分析

教师训练学习者使用基于隐喻的猜词策略时，可循序渐进地进行分组训练，也可以让学习者独立发展所需的技巧。前者除了能让学习者全面了解此策略之外，还能让学习者理解原本意义模糊的隐喻，也就是说，分组法可以让学习者从他人的认知角度去看待隐喻。而后者会考虑到学习者在知识体系与使用策略偏好上的差异。

理解隐喻的第一步是寻找与目标域共有部分，即要构建与源域相关的联想网络。与既有概念有关的联想网络也被称为"框架"。框架是指与中心概念相关的常识性知识的总体模式。一个框架中所涉及的常识，是话语共同体内部达成共识的部分（Taylor，1989）。比如，对大多数人来说，teacher 一词的框架可能如下：在学校教书的（成年）人、掌握一个学科或多个学科专业知识的人、传授知识的人、有地位权威的人。由于个人经历不同，每个人的框架都会有一些不同的联想。例如，关于 teacher 我们可能还会联想到：爱发号施令或者报酬过低。

因此，虽然与既有概念相关的信息很大程度上是由社会构建的，但是框架之间也会有一定的个体差异。这意味着任意群体中的个体的框架，大多是相似的，但也会有些许差异。要想准确地解读隐喻，就要运用好自身的框架，最好还能够猜测隐喻使用者的框架。对隐喻猜词策略的学习者来说，个体法可以提升他们搜寻并运用自身框架的能力；而分组法可以训练学习者寻找自身和他人框架的差异的能力。

因此两种方法各有优势。长期来看，个体法能够激发学习者的自主性，与过度依赖教学者的学习者相比，自主性强的学习者能更好地理解新词汇。另一方面，因为受分组法训练的学习者更倾向于用他人的视角去理解隐喻，所以他们更善于猜测隐喻使用者的框架。因此我们有必要去分析分组法和个体法之间的相对有效性。

Littlemore（2004）用实证法对比分析了分组法和个体法在使用隐喻猜词的策略中的有效性。其研究调查对象是正在英国大学攻读硕士学位的 42 名留学生。研究问题是不同的训练方法是否会影响学习者使用基于隐喻的猜词策略的倾向，以及猜词策略的能力。

一、实验方法

研究将留学生分为两组，在正式测试前一周接受 30 分钟的简短培训。培训内容包括根据已知意象图示猜测词语的隐喻意思。如：根据树根的图示猜测 Many of the problems that new students face are rooted in cultural differences 中 rooted 的意思；根据船锚的图示猜测 His outlook remains firmly anchored in the liberal tradition 中 anchored 的意思。类似练习包括十多个句子。

第一组又被分为两个小组（共 27 人）。教师采用"分组法"，让学生先阅读上述图示和例句，并在黑板上画出相关意象，随后要求学生以小组形式进行头脑风暴，以寻找可能的含义。而且在整个过程中，教师鼓励学生使用联想流利度、类比推理及意向构成等策略。

第二组培训采用"个体法"，教师让学生先阅读上述图示和例句，而后要求学生独自厘清例句中画线词语的含义。

一周后，学生们接受了使用猜词策略的能力测试，测试内容为猜测十句摘自《金融时报》的句子中词语的隐喻意思。例如：The needs of the students fit squarely with the university's objectives 句中 fit squarely 的意思。结果表明：这 15 个学生的语言水平与参与研究的其他学生相当，他们熟悉画线词语的字面含义，却不能理解给定语境下的隐喻延伸义。

除了让学生写出画线词语的含义之外，研究还要求学生写下自己所采用的策略，答题卡形式如下所示：

I worked out the meaning of the word using only the surrounding context.

（我只根据语境推测出了词义）

I formed a mental image of the word and used this mental image to help me think of associated concepts.

（我脑中形成了该词的心理意象，这个心理意象引导我猜测到相关概念）

I thought of the word's associated concepts, without using an image.

（我没有借助图示就猜测到了相关概念）

I formed an interactive image between the word and its context.

（我在词语和语境之间形成了互动意象图示）

I knew the word and didn't need to do any of the above.

（我认识该词，不需要借助上述过程）

每个例句的打分范围为 0 到 2 分，其中 0 分代表回答完全错误，1 分代表回答部分正确，2 分代表回答完全正确。共有两位打分者（均为本族语的语言教师）分别打分，其中 92%的打分结果都相同，余下的 8%，经共同商榷达成共识后，打分结果才得以确定。

二、实验结果

研究结果表明：

（1）不同的训练方法不会影响学习者使用基于隐喻的猜词策略的倾向。

（2）接受个体法训练的学生得分情况优于接受分组法训练的学生。在进一步地分析学生们的策略选择时发现：他们使用交互式意象来理解隐喻的能力有显著差异，使用其他策略没有显著差异。因此我们可以肯定，接受个体法训练的学生比接受分组法训练的学生更善于使用基于隐喻的猜词策略，特别在使用交互式意象的策略方面。以上结果表明：不同的训练方法会影响学习者使用基于隐喻的猜词策略的能力。

由此可见，训练学习者使用基于隐喻的猜词策略时，让他们独自摸索并掌握相关策略更为有效。这是因为个体对给定的源域具有不同的框架，所以猜词策略的使用会因人而异。也就是说，相同词语会激发不同学习者不同的联想，因此学习者需要培养自我搜索框架的能力，而不是借用教师的联想框架。

不同个体在搜寻自身框架和利用相关语境时，往往会选择不同的策略。例如，Miller（1987）提出有两种不同的思维方式，即"集中型"与"发散型"，且这两种思维的个体会采取不同的追溯策略。他认为"集中型"的个体从记忆中提取信息时，会将搜索范围限制在单一事件；而"发散型"的个体则会搜索多个事件，并且整个回忆过程复杂，没有明确的终点。他认为"集中型"的追溯策略"范围窄，推理性，有逻辑且有明确的搜寻标准"；而"发散型"的特点为"范围广，注重联想而非逻辑，没有明确的搜寻标准"。采用不同的策略理解词义对外语学习者理解隐喻意义重大。在解读隐喻时，集中型学习者也许会专注于一个特定的词义，而发散型学习者可能会同时处理数个词义。

以上提到的个体差异在一定程度上可以解释为何接受个体法训练的学生表现要优于接受分组法的学生。Littlemore（2004）建议：培训学习者使用基于隐喻的猜词策略时，应先向他们介绍解读隐喻的一般方法，然后再结合他们的知识水平、认知风格，让学习者独立开发最适合自己的策略。由此可见，解读隐喻是高度个性化的行为。这意味着教师最好不要过多干预学习者，而是让学习者独立地学会运用自身的联想网络，独立地开发类比推理能力，独立地构建恰当的意象。

第三节　隐喻意识与词汇习得相关性的实证研究

自从 Lakoff 和 Johnson 的《我们赖以生存的隐喻》（1980）巨著及其随后出版的认知语义学范式问世以来，隐喻语言在日常常规语篇中的普遍性得到了广泛的认可。如果隐喻在日常语言中无处不在，那么语言学习者就必须掌握在各个学习阶段的比喻话语。因此，掌握传统的隐喻语言也必须成为语言学习过程中必不可少的部分，特别是隐喻因文化而异（Kövecses，1995），对语言学习者来说深入了解不同文化及其产生不同的隐喻意思是非常重要的。此外，许多多义词项在其衍生的比喻意义较其原始意思使用得更频繁（Low，1988）。例如，在经济学话语中，诸如处方药（prescription）和药方（remedy）很可能不再指其字面意思，而从其字面意思衍生出来的、基于意象图示而成的意思使用得更加频繁。培养学习者对这些字面意义的注意力可以加深对词汇的理解（Boers，2000）。

这些常用含有衍生意思的隐喻语言是可以被激发的。各种各样的象征性表达具有一致性、连贯性特征，可以系统地归结为数量有限的源域或隐喻主题。这些重复出现的隐喻主题可以归纳为词汇领域的一种类型，这些看上去毫无关联的隐喻语言可以系统地整合为结构一致的词语（Kövecses & Szabo，1996；Lazar，1996）。Boers 进行了三项语言学习实验，根据潜在的隐喻主题来测量组织隐喻表达对语言学习的作用，并据此培养旨在隐喻意识的课堂活动，开辟词汇习得的另一条路径。通过隐喻主题习得词汇是词汇学习的一种补充方式，并不能替代其他已有的学习方式。作为培养语言意识的一种技术，隐喻教学适用于广泛的教学活动，学习者不仅要完成语言任务，还要反思语言使用的方法和特点。

由于大量的隐喻语言是以词组形式出现（multi-word expressions）（成语、谚语、搭配等），因此 Boers 在语言实验中采用语块形式（chunk-based language），融合了词汇和语法两项语言特征。

一、实验方法

Boers（2000）的实验对象是在比利时的英语中级学习者，他们的母语是和英语密切联系的荷兰语或法语。三项实验的语言重心各有侧重，但是都共同验证了这一假设，即：按照隐喻主题或源域组织词汇学习能够提高对比喻表达的理解。

实验1：

第一个实验的受试者是来自佛兰德中学的 16~17 岁的 118 名学生，其母语是荷兰语，中级英语水平。受试者来自同一个班级，学习同一门课程。把他们分为两组，阅读课文"Managing the Emotions"（管理情绪）。

Managing the Emotions

In western culture, for instance, crying is usually seen as a sign of weakness, especially for men. Research has shown, however, that crying it out makes people feel better. So perhaps we should encourage our children to wear their hearts on their sleeves more often. It has become a widely accepted idea that, instead of bottling up the emotions, one should ventilate one's emotions once in a while…

这段文字出自 Goleman 的 Emotional Intelligence：why it can matter more than IQ（1995：62-72）。这段文字反映了"身体是情绪的容器"（The body is a container for emotions）隐喻，特别是"愤怒是容器中的热流"（Anger is a hot fluid in a container）。受试者分为两组，实验组由 24 名女孩和 34 名男孩组成，按照各种隐喻主题为其发放词汇笔记，如（a）组所示。控制组由 28 名女孩和 32 名男孩组成，按照词语的功能、语用目的进行分类为其发放词汇笔记，如（b）组所示。

（a）英语中有很多表达愤怒的词组（语块）。如下示例：

anger is a hot fluid in a container（愤怒是容器中的热流）

anger welled up inside me（愤怒之情涌上心头）

I was boiling with anger（我气得要沸腾了）

she erupted（她气得要爆炸了）

anger is fire（愤怒是火焰）

an inflammatory remark（义愤填膺的言辞）

she was breathing fire（她的呼吸充满了火药味）

he's hot under the collar（他怒气冲冲）

anger is dangerous animal（愤怒是危险的动物）

he unleashed his anger（他大发雷霆）

don't bite my head off（别冲我发火）

he has a ferocious temper（他脾气暴躁）

（b）英语中描述愤怒的方式也多种多样。如下示例：

describe acute and sudden anger（描述突然爆发的怒火）

she exploded（她的怒火爆发了）

he unleashed his anger（他大发雷霆）

she flipped her lid（她怒火难平）

describe anger as a process（描述愤怒的过程）

anger welled up inside me（我心中怒气难平）

simmer down（平静下来）

an inflammatory remark（义愤填膺的言辞）

describe angry personalities（描述愤怒的性格）

he's hot under the collar（他怒气冲冲）

he has a ferocious temper（他脾气暴躁）

describe the way angry people speak（描述愤怒时说话的方式）

she blew up at me（她冲我发火）

don't bite my head off（别冲我发火）

she was breathing fire（她的呼吸充满了火药味）

（source：Boers，2000）

给受试者 10 分钟查看上述词汇表，然后辨析语意。接下来组织受试者进行为时 15 分钟的关于愤怒和冲突的讨论。最后收回词汇笔记，要求受试者完成完型填空，有些地方答案不唯一，这种情况下尽可能填写更多的表达方式。如下所示：

Last month was my parents' wedding anniversary. A week before the anniversary my mother already suspected that my father had forgotten about it，since he hadn't asked her if she wanted to do anything special for the occasion. After all those years my father should really have known better，because he had learned from experience what a _____(1)temper my mother has. But I felt that he deserved another lesson and I decided not to remind him of the anniversary. Days before that fatal day I could already notice my mother's anger_____（2）up inside her. I

126

tried to tell her to_____（3）down，because my father might still remember after all...

实验结果表明，实验组比对照组复制词汇的可能性更高。即收到按隐喻主题组织的词汇笔记的受试者比收到按描述愤怒方式组织词汇笔记的受试者在复制词汇上表现得更好。平均来看，实验组运用目标词语的比例是44.1%，而对照组是36.7%。这说明，至少就情绪领域的词语而言，培养隐喻主题意识有助于记忆单词（vocabulary retention）。

在母语学习中也存在这种按隐喻主题习得词语的学习方式。这个过程能够通过母语到第二语言的迁移作用加快实验组的受试者记忆外语词汇。但是按照隐喻主题习得词语的从本族语到第二语言的迁移也会受到本族语的错误干扰，特别是学习者认为本族语和第二语言非常相近时。由于同一隐喻主题在不同的文化中具有不同的意象图示，这种迁移可能会引发错误的直译（Cornell，1999）。比如，英语中的"biting someone's head off"相当于荷兰语中"biting someone's nose off"，英语中的"add fuel to the fire"相当于荷兰语中"add oil to the fire"。

实验2：

实验1中的完型填空是受到局限的填空，受试者比较被动。实验2用来衡量受试者以更积极的方式复制新异词语的能力。实验2的受试者包括73个年龄在19~20岁的大学生，其母语是法语，英语是中级水平，受试者主修同一门英语课。向受试者发放下列词语表以描述向上、向下的经济波动趋势。

upward trends

increase（v. & n.）

rise（v. & n.）

surge（v. & n.）

peak（v. & n.）

put up （v.）

soar（v.）

downward trends

decrease（v. & n.）

drop（v. & n.）

decline（v. & n.）

plunge（v. & n.）

crash（v. & n.）

put down（v.）

shrink（v.）

要求受试者用下列多样的方式描述经济波动的趋势。对实验组学生提供关于源域的形象，以期受试者运用意象图示处理词语。如：

rocket or airplanes（火箭或飞机）：soar，skyrocket，crash

diving（潜水）：plunge，dive

mountain climbing（登山）：mount，creep up，go downhill，slide，peak

实验为对照组受试者（15 名女生和 18 名男生）提供描述变化的方式。如：

fast change（快速变化）：soar，skyrocket，plunge，dive

gradual change（缓慢变化）：creep up，mount，slide，go downhill

reaching a limit（达到极端）：peak，crash

给受试者 10 分钟查看上述词汇表，然后辨析语意。接下来为其提供几幅描述经济增长和失业率的图形。收回词汇表后，要求受试者在 30 分钟内写一篇短文描述图形变化趋势。该项任务作为时态（过去时、现在时和将来时）复习练习，受试者要使用多样的描写变化趋势的词语。不同词性的词语计为同一个词语，如 a crash 和 crash 算作一个词语。用词错误不给分，如及物动词和不及物动词混淆、拼写错误、词语搭配不当。

实验结果表明，平均来看，实验组运用目标词语的比例是 71%，而对照组是 49%。使用源域处理隐喻词语的受试者更能够积极地运用词语。实验组和对照组的错误率基本持平。其中对照组的 5 篇短文写作中有搭配不当的错误，而实验组只有 1 篇短文写作出现这种问题。

实验 3：

第 2 个实验的语言点是用具体实例表示方向隐喻，即 More is up，Less is down。对二语学习者来说，许多动词短语（动词词组）是学习的难点，而这些短语都体现了方向隐喻。Kovecses 和 Szabo（1996）的研究论证了对于英语学习者来说，用认知语义学的方法学习动词短语会有很多益处，即提高学习者对隐喻语言背后的概念隐喻的意识。Boers（2000）进行了第 3 个实验用来进一步验证该结论。

实验 3 的受试者包括 74 个年龄在 19~20 岁的大学生。其母语是法语，英语是中级水平。受试者主修同一门英语课。向受试者提供一系列动词短语，这些短语节选自《A Practical English Grammar》。对照组由 13 个男生 22 个女生组成，为他们提供上述语法书的解释。实验组由 19 个女生 20 个男生组成，他们获得同样的动词短语列表，但是这些短语是按照方向隐喻进行归类排列的。如下例：

More is up；Less is down.

Blow up=inflate，pump up，exaggerate

cut down（prices，expenses，taxes，etc.）

turn up/down（the radio，the central heating，etc.）

Active is up；Inactive is down.

set up（a business，an experiment，etc.）=create

break down=collapse，stop functioning

close down/shut down（a factory or business）

Good is up；Bad is down.

be down/feel down=be unhappy

cheer up=become happy

feel up to a certain task=feel strong enough

（Source：Boers，2000）

给受试者 10 分钟查看上述词汇表，然后辨析语意。收回词汇表后，要求受试者完成完型填空。和实验 1 一样，该项任务也是受到 Goleman 的 Emotional Intelligence：why it can matter more than IQ 的启发（1995）。

The marshmallow test

Just imagine you're four years old，and an adult makes the following proposal：If you wait until after he runs an errand，you can have two marshmallows for a treat. If you can't wait until then，you can only have one-but you can have it right now. This is a dilemma：to（1） _____to impulsive desire or to delay gratification. This remarkable experiment was（2） _____by psychologists in the 1960s.Some of the four-year-olds were able to wait what must surely have seemed an endless fifteen to twenty minutes for the experimenter to return. These children got the two-marshmallow reward. But others more impulsive，grabbed the one marshmallow，almost always within seconds of the experimenter's leaving the room. The diagnostic power of the test became clear some twelve to fourteen years later， when these same children were（3） _____as adolescents. The emotional and social difference between the grab-the-marshmallow children and the gratification-delaying ones（4） _____to be dramatic. The researchers（5） _____that those who had resisted temptation were， as adolescents，better able to（6） _____frustrations…

给受试者 20 分钟用下列动词短语填空（20 个）：

put off；cope with；giving up；dropout；shows up；feel up to；took up；goes on；be fed up with；set up；break down；make up；figured out…

实验结果表明，就前 10 个填空来看，实验组平均得分 5.65 分，对照组平均得分 4.23 分。按照方向隐喻分类学习动词短语的受试者得分率更高。该结果进一步证实了 Kovecses

129

和 Szabo（1996）的结论。Kovecses 和 Szabo 的实验还表明，当语言学习者尝试理解新异动词短语时，使用认知语义学的词义转移方法效果更好。但是，Boers 的实验并不支持该结论。实验组在 10 个填空的表现并不比对照组好，前 10 个填空中两组的平均得分分别是 4.07 和 4.2。实验组在运用方位隐喻理解动词短语的意思时，效果并不比对照组好。而且动词短语的语义透明度还有所差异。有些短语的意思易想象、易猜测，还有些短语的意思比较晦涩，难以用于直接的意象加工。

二、实验结果

上面三个实验表明，培养隐喻意识有助于提高语言学习者对词汇的记忆能力。在每个实验中，实验组根据其潜在的隐喻主题组织了具有象征意义的表达，词汇记忆效果更好。Boers 认为，按照隐喻主题记忆词汇收效较好的原因在于意象图示的加工过程有助于记忆词汇，发现源域并据此进行词语归类促进深入的认知加工，从而增加词汇存储的机会。另外，按照隐喻主题组织词汇记忆比无序的词汇记忆更便捷。

Boers 还指出了按照隐喻主题组织词汇记忆的局限性。

首先，实验中关注的大多数词语的语义都比较透明或可以进行转化为意象图示。如果实验选取语义模糊的习语，效果可能会减弱。比喻词语的透明度取决于几个因素的相互作用。其中之一就是词语能否归属于某一隐喻主题。能够进行隐喻主题归类的比喻比散落的词语更易理解。比如，to let off steam， She was fuming，He got all steamed up， She erupted 等反映了隐喻主题 "Anger is heat"，其语义比 to sell someone down the river 要容易进行认知加工。

其次，实验中受试者的本族语为荷兰语或法语，与目标语英语联系紧密。比喻表达背后的隐喻主题在受试者的本族语语言学习中也很常见，这就有助于受试者理解第二语言中的相同隐喻主题。由于不同文化对同一常规隐喻主题的意象图示处理有差别，如果学习者的本族语和目标语相距甚远，学习者可能会遇到理解障碍。比如，如果在某种文化中，heart 不是情绪的归属，那么 break one's heart 语义就很难获取。但是，本族语和目标语的语义紧密会导致学习者直接进行语义转移，语义的直接转移有时会因文化差异产生误解。

再次，实验中受试者的英语为中级水平。初级水平学习者可能囿于词汇限制，不能理解词语的字面意思，无法进行意象图示加工，理解隐喻意思也就无从谈起。比如，She was fuming 和 He hit the ceiling，初级学习者可能不明确 fuming 和 ceiling 的意思。相比之下，高级学习者遇到这种问题的可能性较小，也更能通过提高隐喻意识理解词语意思。和中级学习者相比，高级学习者对从本族语向第二语言的语义迁移会更谨慎。

尽管两种语言文化可以共享一个既定的隐喻主题，但是他们使用常规表达具体化该主题的方式可能会有很大差异。将一组习语和一个常规隐喻主题或源域相关联是可行的，但是能够准确地预测在目的语中该主题属于哪个隐喻主题并不容易。因此，隐喻意识不是用来产生目的语中传统比喻意思的手段（generator），而是作为持续不断引导学习者组织他们所接触的隐喻语言的有效工具（channeling device）。

第四节　如何在外语教学中培养隐喻意识

Boers（2000）认为，提高语言学习者隐喻意识的整体目标可以具体分解为：①识别隐喻在日常生活语言中的普遍性；②识别许多比喻表达背后的隐喻主题；③识别许多比喻表达的非任意性；④识别隐喻主题的跨文化差异；⑤识别比喻表达的跨语言差异。为达到上述目标，Boers（2000）阐述了如何在语言教学中培养和提高隐喻意识。

为了让学习者识别隐喻在日常生活语言中的普遍性，可以让学习者描述一种抽象现象。比如描述"love"和"friendship"这两个抽象概念的差异。这两个抽象概念可以和一些源域相关联，比如，空间隐喻（Love is deeper than friendship, while friendship is more shallow.爱情比友情更深厚）；商业隐喻（Love is an exclusive deal, while you can share many friends. 爱情是专一的，友情可以分享）；建筑隐喻（Love is based on affection, while the cornerstone of friendship is trust. 爱情基于感情，友情基于信任）；身体部位隐喻（Love is a matter of the heart while friendship is a matter of the mind. 爱情是心心相印，友情是志趣相投）；等等。通过让学生注意到不同领域比喻意思的区别，他们会认识到隐喻不仅是限于诗歌的修辞手段，而是一种典型的思维方式。

为实现第二个目标，即让学习者意识到比喻表达并非随意出现，而是按照共同的隐喻主题（即源域）分类归纳的。这些英语主题可以依据身体经验进行阐释。比如在学习情绪隐喻之前可以让学生描述生气时的神态动作，如脸色变红、行为不理智等。这些行为表现可以归结为不同的隐喻概念，如 Anger is heat，Anger is insanity 等。通过把隐喻概念和身体经验相关联，有利于加深学习者对具体隐喻表达的理解。使用加热容器中的液体这一意象逻辑（the logic of imagery），stewing（炖煮）和 simmering（慢炖）就表示不同于 bursting（爆发）和 erupting（喷发）的过程。换言之，隐喻的逻辑可以帮助学习者选择符合语境要求的解释。

除了解释一般的隐喻主题外，还可以让语言学习者试着解释语义透明的具体隐喻表达。例如，To keep something under one's hat 运用了概念隐喻 Knowing is seeing 和 The mind is a container。帽子挡住了头盖骨（容器顶部），被覆盖的部分就无法看到了。这样的练习有一定挑战度，但是在语言学习者的能力范围之内。Boers（2000）让 78 个母语是法语的学生猜测这个隐喻的意思，在没有语境信息的前提下，47%的受试者都答对了，尽管他们声称从未见过这个表达并且法语中也没有类似的表达。也可以作为一项需要深入认知加工的任务，鼓励学习者独立地理解隐喻表达的意思，再求助于老师或者字典求证正确理解。此外，在正常的学习条件下，习语都是在语境中出现，有助于理解隐喻意思。隐喻表达的透明度越低，越需要学习者按照语境线索理解意思。意象图示加工和语境线索相互作用，是猜测生词词意的有力工具。当隐喻主题作为一种衔接手段在话语中连续出现，通过熟知的词语激活相关的源域有助于学习者在语境中猜测词义。比如，medicine 激活了健康源域，学习者就更容易理解 "A good economist should prescribe the right economic medicine"（有见解的经济学家应该能提出正确的经济措施）。同样，如果 branches 激活了园艺源域，学习者就更能把握 prune 在 "The company will have to prune several of its branches"（公司要削减一些分支机构）中的意思。

习语有时反映特定的历史文化背景。在英语中，跟帽子有关的习语如 pass the hat around（募捐）、 talk though one's hat（信口开河）、 hang up one's hat（长期居住）就能反映英国绅士的形象，他们常戴着圆顶硬礼帽、拄着手杖。同样，英语中出现了许多跟 ship 有关的习语，这反映了英国的地理和历史特征。基于历史-文化视角有助于对比分析本族语和第二语言的隐喻话语的差异（Boers and Demecheleer，1998）。使用历史-文化特征进行对比可以从概念层面上揭示常规隐喻主题在不同文化之间的差异，从语言层面降低本族语对目标语隐喻释义的影响，降低直译产生的误解。

经济学话语中存在大量的隐喻现象，机械隐喻和生命隐喻是两类常见的概念隐喻，还有战争隐喻、容器隐喻、旅途隐喻等概念隐喻，通过分析从上述始源域到经济学目标域的映射系统，培养学生的隐喻意识和在语境中解释隐喻意思的能力，然后在大量的经济学英语阅读中，运用隐喻意识解释更多的隐喻现象。比如：

Reagan had once been on the Laffer curve himself. " I came into the Big Money making pictures during World War II，" he would always say. At that time the wartime income surtax hit 90 percent. "You could only make four pictures and then you were in the top bracket," he would continue. "So we all quit working after four pictures and went off to the country." High tax rates caused less work. Low tax rates caused more. His experience proved it.

在隐喻教学中，可以让学生激活和 big money、bracket 有关的源域特征，比如很多钱、括号、把相同事物聚集、归纳起来等。然后根据语境线索，身处二战环境、收入附加税高、放弃工作、在家休养、高税率降低积极性，可以猜测出 Big Money，意即轻松地赚得很多钱，因此需要缴纳很多个人所得税，根据常识信息纳税基数是一段货币区间，因此 top bracket 就是个人所得税的最高纳税级别。因此税率过高影响了人们工作的积极性，导致劳动力供给减少。

再如下面关于 technology spillover 的隐喻含义：

A potentially important type of posititve externatility is called a technology spillover. For example， conside the market for industrial robots. Robots are at the frontier of a rapidly changing technology. Whenever a firm builds a robot，there is some chance that the firm will discover a new and better design. This new design may benefit not only this firm but soecity as a whole because the design will enter society＇s pool of technological knowledge. That is，the new design may have positive externalities for other producers in the economy.

在商务英语隐喻教学中，可以激发学生对 spillover 的意象图示联想，有些同学可能会想到水从容器中或者池塘中流淌出来，结合上下文语境信息，激活 technology spillover 的相关语义网络，发现技术和水流的共同特征中符合语境要求的特征，应该是流动性，因此 technology spillover 意为技术外溢。结合下文举例可以进一步验证隐喻意思解释的合理性。机器人设计不仅能使本企业受益，该项技术还能广泛应用到其他许多行业，为其他行业带来积极的外部效应。

第十二章　语料库语言学与隐喻研究

第一节　语料库的性质及分类

语料库语言学以真实语言数据为研究对象，凭借计算机技术，采用数据驱动的实证主义研究方法，从宏观的角度对大数量的语言事实、语言交际和语言学习的行为规律进行多层面的研究，尤其是提供有关语言使用的概率信息，这就为语言学研究提供了新的途径、带来了新的理念、新的方法，这方面的研究必然使人们加深对语言本质的理解，这些研究当然属于语言学研究范畴。

从技术层面看，语料库可用于指代任何文本的集合。有时也用于指代各种引文的集合，例如字典条目或包含特定语言特征的话语的选择性集合，比如隐喻。目前对语料库通用的理解是指按照一定的采样标准收集起来的大量的自然出现的电子文本合集（Meyer，2002）。然后，以这些自然出现的真实语言数据为研究对象，通过使用各种计算机技术探索文本中的语言规律，就是语料库语言学的内涵所在。计算机技术的发展使得建构大容量的巨型语料库成为可能。由计算机进行检索的巨型语料库以容量大、语料真实、检索快速便捷等独特的优势在现代语言学研究和语言教学中发挥着越来越重要的作用。

作为研究语言的工具，计算机化语料库的发展始于1950年代（Leech，1991），自那时以来，计算机能力的巨大提高反映在电子持有语料库的大小同样急剧增长。Leech指出，早期的语料库，例如美国学者最早建立的布朗语料库（Brown Corpus）和英国兰卡斯特大学语料库研究团队主持的兰卡斯特-奥斯陆/卑尔根语（Lancaster-Oslo/Bergen LOB）语料库，都由一百万个词语组成，在20世纪70年代是词数庞大的语料库。随着计算机技术的发展，到2000年可以使用台式计算机处理数百万个词语的语料库，而专业人士则可以使用由数亿个词语组成的语料库。与此同时，用于研究语料库软件的处理速度和灵活性也得到了大幅提升。

除了容量上的差异，语料库还可以按照文本体裁、文本取样方式、文本的更新程度进行划分。就文本体裁而言，语料库分为通用语料库和专门语料库。通用语料库由旨在实现"平衡"的文本构成，通过文本选择的平衡性实现对整体语言规律的概括、归纳。换言之，通用语料库可以看成是典型的语言使用者在各种生活场景中、各种语域中使用的成百上千万词语的集合。这种通用语料库可作为进行语言描述的工具或手段，有助于辞书编纂、语言教学，或作为文学研究的背景资料，如比较特定作者不同作品的语义模式。专用语料库由特定语域或体裁的文本组成，例如商务英语、非本族语者英语或某一作者的作品。研究者使用这种语料库来识别和描述特定语域的典型语言特征，用于专门用途英语教学或文学分析。布朗语料库（Brown Corpus）、美国当代英语语料库（Corpus of Contemporary American English，COCA）是典型的通用语料库。布朗语料库建立于20世纪60年代，当时正值美国转换生成语法的萌芽时期。以Chomsky为代表的转换生成语言学家认为，语言是一整套句子（a set of sentences），句法是独立的，句子可以脱离语境而呈现句法规则，句法研究是语言研究的基础。而语料库语言学强调语境对语言意义的影响。转换生成语法学派对语境的忽视使得语料库语言学没有得到应有的重视，因此布朗语料库对当时美国语言学发展并未发挥重大作用。即便如此，布朗语料库的抽样方法仍然对欧洲一系列语料库的建设发挥了重大借鉴作用。

语料库可以根据文本取样方法分为整体语料库和抽样语料库。比如从每个文本中提取2000个词语作为样本，构成抽样语料库。一些语料库，例如英国国家语料库（British National Corpus，BNC）既包含抽样文本，也包含整体文本。抽样语料库的优点是可以精确匹配每个文本中的词语数量，因此，为保证研究数据的全面性，语料库设计者希望可以采用抽样语料库，确保每种文本类型出现的比例均衡。但是，抽样语料库可能会降低文本的代表性，也就是说样本不能代表特定文本的全部语言特征（Stubbs，1996）。Biber（1993）认为，尽管在由1000个词语组成的样本中，可以发现常见的语言形式均匀分布其中，但是一些不常见的语言特征却分布得不均衡，可能在样本中遗失这部分语言特征。隐喻可能也包括在被遗落的文本中。

语料库根据内容是否可以进行补充和更新分为封闭语料库（共时语料库）和开放语料库（历时语料库）。大多数早期语料库，例如Brown和LOB的规模是经过预先设定的，文本在相对较短的时间内汇编构成完整、封闭的语料库，文本不再补充更换。这种语料库也称为共时语料库。还有开放式语料库，也称为"监控语料库"（monitor corpus）。监控语料库是巨大的、缓慢变化的文本存储库。监控语料库不是静态的，而是随着社会经济发展不断增加补充文本，机读文本的广泛使用使得文本的动态输入成为可能。该语料库也称为历时语料库。从理论上讲，随着时间流逝，过时的文本应该从语料库中清除，但是为了保证语料库的容量，大部分文本都被保留下来了。COBUILD语料库（Collins Birmingham University International Language Database）是典型的监控语料库，可以提供实时在线搜索。COBUILD语料库于20世纪80年代在John Sinclair教授的指导下，由英国伯明翰大学与Harper Collins出版社联手创建。自创建之后，COBUILD语料库成为应用于词典编纂的一个大规模语料库。目前Harper Collins出版社已经根据该语料库出版了多本非常有影响的英语词典。

语料库还可以进行其他分类。如根据语体不同，分为口语语料库、书面语语料库。LLC口语语料库（London-Lund Corpus of Spoken English），包含 500，000 个口语词语。LLC建立于 20 世纪 60 年代初，在伦敦大学 Randolph Quirk 的指导下，收集了 2000 小时的面对面谈话、电话、讨论、即席演讲、专题演讲等口语素材并整理成书面文本，由瑞典隆德大学 J.Svartvik 主持录入计算机系统，最终于 1975 年建成。

按照是否添加标注，把没有添加标注的称为生语语料库，添加标注的称为熟语语料库。添加注释可以凸显出在清洁文本中（clean text）不明显的语言特征。Wellington 语料库（Wellington Corpus）由 500 个没有标注的文本组成，是典型的生语语料库。该语料库是以布朗语料库和兰卡斯特语料库为蓝本收集的书面语语料库。国际英语语料库新西兰分库（ICENZC，International Corpus of English，New Zealand Component）收集了新西兰英语的书面语和口语。该库进行了文本、话语、词性和句法标注。

语料库还可以按照语言种类分为单语语料库、双语或平行语料库、多语语料库。平行语料库是把一种语言的语料库翻译成其他语言的语料库。语料库按照是否为本族语，分为母语语料库和外语学习者语料库。

第二节　语料库中的词语索引查询法

词语索引是最常见的语料库研究方法。可以通过大量的词语在语境中的引用形式发现词语使用规律。数据通常采用语境中的关键词（Key Word in Context format KWIC）表示，其中关键词或"节点"（node）显示在屏幕或页面中央，上下文可以出现在左右任一侧或左右两侧。上下文显示的词语数也可以进行设定，如 50、100 个词语等。以这种形式显示的数据称为索引（concordance）。运用索引软件如 Antcont，Wordsmith Tools 等可以在自建语料库中查询词语的使用实例，然后将所有符合查询条件的语言使用实例及其上下文语境以清单的形式列出。如表 12-1 所示。

表 12-1　关键词 weapon 的索引查询结果

one of the government's main	weapons against anticompetitive behavior. Congres
Rather than wield these often unpleasant	weapons against one another，labor and management
such horrors as nuclear missiles，chemical	weapons，and assault rifles. It has released
is a monopsony buyer of military	weapons and equipment. Major retailers such as
social value of sophisticated new defense	weapons，and how do you compare this
to letting the competitor choose the	weapons and the battlefield，a violation of
terminate a program to build nuclear	weapons，and the U.S. government responded

terminate a program to build nuclear	weapons，and the U.S. government responded
military to accumulate a stockpile of	weapons at lower cost. The Infant-Industry
reveal and destroy germ and other	weapons，compelling the Iraqi government to respec
safe from the other country's	weapons. Figure 4 shows the deadly game. If
armed consumers with an arsenal of	weapons for choosing what they watch or
can determine the organization's competitive	weapons.（Go to www.prenhall.com/rolls）
risk and uncertainty. These are vital	weapons in the arsenal used to fight
already prohibited the sale of such	weapons in the United States by U.
shootings by deranged individuals using such	weapons，including one in President Clinton's
policies against selling handguns and other	weapons. Likewise，national toy retailers KayBee a
against U.S. interests and building	weapons of mass destruction. In late 2003，the
against U.S. interests and building	weapons of mass destruction. In late 2003，the
Union-about whether to build new	weapons or to disarm. Each country prefers
offended by television commercials that show	weapons or violence. Meanwhile，cigarette commerci
in liquor，gambling，tobacco，nuclear power，	weapons，price fixing，fraud，or in companies
decides to reduce purchases of new	weapons systems. Because the quantity of goods
of goods（e.g.，high-tech	weapons）that would endanger national security，"
of 58 types of military-style assault	weapons.（The United States already prohibited the
unable to produce enough steel and	weapons to defend itself. Economists acknowledge
if they are used as offensive	weapons to give management a bargaining advantage.
attackers boarded the ship，firing their	weapons to keep the crew at bay.
to their arsenal of fire-fighting	weapons. 5.Viewing play as frivolous. A playful
of image and coverage，the new	weapons were lower interest rates，longer grace
（proactive）price cuts or other competitive	weapons. With the risk of substantial losses，

在语料库文本中，一些实词有大量的变化形式，比如 do 这一动词就有 do，does，doing，did 共 4 种变化形式。动词 do 就构成了一条词目。在进行语言分析时，我们把 4 种变化形式都归结为 do 的词目，这个过程也叫词目归类或词性还原（lemmatization）。Do 属于类符，其所有变体都属于 do 的形符。

第三节　语料库语言学的研究优势

与直觉语言分析（intuitive language analysis）相比，采用语料库观察语言规律有三大优势。首先，计算机的存储容量远远超过人类的记忆容量。计算机可以存储和搜索大量的文本，还能够迅速、准确地执行大量的重复任务。在大数据时代，大量、丰富的数据是寻找语言规律最可靠、最令人信服的手段。语料库的语料不仅规模巨大，而且取自现实生活，是语言在实际运用中的表现形式。因此更能满足语言交际、用语言行事的需求。其次，语料库语言学家发现人类并不擅长描述自己的语言产出（Sinclair，1991）。为了产出自然地道的语言，我们都必须存储一系列典型的词义、搭配和语法结构，但是由于某些原因，我们有时很难从上下文语境中获取这些知识。

处理自然语言数据的经验可以提高人们对语言的直觉，但是改善效果并不明显。相比之下，语料库研究人员和词典编纂者发现，他们经常通过语料库发现预料之外的词语用法，包括预料之外的频率、词语搭配、习惯用语和词义。以"rock"为例：

（1）rock 的隐喻意思是"干扰"（disturb），几乎总是发生在被动语态或一般过去时。

（2）最常见的习语用法是"rock the boat"，即"扰乱或批评公认的做事方式"（disturb or criticize accepted ways of doing things）。

（3）"rock the boat"几乎总是出现在表达否定意义的短语之后，如：

…too concerned with their career paths and not rocking the boat（太在意职业道路而不敢打破已有的规矩）。"Rock the boat"在一般过去时很少出现，而且常以"-ing"形式出现。

（4）rock 用于描述危险时通常采用复数形式，但更常见的是在用于描述稳定性时使用单数形式。如，The marriage has been on the rocks for a while.（婚姻在一段时间内已经处于危机中）。

如果考虑隐喻的喻底，就容易理解上述 rock 单复数使用的原因。在表示威胁船舶的岩石（rocks that threaten ships）时，危险的源域通常是复数，而表示建造房屋的岩石（the rock on which a house is built）时，稳定的源域往往是单数或整体名词。

使用语料库数据的第三个优点是，说话者不可能穷尽其语言中的所有词语及其词义：在对"rock"的分析中，就会发现人们很少能意识到的用法，即在运动赛事中表示失败，如：Relegated Droughed United rocked Dundalk to claim only their second Premier Division win of the season.（降级的德罗格达联队震惊了邓多克，仅夺得本赛季第二次英超联赛冠军）因此，跟主观的直觉相比，语料库数据可以减少主观因素对语言描写的影响。Sinclair 认为对大型语料库的系统研究会产生使用其他方法无法获取的有关语言使用的信息。

. . . the contrast exposed between the impressions of language detail noted by people，and the evidence compiled objectively from texts is huge and systematic. It leads one to suppose that human intuition about language is highly specific，and not at all a good guide to what actually happens when the same people actually use the language.（1991）

人们意识到的语言细节与从客观编辑的文本中获取的证据之间对比悬殊，呈现系统性的差异。由此可见，人类对语言的直觉是高度特定化的，并不是对实际语言使用的有力参照。

　　但是，语料库研究的结果有时也会被忽略，可能有两个原因。一是，语料库呈现的是真实的语言使用，这些用法经常是人们熟悉的、存储在人们的潜意识中的。在语料库研究中，人们需要确认这些已经熟悉的信息，导致人们认为语料库的研究发现并无新意。事实上，如果没有语料库研究对某种语言搭配或词义现象的关注，这些信息仍然贮存在大脑的潜意识中，未能被提取利用。

　　语料库的研究结果可能会被忽略的第二个原因是，它们对语言观察的结果看起来并不重要。从理论语言学家的角度来看，可以说，语料库观察可能是对词语的使用细节的准确描述，其意义或影响并不大。上述关于"rock"的用法就是典型的例子。理论语言学家不会对语言使用的事实产生质疑，但可能会质疑它的理论意义。对此，语料库语言学家认为，如果语言理论不依靠自然发生的语言数据得以发展，那么它的内部结构可能是一致的，但与实际语言使用脱节，因为它忽略了事实依据。

　　诚然，语料库技术非常适用于对单个词语进行的详细、自下而上的描述，这种详细的描述本身对我们对语言作为系统的理解几乎没有影响。但是，如果把这些详细的描述收集起来就可以发现系统的规律性，可以验证已经由语言理论假设的系统或尚未被认知的系统。为此，语料库语言学家必须精通如何查询语料库以及如何确定要搜索的内容。Meyer（2002）列举了对语法结构的语料库研究实例，从乔姆斯基的语言理论研究了关于省略号的理论观点。实际上，语料库对语言学的研究不仅停留在微观的语言结构层面，还包括宏观的语篇结构层面、话语行为层面和文学作品分析。如 Stenstrom（1990）从篇章层面分析英语口语中的话语标记语（如 well，I see，you know，aha，sort of）的作用。她从 LLC 口语语料库抽取 5 万词次的面对面、即席会话语料，检索话语标记语的出现频率和语境共现情况。按照"exchange（回合）-turn（话轮）-move（话步）-act（话目）"的分析框架，研究话语标记语在口语文本中的功能。再如英国兰开斯特大学的 J.Thomashe A.Wilson 在 20 世纪 90 年代初开始尝试使用语料库手段研究分析癌症病人与医务工作者之间的会话特征。他们收集了 75 次医患之间的对话、415 次护士和社工等人之间的会话，并转写成将近 200 万词的会话语料库。研究结果表明有的医生更注重和病人之间的互动，话语的交互功能较强；有的医生更偏重提供专业信息，发挥技术性表达的说服功能。采用语料库方法对医患对话进行语用分析，花费了几个月时间。相比之下，采用传统的问卷调查法和访谈法却花费了 5 年时间。可见语料库研究法具有检索快捷、证据充分、语言特征鲜明的优势（何安平，2007）。

第四节　语料库的代表性

语料库研究经常受到的质疑是其代表性问题，即语料库能否代表真正使用的语言。语料库应该代表什么样的语言、应该模仿哪些人的语言经历是值得思考的问题。个人因职业、兴趣、家庭和社会生活的不同而具有不同的语言体验。有些人在日常生活中与儿童进行口头互动居多，有些人花数小时与客户通话，而其他人（比如隐喻研究者）可能花大量时间研究书面学术材料。此外，许多语言使用者在其个人和职业生活的不同阶段会遇到不同类型的语言。例如，参加许多研究项目的大学生倾向于使用最新的流行语言语料库，但可能缺乏就业以后使用的正式规范的职场体裁的语言。

说话者所接触的语言地域差异很大。比如英国国家语料库收录的大部分是普通英国人接触到的英语，一部分是美式英语，还有一小部分是澳大利亚英语。但是，该语料库仍然不可能真正反映出当代英国人使用的、广泛的语言变体，特别是在坚持所有文本均由本族语者创作的前提下。

由于个人能看到和听到的文本类型的范围不同、相对比例不同，语料库很难代表、反映所有人的语言使用经历。但这未必是语料库研究的缺陷。相反，平衡语料库（well-balanced corpus）在覆盖范围和文本比例上都优于个人语料库。个人可能只读一份或者几份报纸，但语料库包括一系列畅销的报纸。

对英国国家语料库一种质疑是，与其他大型语料库一样，它包含大量的新闻英语，在某种程度上被认为没有代表性（Summers，1996）。新闻英语比例较大可能是因为，报纸是较易获取的文本来源，且收集电子版的成本较低。因为语料库代表典型语言用户（typical language user's experience）的语言体验，而新闻英语在口头语言输入中占比较高，所以在语料库中比例较大也是正常的。还有一种质疑是语料库不足以代表口头文本。由于许多人不愿记录自己的私人谈话，因此收集口语对话较难，而且转录为文字成本高、耗时间。Knowles认为尽管语料库可能存在不足，但是与人为创造的数据相比，语料库至少收集了自然语境中使用的语言。语料库的代表性问题应该得到充分的重视。但是，语料库语言学家认为，包含各种来源文本的大型语料库比自省数据更可靠、更能代表语言在实际使用中的形态，因此语料库的代表性问题不应该掩盖语料库研究产生的价值。

第五节　基于语料库研究和语料库驱动研究

Tognini-Bonelli区分了语料库的两种研究方法：基于语料库的研究（corpus-based research）和语料库驱动研究（corpus-driven research）（2001）。简言之，基于语料库研究从现有范式切入，使用语料库对已有假设进行验证。比如研究者可以使用词语索引发现那些能够实现预先确定的语法结构的动词。而语料库驱动研究是对语言进行全新的描写，不设定任何假设，语料库是唯一的出发点和研究对象，并从语料库研究中发现全新的规则。比如研究者可以使用软件识别语料库中最常见的单词形式及频率最高的搭配，然后使用词形辨析而不是预先设定的类别对它们进行语义分组。和基于语料库研究方法相比，Tognini-Bonelli 更倾向于语料库驱动研究方法。

语料库语言学早期的一些英语教学是基于语料库的。具体来说，根据已有的语言描写组织教学材料，而后从语料库中提取能够证明现有语言描写的示例。教材编写者可能会在进行任何语料库搜索之前就决定把 make 和 do 及其搭配列入教材，因为这个主题常见于学生的学习材料中，教材编写者从直观上判定这个语言要点很重要。语料库用于供编写者提取 make 和 do 及其词尾变形（如 making，doing，made，done 等）词语索引及相关示例。这种方法的问题是编写者没有发现 make 和 do 的词频，没有采取任何措施来确保所选择的示例是语言用法的典型代表。语料库成为对现有语言描写的补充和验证，并没有发挥研究过程的核心作用。对于相同语言的问题，语料库驱动研究方法会确定诸如 make the bed/do the housework 等表达实际上是否在自然语境中出现，来确认是否把它们包括在早期的教学大纲中。如果是在自然语境中经常出现的，就进一步搜索关于 make 和 do 频率最高的搭配及其语境和语法结构。语料库驱动研究方法不会从现有列表中的语言项目开始，而是会重新审视语言，并根据频率和教学要求决定语言教学大纲的具体项目列表。但是，并非所有基于语料库的研究都是不可取的。上述 Meyer（2002）对省略号的研究借鉴了先存的分类，是基于语料库的。但是 Meyer 全面、完整地研究了每一个类别的示例。特别重要的是，Meyer 对现有的语言观念产生了质疑，而不是仅仅通过语料库验证现有的语言观念。

这里描述的隐喻研究既是基于语料库的又是由语料库驱动的。因为它参照文献中发展的类别并据此进行探索，而不是从全新的理论出发，使用语料库的统计数据确定研究类别，因此这种研究是以语料库为基础的。但是，从某种意义上说，它并不试图完全参照现有分类类别，而是试图重新给数据分类，当研究数据和现有语言观念有冲突时，重新界定语言描写方式，因此这种研究也是由语料库驱动的。

Partington 描述了语料库在研究中的作用及其如何将基于语料库研究和语料库驱动研究结合起来的。

…the corpus represents both a resource against which to test intuitions and a motor which can help to generate them…A researcher has an intuition about language，checks this against the data the corpus provides，and this checking process frequently suggests other avenues of research to be taken，often entirely unsuspected at the start of the process.（1998）语料库既是

验证直觉的工具，又是产生直觉的动力。研究人员先是对语言产生直觉，再使用语料库检索语言数据验证这一直觉，在检索验证的过程中经常会发现其他全新的、研究之初没有预想到的研究路径。

基于语料库研究和语料库驱动研究是语料库研究的两种基本方法。梁茂成（2012）从五个角度比较了两种方法的差异。一是关于语料库学科归属的分歧。基于语料库研究认为语料库是研究方法之一，可以作为其他研究方法的有力补充，不能作为独立的一门学科。而语料库驱动研究认为语料库是研究的唯一出发点，语料库提供的在自然语境中出现的数据是研究的核心，把语料库看成一门独立的学科，能够对语言进行全新描写的学科。二是关于研究目的和方法的分歧。基于语料库研究采取"提出假设-分析数据-验证假设"的规范的实证研究方法。语料库驱动研究不使用其他理论提出的假设，主张从语料库中的词语入手，通过"词项-环境法"（Item-Environment Method），即利用索引技术对词语的使用语境进行搜索，然后采用人工识别、分类的方法得出结论。计算机软件可以完成关键词搜索工作，但是对索引结果进行辨识、分类、归纳需要大量的人工投入。三是对是否添加标注的分歧。基于语料库研究认为，添加标注使得数据提取更加便捷、高效。语料库驱动研究提倡尊重文本（trust the text），反对对文本进行词性和句法标注，坚持使用清洁文本（clean text）。四是在文本取样上的分歧。基于语料库研究因为要验证已有的假设，要保证文本取样的篇幅、结构基本保持一致，因此有时不能采用全部文本。语料库驱动研究坚持保证文本的完整性，认为文本内部通过连贯、衔接等手段构成不可分割的整体。因此取样时保留了全部文本。五是对语料库数据进行统计分析的方法差异。基于语料库研究采取标准的实证研究方法，使用对照组和实验组数据对假设进行检验，因此使用的统计方法是推断性的。语料库驱动研究旨在对语言进行全新的描写，不需要运用比较，主要采用索引技术对词语及左右语境搭配进行人工辨识、归类，得出对词语频率、搭配用法的结论，使用的统计方法是描述性的。

第六节　基于语料库的隐喻研究

一、从语料库中检索隐喻语言

上述对语料库研究方法的描述表明，语料库研究是从语言形式到意义的研究。这个研究方向是不可逆的，因为当前没有其他有效的方式能够从语料库中获取语言描述的一般规则。计算机程序可以快速、准确地组织语言数据，但是识别和描述诸如语法结构、意义和语用等语言特征只能由人工分析完成（Clear，1987）。语料库研究者必须筛选大量的语言数据，发现规律性和结构特征，才能对语言意义和使用进行有效的概括。因此，使用语料库分析像隐喻这样的语义问题必须采取自下而上的方式，其方向不可逆。

使用语料库进行隐喻研究的学者不得不处理大量、丰富的资源，有以下两种方式可用以提高效率。一是，研究者可以建立实现特定概念隐喻的语言隐喻列表。由于计算机无法通过概念隐喻列表来识别其语言实现形式，因此研究者需要列出所有可能的语言隐喻形式，然后使用索引行检验它们是否符合语言使用实际。例如，要调查概念隐喻"Happiness is up"，研究者要从表示向上方向的源域中识别词语，并确定哪些词语常用于谈论目标域"快乐"。可以逐一检索同义词词条项目，但是工作量很大。如果使用了多个同义词词条项目，则研究者可以检验关于源域和目标域中词汇项目的比较完整的列表。有时，已有的隐喻研究结论包括直观生成的隐喻表达列表都可以用作语料库检索的依据。

一旦检索到词语的搭配用法，研究者可以从索引中发现词汇项的使用语境，但仍需人工处理此信息。为了进行隐喻研究，研究者有必要确定哪些引用属于隐喻性用法。目前，计算机程序还不能实现这个功能，研究者需要根据直觉判断哪些引用是隐喻用法，而且是毫无争议的隐喻用法。下一步就要对隐喻用法进行分类，区分新奇隐喻、常规隐喻，以确定研究重点。

第二种使用大型语料库的方法包括从小型语料库入手，使用手工搜索，然后把小型语料库得到的结论扩展到大型语料库（Cameron & Deignan，2003），也可以从大型语料库中进行抽样而后进行人工检索（Charteris-Black，2000）。小型语料库或样本能够实现全部检索，可以从中识别大多数或全部隐喻表达，并在大型语料库中检索这些表达及其搭配，以便得出概括性的结论。另外，小型语料库提供的详细的语境信息还能够增加对词语释义的丰富性。

二、直觉和隐喻语言

Sinclair（1991）认为直觉与语料库提供的语言使用示例是矛盾的，这一结论似乎也适用于隐喻语言研究。例如，通过研究大量词语的索引行可以发现隐喻意义出现的频率。可以得出的第一个观察结果是它们的隐喻意义出现的频率。尽管在心理上非隐喻意义占主导地位，按照时间顺序也是最先出现的，但当代语料库数据显示，某些词语的隐喻意义与非隐喻意义一样被频繁使用，甚至比非隐喻意义的使用频率还高。当然如果从词源学角度看，正如 Lakoff&Turner（1989）提及的 comprehend，该词语来自拉丁语"take hold"，在英语中没有采用词源本义，因此其隐喻意义占主导地位是很自然的。但是，这种情况并不多见，不能解释非隐喻意义的普遍使用。Deignan（1999）收集了 400 条 shreds 索引行的搜索结果。其中，以 shreds of 出现的隐喻搭配有 48 种，而字面搭配有 39 种。shreds of patience 比 shreds of cloth 的出现频率高，可见语料库研究表明 shreds of 的隐喻用法要超过直觉中对隐喻用法的判断。

语言研究者有时会列举一些直观获取的隐喻语言实例，但是这些实例却鲜见于语料库中。例如，Yu（1995）引用了以下关于 "Anger is heat" 的实例。

These are inflammatory remarks.（这些是愤怒的言论）

She was doing a slow burn.（她正在慢慢燃烧）

He was breathing fire.（他正在气头上）

Your insincere apology has added fuel to the fire.（你的道歉不真诚，反而火上浇油）

After the argument，Dave was smoldering for days.（戴夫在争论之后，闷闷不乐了好几天）

Deignan（1998）使用英国国家语料库检索了 Yu（1995）发现的表示愤怒的词语及其变体。研究表明尽管有些隐喻语言出现频率较高，但其他隐喻表达基本没有出现。比如 breath/e/ed/ed/ing fire 在 1000 条 fire 的索引行中仅出现一次。Fuel 及其变体与 fire 的搭配在 10，000 条 fire 的索引行中只出现了三次。但这并不表明 "Anger is fire" 不是重要的概念隐喻。有些词汇化结果是 Yu（1995）没有发现的，比如 ignit/e/s/ing/ed 在美国英语语料库中出现了 332 次，其中 228 条词语项目是隐喻用法。如：

... the chaos in the country that could ignite into another Balkan war.（国家的混乱局面能引发另一场巴尔干战争）

... terrible resentment will be ignited.（可怕的憎恨之情就要被激起了）

ignite 还用于描述除愤怒之外的其他情感，比如：renowned children's authors who know how to communicate with children and ignite their imaginations.（知名儿童作家了解如何和孩子沟通并激发他们的想象力）

培训隐喻直觉对于识别概念隐喻和发现这些隐喻可能的词汇化特征是必不可少的。但是，研究者在思考典型词汇化时依据直觉产生的隐喻表达可能与语料库中最常用的表达方式之间存在差异。鉴于直觉发现和语料库研究在语言隐喻的存在及其频率的差异，因此直觉产生的隐喻表达似乎不能充分预测隐喻表达的更为微妙的特征。因此，语料库数据对诸如字面意义和隐喻意义的存在和频率、词语搭配和句法行为等语言特征的描写上意义重大。

第十三章　隐喻的话语研究

第一节　隐喻、意义与话语发展

第二种研究方法主要关注小型文本分析，这些文本通常来自特定的体裁，比如教育领域或健康领域。这种研究方法关注隐喻在口语中的交际互动性，特别是使用隐喻表达个人意图。

Cameron（2003）对课堂话语中的隐喻进行了详细、广泛的研究。研究使用许多从小学课堂收集的口头和书面数据，并据此分析教师和学生是如何随着话语展开理解、共享隐喻意思。研究表明了正如概念隐喻理论所言，隐喻在向学生介绍新概念的过程中发挥重要作用。

研究数据包括课堂录音，根据研究收集的数据和课堂学生活动，以及多年教学经验，Cameron 详尽地分析了课堂话语中的隐喻用法。使用自然出现的文本话语可以在丰富的话语、社会语境中获取信息，这是创造性文本无法实现的。Cameron 的研究使用了由课堂话语构成的语料库的自然出现的文本，能够了解自然话语中隐喻的用法。通过"有声思维"的研究方法，研究收集了小学生对文本的印象。在研究中，受试者并不是简单地说出个人想法，而是通过小组讨论来评估文本是否适合小学生，通过评价复杂的语言用法来引发受试者对文本中隐喻的看法。

该项研究结果表明不同语言使用者对隐喻的解读方式不同。受到既有知识量的限制，小学生有时不能识别隐喻的喻底，因此不能确定隐喻使用者关于该主题的真实意图。比如，在一次与受试者的交谈中，受试者想理解 "心脏是压力泵"（The heart is a pump）的隐喻意思，他们联想到最熟悉的自行车打气筒，但是自行车打气筒是单向地把空气注入到轮胎内，而不是使气流循环流动。受试者还在压力泵和温度、血液循环和保持直立之间建立了联系，这种联系是存在的，但通常不是象受试者想象的直接因果关系。语言教师通常不会意识到类似的误解，因为在教学中很少能对教学隐喻进行如此深入细致的探究。

该项研究结果还表明隐喻对不同的受试者意义不同。研究发现受试者可能会用常规语言感知新颖的隐喻。比如，一个小学生说："当天气预报员播报 hot spell，他是在使用隐喻。就像外婆的咒语"。实际上 spell 在此指一段时间。这表明，通常被认为是传统隐喻与新颖隐喻之间的明确区分，在实际话语中的区分可能是模糊的，不同语言使用者对特定隐喻的传统性或新异性有不同的看法。

Cameron 的研究还表明，在教育话语中，隐喻在打造主体框架知识方面发挥积极作用。

研究数据显示，教师在课堂组织中使用了隐喻。在任务设定、总结活动、提供反馈等课堂话语中大量使用了隐喻。隐喻在控制学生行为、给予负面反馈方面也很重要，可能因为它是间接的，比直接叙述面临的威胁更少。

Cameron 的研究发现对从事运用隐喻进行教学的教师和研究者来说意义重大。特别是她提出的动态隐喻观，即随着话语不断推进，说话者对隐喻意义的理解是变化的。她的研究引起了隐喻教师和研究者对语境和个体差异对理解隐喻意义重要性的关注。

Cortazzi 和 Jin 发现，正如概念隐喻理论所述，隐喻有助于教师组织对学习的理解情况、有助于发表对学习情况的评价。研究以访谈中获取的数据为基础，调查了教师使用的隐喻。访谈数据是自然发生的数据，因为受试者在访谈过程中重点关注内容而不是语言表达形式，因此所使用的隐喻很大程度上是自然话语中可能会出现的隐喻。研究使用叙事理论探讨了隐喻在话语中出现的位置，发现隐喻通常出现在关于学习上取得突破的讨论，能够帮助教师描述无形的瞬间，比如曾经不理解某个概念的学生在某个瞬间恍然大悟，这个过程被描述为 click（单击）、light dawning（拂晓曙光）、finding a key（找到钥匙）、making a leap（取得突破）。教师对这种突破的反应也可以用隐喻表示，比如 being up in the air（高兴得飞上天）、over the moon（高兴得登上月球）。

Gwyn（1999）的研究发现，慢性病患者使用常规隐喻和新奇隐喻来理解身体体验。隐喻有助于他们描述正在经历的身体病痛。与 Cortazzi 和 Jin 的研究一样，Gwyn 的研究使用叙事理论作为理论依据，即讲故事是发现人类身体体验的有效方式。研究采访了 28 位慢性病病患或陪护者。研究分析并不局限于语言，他认为，患者的身体经历或行为可能代表他们患病时的感觉。比如，癌症治疗过程中产生脱发现象，疾病的这一个方面可能用来指代整个病症。从语言上看，Gwyn 找到了传统隐喻的例子，比如战争隐喻，在对抗疾病的战争中疾病是人类的敌人，而时间就是金钱，患者是在死亡之前购买时间。研究还发现新奇隐喻，比如广岛遭受原子弹爆炸后，一位妇女的生活受到了辐射的影响，她把自己称为"为自己掌舵的船长"（captain of her own ship）。Gwyn 认为，受试者反对将身体和精神分离，隐喻有助于他们对自己的经历建立更全面的看法。研究也支持了 Cortazzi 和 Jin 的研究结论，即最艰难的人类体验是很难用文字叙述的，在这种情况下隐喻作为一种资源，可以用以与他人进行沟通交流。

Liebert（1997）研究发现，隐喻还用于解决科普问题的讨论中，但隐喻通常是在话语进行过程中由对话双方共同构建的。研究展示了交谈一方如何使用隐喻来解释科学概念，而后另一方可能会理解、忽略或改编一方的隐喻意思。研究举例分析了对科学家的现场录音访谈，并追踪了科学家和记者的隐喻使用情况。在一次关于真菌对建筑物破坏作用的采访中，科学家使用定居者隐喻来介绍真菌，即把真菌比成定居者，主持采访的记者接受了这个隐喻意思继续交谈，并且把采摘真菌的工具（锄头、锹）隐喻引入到对话中补充了科学家使用的隐喻。

上述隐喻研究结果表明：

（1）在正式的教学环境中，隐喻可以用作有效教学工具，即通过类比解释新概念或难度较大的概念；

（2）说话者使用隐喻来传递思想、描述难以言喻的情绪经历；

（3）说话者使用常规隐喻或新异隐喻重新建构他们的经验；

（4）听话者有时会以不同的方式来解释隐喻，可能会违背说话者的意图；

（5）说话者有时会使用隐喻来协商难以处理的人际问题，比如指导性谈话或负面反馈；

（6）隐喻的意义是在互动过程中由对话双方共同协商和构建的。

使用语料库方法研究隐喻产生了对隐喻的动态观点。这些研究表明我们如何使用隐喻组织思维过程，有力补充了理论驱动方法和心理语言学方法的研究成果。这种观点与概念隐喻理论并不矛盾，传统的概念隐喻理论使用语言使用者共同的映射网络解释隐喻意思，而动态隐喻观认为隐喻的理解是个动态过程，是随话语展开由双方共同协商发展而来的。因此概念隐喻理论和动态隐喻观是相辅相成的，都是隐喻理解的有力工具。

第二节　隐喻和语域

话语共同体，比如学者、建筑师，或者是律师，他们在自己的工作领域内都有既定说话和做事的惯例，即跟外行人的沟通方式和进入群体的惯例。这些交际活动的类型被称作"体裁"，其中涉及的语言功能变体就和语域有关。社会群体、体裁、语域这三个概念都比较灵活，既可以用广义方式定义也可以用狭义方式界定。

学术英语是在学术领域广泛使用的典型范例。在正式学术文本中，观点是被"raised"，问题是被"investigated"，问题"arise"，以及人们的"intervene"。但是在非正式文本中，观点更倾向于是被"brought up"，问题是被"looked into"，难题"turn up"，人们"step in"或者是"barge in"。隐喻性思维有助于人们区分正式或非正式的语言变体。

话语共同体会形成数量庞大的专业术语，这些术语经常被隐喻化和转喻化。有些隐喻趋于常态化，比如专业人士都知道如何区别"stand"（立场），"view"（观点），"observation"（观察），"a conclusion"（总结）和"reflection"（反思），但是有些词语是从狭义角度定义的，很难区分。比如种族志学者谈论"projecting"（映射），外行人就很难理解其含义。

关于专业术语中的隐喻现象有两点值得注意。第一，当专家在学术界内部使用术语的时候，他们把隐喻词语视为常规用语，也不会标示其非字面意思（Knudsen，2003）。但当专家在专业领域之外使用带隐喻意思的术语时，他们会标示其隐喻意思，进一步解释说明。第二，当学术隐喻刚被创建的时候，在学术界内部也会强调其隐喻意思，在学术界之外更会解释其含义，便于读者理解。

各门学科在创造新隐喻或拓展常见隐喻方面存在多大差异并不确定。但在广泛的经济学、政治、商务等领域，大量丰富的新隐喻或延伸旧隐喻不断出现。隐喻创新体现在创造单个技术术语，比如"dead cat bounce"（死猫式反弹，股市行话），以及拓展常见隐喻概念"the green shoot of recovery"（竹笋式复苏，从"An economy is a plant"的概念隐喻延伸而来）。随着学术观点在国际范围被推广，这些创造性的隐喻也在不断被采纳、反复地使用。

不同社会和文化群体设定的出入群体规则也有所不同。相比之下，青少年、宗教团体对出入规则设定较严格，像计算机用户、摄影师或是嘻哈听众等利益群体对规则要求比较宽松。

语言使用和成员身份关系密切，使用某些词语、或是经常使用词语表明核心成员身份，或者渴望加入的强烈意愿，拒绝使用词语即被视为边缘成员身份或不想加入（LePage and Tabouret Keller，1985）。隐喻语言的学习者需要明确如果使用特定的隐喻语言表达何种观点，如果出现语法或搭配错误还能否表明原来的主张。

不同的学习者想加入、附属的话语共同体也不同。在使用第二语言的时候，学习者可能会构建一系列不同的身份，他们可能要在不同程度上保留个人身份（me）。教师应该培养学习者在语言上、概念上适应某些特定群体，建立合适的二语学习者身份。

（1）使用隐喻思维提高对学术英语语域的敏感性。

Littlemore 研究了英国大学中学术英语研究生如何对其相关话语共同体使用的各种语言产生敏感性的。她先和20名学生一起参加并录下了关于国际发展的讲座。然后把涉及隐喻语言的重点部分抄录下来并据此准备了讲义材料发给学生，接着带领学生分析了这份有关隐喻语言的讲义，报告人也参与到讨论中。这种方法使学生意识到隐喻在讲座中的广泛运用，并让老师和学生共同讨论明显的、隐含的隐喻用法。经过这样关于隐喻的师生互动之后，教师提高了隐喻的使用频率，学生的理解程度也得以不断提高。他们能把陈述性知识逐渐转化为程序性知识，对报告内容的理解不断深入，也就标志着他们开始步入学术话语共同体。这种方法因其语境化特征、以学生为中心特征获得成功。学生能够看到如何在实际中运用隐喻语言，因此可以推测这些隐喻语言的概念性、评价性内容。

（2）使用隐喻思维提高对普通英语语域的敏感性。

Littlemore（2004）研究了学习者对英国通俗小报和知名报纸新闻报道之间差异的敏感性。研究对象由来自10个不同国家的高级英语学习者组成。Littlemore 采用了"自下而上"的方法，以词语为中心，搜寻词语辐射到的概念。先向这些学习者展示和动物有关的隐喻词，"bullish""foxy""catty""cocky"和"ratty"，而后为他们提供动物图片让他们联想相关动物的特征。

接下来探讨通俗小报和知名报纸在语言、社会影响上的差异，采用让学生根据每个术语的索引行推测词义的"自上而下"的方法。如下索引行分别来自通俗小报《The Sun》和知名报纸《The Guardian》，这两份报纸都被收录到 BOE（Bank of English）语料库中。

Stubborn Tauras still looking BULLISH? The characteristics of this star sign…

We admit we're very BULLISH. We will stay the way we are…

（source：《The Sun》）

While market sentiment is not exactly BULLISH，traders are fairly optimistic…

… well it would stand up in a more BULLISH market.

… from recruits. BNFL is most BULLISH about staying nuclear. It is…

（source：《The Guardian》）

学习者以小组为单位讨论这两类新闻报道中 bullish 的不同含义，以此发现 bullish 的使用规律。研究还鼓励学习者进一步地思考导致 bullish 在两类新闻报道用法差异的社会语言原因，意在提高学习者对不同社会语境中习语表达差异化的敏感性。《The Sun》主要依据牛的外貌特征和发怒时难以阻止的特性，用"bullish"来描述人的性格、情绪、外貌。《The Guardian》主要依据牛能量充沛的特点，借用"bullish"来描述强劲的股票市场。这种方法让学习者借助意象、语境来猜测词义。

第三节 隐喻的意识形态作用

概念隐喻理论经常重现的主题是隐喻突出或隐藏源域事物的某些特征引导对目标域事物特征的认知，因此隐喻并不直接反映现实而是对现实进行过滤，因此说话者作出的隐喻选择具有主观意识，隐喻是一种选择，呈现个人的偏见。批评性话语分析框架是分析隐喻意识形态作用的有力工具。批评性话语分析框架旨在明确文本的意识形态作用，研究话语与权力之间的关系。批评性话语分析的主要倡导者费尔克劳（Fairclough）认为，"隐喻构建人类的思维方式、行动方式及人类的知识体系、信仰体系，这种构建是实质性的，无处不在。"

费尔克劳指出（1989）"疾病隐喻"经常被用来谈论社会动荡。社会现状呈现为正常的"健康"状况，打破这种健康状况的行动都是对健康的攻击，因此他否定改变现状的努力。Patthey-Chavez（1996）、Santa Ana（1999）也分别使用批评性话语分析框架分析隐喻的意识形态作用。还有研究者使用批评性话语分析波斯湾战争。关于隐喻的意识形态作用分析包括对性别、种族、政治和政府等问题的研究。

林宝珠（2012）采用语料库研究法在批评性话语分析框架中探讨了隐喻在政治语篇中的意识形态力。研究以两国领导人的政治演讲语篇为分析语料，主要来自中国外交部官方网站和新华网以及美国白宫官方网站。研究采用定性研究和定量研究相结合的方法。使用定性研究分析确定潜在的隐喻关键词，然后使用计算机软件检索他们在上述政治语篇构成的语料库中出现的频率。从这些高频关键词中概括出它们所代表的概念隐喻，并据此分析推导出构成或制约人们信仰和行为的思维模式。隐喻的阐释涉及人际意义，也就是由隐喻构筑起来的社会关系。研究使用批评性话语框架来分析语言、权力和意识形态之间的关系。批评性话语分析文本的语篇特点及其产生的社会文化背景，据此考察语言背后隐藏的说话者的真实意图和意识形态。对政治语篇中的文本分析是通过从语言隐喻中推导出具有生成意义的概念隐喻作为解释语篇连贯性的依据。林宝珠（2012）的研究结果表明，中国、美国政治语篇语料库中相同的概念隐喻包括家庭隐喻、旅途隐喻、建筑隐喻和植物隐喻。不同的是，中国政治语篇还包括圆圈隐喻，而美国政治语篇还包括宗教隐喻。圆圈隐喻用来彰显中国共产党在建设中国特色社会主义中的核心作用，全国人民紧密团结在党中央周围，众志成城、同心同德为建设小康社会而努力。宗教隐喻用以宣传西方民主、自由、人权、法制的思想，劝谏人们沿着资本主义道路前行，突出反恐战争的合理性和正义性。

该研究把认知隐喻观和批评话语研究结合起来揭示了政治语篇中隐喻反映的意识形态特征。研究对隐喻教学提供了有益的启示。教师可以采取自上而下和自下而上两种方式进行隐喻教学。一方面，教师可以引导学生使用语料库识别、判断语言隐喻，通过自下而上的方式理解隐喻意思。另一方面，教师可以激发学生的意象图示，培养通过跨域映射推导隐喻意思的能力。另外，还可以通过对比相同主题在不同文化背景下的文本来分析两种文化在思维上及意识形态上的异同之处。

第四节　基于语料库的隐喻话语分析研究

隐喻研究不仅体现在词汇和句子层面，还体现在连贯的话语即语篇层面。Lakoff 提出的认知隐喻观突破了传统隐喻修辞观的限制，将隐喻从修辞领域过渡到普通语言领域。隐喻是我们认识世界的工具，对形成人类的概念系统发挥着重要作用。作为一种认知工具，隐喻具有特定的意识形态性。隐喻引导人们使用目的域事物的特征来理解源域事物的特征，能够从众多目的域事物的特征中突出、隐藏某些特征，以引导人类对源域事物的认知。对目的域事物特征的筛选过程反映了隐喻的选择带有主观意识。另外，隐喻的跨域映射是基于经验的映射，特定文化背景的人类具有相似的经验，因此隐喻映射模式的建立受到特定文化背景下的主体的意识形态的影响和制约。

从语料库角度研究隐喻在语篇层面的作用主要使用两种方法，一是采用批评性话语分析（Critical Discourse Analysis，CDA），二是使用口头和书面话语分析技术。

隐喻的话语研究不同于隐喻的认知分析研究。这两种研究方法的差异主要体现在研究目的和文本使用上。首先，从目的上看，认知分析研究是为了开发和测试语言和思想之间关系的理论模型。而话语研究则倾向于使用概念隐喻理论作为分析的框架和起点，其目的不是为了检验理论模型，而是说话者如何使用隐喻从意义潜势中创造出符合说话者意图的意义。其次，从文本使用上看，话语研究使用的所有文本几乎都是自然出现的，或者通过对受试者进行长时间的、结构化访谈获取重现的自然话语。在访谈过程中，研究者会引导受试者把注意力集中在内容上，而不是语言形式上。因此，话语研究不要求受试者解释作出语言选择的原因，因为很多受试者并不善于分析性地描述语言选择的原因。而认知研究则重点关注语言形式，引导受试者分析选择语言形式的原因。

隐喻的话语研究使用两种方法。第一种方法是分析特定的口语文本或书面文本。这种方法通常是在采用批评性话语分析框架中进行的，目的是发现特定文本传递的信息和意识形态。第二种方法是分析说话者如何随着话语推进而达成共识。这两种方法都对文本进行详尽的分析，且文本选择范围比较狭小，如特定体裁的小说、某个政治家的演讲或某段时期的新闻报道。

第一种方法的主要研究问题包括该作者使用的重要隐喻是什么，这些隐喻的含义是什么，如何解读这些隐喻，隐喻反映了怎样的意识形态，第二种方法的主要研究问题包括隐喻在建构思想中发挥什么作用，如何解读这些隐喻，隐喻在人际互动中扮演什么角色。

研究方法：

第一种研究方法关注隐喻的意识形态。其研究过程为人工搜索文本中出现的语言隐喻。搜索范围呈现差异性，搜索与特定主题相关的隐喻或搜索所有出现的语言隐喻，而后将检索到的隐喻表达按照词义进行分类，发现产生该项词义的概念隐喻，再进一步分析这些概念隐喻产生的内涵及所反映的意识形态。有时还会计算各种语言隐喻的词频作为特定概念隐喻重要性的依据。

第二种研究方法的研究过程与上述基本相同，但是更关注定性分析而不是定量分析。这种方法充分考虑隐喻在话语中的作用，把所有索引行集中起来构成篇幅较长的文本进行分析。研究者通常根据个人或专业兴趣获取数据，然后人工收集和转录数据。研究者在整个语篇范围内追踪隐喻使用，进而评论说话者是如何发展自己和听话者的隐喻，从而对说话者意图作出明智的判断。研究者还会评估听话者是如何解释特定隐喻的，据此评论隐喻使用是否成功。通过对隐喻进行详尽的分析，研究者能够发现隐喻的产生和理解过程，为隐喻研究提供有力的补充。

第十四章　经济学话语隐喻研究

经济学中的隐喻现象受到了经济学家和应用语言学家的关注。经济学家的研究重点是阐释经济学中的"理论建构型"隐喻，这类隐喻在经济学中具有统领、派生意义（McCloskey，1985，1992；Henderson，1994，2000；Mirowski，1989）。应用语言学家的研究重点则是对经济学文本进行语言分析、话语分析，揭示了经济学文本中的隐喻表达、分布特征和交际功能（Skorczynska & Deignan，2006）。尽管这两种研究方法似乎是相辅相成的，共同阐释隐喻在经济学话语中的作用和功能，但两种研究视角在研究目的、研究方法上仍有很大差异。一方面，经济学家在寻找具有统领意义的理论建构型隐喻时，可能会忽略其他广泛使用但是在建构理论上并没有发挥重要作用的隐喻。另一方面，认知应用语言学家采取"过程研究法"，会选取经济新闻期刊，如《经济学人》《时代周刊》等，这些经济期刊以大众为目标读者，其文本可能使用和经济学家相同或类似的隐喻表达，但是在隐喻使用的话语语境中会有所不同。因此，根据经济新闻报道文本作出的关于隐喻交际功能的概括并不能完全代表经济学中的隐喻功能。

鉴于经济学家和应用语言学家在研究目的和方法上的差异性，Alejo（2010）以几本基础经济学教材组成的语料库为研究对象，分析了容器隐喻（container metaphor）并据此探究经济学语篇中的隐喻在多大程度上来源于日常生活思维而不是经济学学科的专业思维。与此同时，研究指出在研究经济学语篇的隐喻功能时要充分考虑经济学话语特征，即去人格化和假设性。

第一节　经济学隐喻的研究方法

经济学家主要从经济学的理论层面出发，分析能够对经济学学科发挥理论建构作用的隐喻，即根隐喻。他们更关注经济学学科的认识论，许多经济学导入级教材都涉及到本章中跟方法论有关的隐喻问题，以及隐喻在产生知识、生成系统的抽象概念中的重要意义。相比之下，应用语言学家主要关注语言处理方法，研究重点是话语的产生，以及经济文本中隐喻所实现的目的和功能。

一、在理论建构层面

Henderson（1994）经济学中的理论建构隐喻就是隐喻扩展用法，即根隐喻。根隐喻为组织主题讨论，选择用于讨论的术语以及为选择适用于该主题的辅助性的隐喻提供了持续性的基础。"A root metaphor provides a sustained basis for the organization of discussion of a topic，for the selection of terms that are used to discuss the topic and for the selection of any subsidiary metaphor that are likely to be applied to the topic"（Henderson，1994）。这意味着研究理论建构隐喻需要具备日常经验之外的经济学专业知识。在规范的经济学话语中，根隐喻可能与技术术语有差距。规范的经济学话语是对理论的详尽阐释，会使用较长篇幅论述概念的含义和相互联系（Henderson，2000）。

事实上，经济学中最重要的隐喻来自于历史上经济学思想的沉淀和积累，并不是来自特定的约束性的话语实例。Henderson（2000）认为经济学中最重要的隐喻包括机械隐喻（mechanistic）、拍卖隐喻（auction）和生物隐喻（biological）。区别理解这些根隐喻主要从不同的经济学分析方法，而不是从语言角度的方式。在语言方面要比在经济分析的不同方法甚至方法论上少。其中，机械隐喻是这几类隐喻中最重要的，特别是在经济学基础导入课程的教材中（Mirowski，1989）经济学模型是经济学研究的主要工具之一。机器模型是抽象程度较低的模型，由机械模型构成的隐喻成为机器研究方法的基础。Bradford DeLong（1999）认为，在宏观经济学中，最重要的隐喻分为四类：①水力隐喻，主要与循环流通模型有关；②市场隐喻，描述不同的"交换过程"；③均衡隐喻，供求均衡；④使用图示代表方程。

从语言研究的意义上，这些模型并不能被视为隐喻。正如 Henderson（2000）所言，这些隐喻是辅助性的隐喻，是隐喻的扩展使用，为解决相关经济问题提供理论框架。

但是，从这个层面分析的隐喻对从语言角度研究隐喻产生显著的影响。理论模型隐喻的影响在经济学理论层面和语言层面的对接处尤为明显。由理论模型引发了隐喻的术语链。Henderson（1994）指出与循环流通模型有关的"水流隐喻"（watery metaphor），如 liquidity（流动性），floating exchange rates（浮动汇率），flows（流动），circulation（循环），leakages（渗漏），injections（注入），sunk costs（沉没成本），以及和均衡模型有关的术语链 market forces（市场力量），equilibrium（均衡），impact（影响），shocks（冲击），elasticity（弹性），balance（均衡），velocity of money（货币流通速度），expansion（扩张），inflation（通货膨胀）。由此我们可以得出结论，经济学家大多采用自上而下的隐喻研究方法，这种方法以经济学知识或认知为基础，并且主要涉及该领域中新思想的产生和创造的启发式过程。但是，这种方法忽略了其他不属于理论模型隐喻但仍然应用广泛的隐喻现象。

二、在语言加工层面

与"根隐喻"相比，语言加工层面的隐喻抽象程度更低，所属范围也被缩小。这种现象引起语言学家和话语分析者对交际情景、隐喻出现的社会背景和话语背景的关注。Henderson（1982）指出从语言加工层面研究的隐喻发挥"文本修饰"作用，也就是说，把隐喻当作"一种教学工具，用以说明或举例说明"。但是在语言加工层面语言学家最重要的任务就是发现最重要的概念隐喻。表 14-1 总结了经济学中重要的概念隐喻。

表 14-1　经济学中重要的概念隐喻

The economy is a machine.	Boers（2000a）；Resche（2002）；Skorzynska and Deignan（2006）；Boers and Demecheleer（1997）；White（2003）	Fine-tuning, fine-tuning economic growth, macroeconomic tools, economic levers, tighten the screws on the economy, overheating, market mechanisms, the economy is sputtering, exchange rate mechanisms, financial instrument/accelerator, bottle up, brake, engine, flow, fuel, machine, pump, safety valve
The economy is a living organism.	Charteris-Black（2000）；Resche（2002）；Boers and Demecheleer（1997）；Boers（2000b）；López Maestre（2000）；White（2003）	Economic growth, health economy, breakdown, economic disease, economic cure, economic depression, infant industry, economic decay, giant, player, parent company, sister company, raider, white knight, chances of survival, economic viability, chronic budget deficit, economic paralysis, economic symptoms, economic sclerosis, arthritic labour markets, financial hypochondria, acute shortage, anaemic industries, amputations of departments, economic recoveries, growth revives, growth breaks out
Business is war./Trade is war.	Boers and Demecheleer（1997）；Boers（2000a）；López Maestre（2000）；Charteris-Black and Ennis（2001）；Eubanks（1999）	Economic arm-twisting, the fight for the market share, combat fraud, take-over battle, retaliation against US exports, invading new markets, conquering the market, breaking ranks with one's associates, trade war, trading truce, price war, market retreats, UK shares hit by US slump, trade peace, rally, trigger, attack, batter, wipe out, retreat, impact, battle, assault
Business is a journey/a path metaphor.	Boers and Demecheleer（1997）；López Maestre（2000）；Eubanks（1999）	Move toward privatisation, the economy has shifted, turning point, sense of direciton, monetary course, stay the course, economic fast track, ITT's drive at British car components, fast-moving companies,（company）leads the move,（equity）advance, free rider, bump, derail

（Source：R. Alejo，Journal of Pragmatics）

这些概念隐喻大多数是在整个经济论述范围内确定的，是从经济新闻构成的语料库中分析得来的。从理论建构层面研究隐喻和从语言加工层面研究隐喻具有明显对应关系。经济学中最重要的模型，即"根隐喻"是机器隐喻和生物隐喻，这和语言层面的"The economy is a machine"（经济是机器）和"The economy is an organism"（经济是有机体）相互对应。

这种对应关系将指向某种经济语篇的话语方式，它将跨越不同的语域，并且可能是该学科的基本隐喻扩展到其他涉及经济问题的语域和体裁的结果。日常语言会吸纳该学科所产生的隐喻模型。Knudsen（2003）指出，理论建构隐喻和教学隐喻既不对应于不同类型的隐喻，也不对应于在不同语境或体裁中使用的相同隐喻。

值得注意的是，经济学中使用的概念隐喻并不限于"根隐喻"所产生的语言隐喻，语言学家的工作要确定经济学家所使用的隐喻模型。换句话说，自下而上的方法可以表明经济学话语在多大程度上依赖于隐喻模型，而这些隐喻模型并不是源于专门的经济思维，而是源于对日常语言的类比。

经济学家和语言学家采取不同的方法，从不同的视角分析隐喻。我们可以从语言层面通过分析二者所关注的语域的差异来界定他们之间的分歧。识别语域是非常重要的，因为话题即经济问题在不同的语域会使用不同的话语方式进行分析，达到的专业化分析程度也不同。Bondi（1999）认为从广义和狭义的意义上界定话语是十分必要的。因此，我们可以根据所涉及的知识范围或人类活动领域来确定更广泛的话语领域，这里的人类活动领域要与话题相关，即与经济有关的人类活动。如果从更具体的、狭义的角度定义经济话语，我们就需要参考正在进行的经济社会活动，比如把经济交易话语与经济学作为一门学科的话语区分开来。

在此我们主要讨论经济学作为一门学科的话语特征。比如使用条件句，交替使用同一名词的可数性和不可数性（比如 equilibrium），或偶尔使用"软"例子和文学繁荣（Swales，1993；Bondi，1999）。但经济学学科话语更重要的特征是，总体来说，经济学话语特别是经济学教材偏重于使用抽象概念。通过大量使用如下语言特点来表述抽象概念：①经济行为的名词化和去除施事者（Mason，1990；Hewings，1990）；②使用假设性（Bondi，1999）。

经济学话语的这些特征与科学话语特征有很多相似之处，即名词化（nominalization）和被动化（passivation）。经济学话语和科学话语之间的共通处并不仅仅是巧合。这两个学科话语都有共同的修辞目标，即客观化（objectification）和去人格化（depersonalization）（Massoud and Kuipers，2008），这些资源被认为是首选的语言手段。从实证主义的科学观来看，两门学科关注的焦点不在于过程或参与者，而在于研究对象本身。董宏乐（2005）归纳了隐喻在科学语篇中的体现方式，包括具体化(concretization)、放大化(magnification)、缩小化（minimization）、动物化（animalization）、机械化（mechanization）、互利化（mutual-fertilization）和非专业化（de-technicalization）等。如，biological clock（生物钟）

把生命活动的内在规律性这一抽象概念具体化为钟表的规律运动；light year （光年） 因为天体间的距离太大很难用现有的距离单位来表示，于是将之缩小为光在宇宙真空中沿直线行走一年的距离；heart-breaking news（让人伤心的消息）把心痛比成机器中断，还需要 repair（修复）。一方面，这些隐喻的实现方式促成了人们对科学语篇抽象概念的理解和把握，具有概念功能（ideational function）。另一方面，它们为人们理解科学语篇提供了捷径，拉近了科学家和公众的距离，增加了科学家和公众的亲和度，发挥了人际功能（interpersonal function）。由此可见，隐喻使得抽象的科学话语和经济学语篇更容易理解，使专业知识更易于被公众接受。

第二节　经济期刊语料库隐喻研究

Charteris-Black（2000）研究了由《经济学人》杂志构成的语料库，结果表明选择特定隐喻可以促进对某一主题的理解，进一步证实了概念隐喻理论的认知作用。他发现有生命隐喻常用于描述经济体，其源域包括疾病和健康、人类生命周期和家庭。典型的隐喻语言包括 healthy development（健康发展），ailing economy（病态经济），infant industry（幼稚产业）和 parent firm（母公司）。但是，在讨论市场和市场动向时，非生命隐喻使用更多。比如，floating exchange rate（浮动利率），liquidity（流动性）等把市场描述成液体，bounce back（反弹）和 rebound（反弹）等把市场当作球体。Charteris-Black 详细分析了生命隐喻和非生命隐喻的频率，探究两类隐喻的内涵。他认为在经济中使用生命隐喻，可能是因为经济学家希望经济体能够控制自身行为。使用非生命隐喻是把市场当作一种自然力量，超越人类控制的自然力量。Charteris-Black 进行了详尽的定量和定性分析。研究表明，语料库研究方法使用自然发生的数据检验特定体裁文本的语义，并进一步探求语言和思维的互补和冲突模式，对语言学研究具有重大意义。

Boers（1999）也研究了《经济学人》语料库，计算了由健康源域提取的语言隐喻的数量。然后，他比较了这些健康隐喻在每个月份《经济学人》杂志中出现的频率，结果发现健康隐喻在冬季月份中使用频率更高。Boers（1999）认为，对生活在北半球的人来说，冬季是疾病高发期。因此，在冬季月份健康是人们非常关注的话题，也常成为谈论经济话题的源域。Boers 的研究表明，我们会使用对个人生活非常重要的话题作为源域，用于描述目标域的特征，该发现对隐喻理论研究意义重大。

Shen and Balaban（1999）的研究并非严格意义上的语料库研究，因为它没有利用计算机技术检索大量的语言实例。研究者采用随机选择的文本并对它们进行详细的语言分析，特别值得关注的是，该研究旨在验证概念隐喻理论的一种预测。Shen 和 Balaban 认为，概念隐喻理论表明给定文本中隐喻的使用具有系统性特征，也就是说，语言隐喻通常是同一概念隐喻的表达方式，因此不同的语言隐喻之间是连贯一致的。为了验证这一预测，他们分析了报纸文本中的语言隐喻，发现"the use of metaphors in unplanned discourse appears more like free, uncontrolled 'navigation' between a large number of root metaphors than a consistent elaboration of any unifying root metaphors"（在非限定话语中使用隐喻似乎更像自由地、不受约束地在大量根隐喻之间穿行，而不是对统一一根隐喻的详尽阐述）。如下例：

Before landing（politics is a journey）in the Labor party he had flirted（politics is romantic relations）with the Likud party；nevertheless his roots（politics are plants）have always been in the Labor party ideology. 在加入工党之前，他曾与利库德党调情；但是，他的思想根源一直归属于工党思想。该句中政治分别被当成旅行、浪漫关系和植物。

这一发现与 Semino（2001）对语料库的研究结果一致，Semino 从多个角度探讨了欧盟经济的文本语料库（2001，2002）。她发现分散的、临时的隐喻使用而归属于同一系统隐喻的语言隐喻是文本的常态。而概念隐喻理论认为这些独立的隐喻在概念上是无关紧要的。Semino 认为这一观点需要重新考虑（2001）。

第三节　经济学话语中隐喻的跨语言语料库对比研究

Deignan，Gabrys 和 Solska（1997）研究了英语和波兰语中的语言隐喻。他们从英国国家语料库选取索引行，然后按照源域进行分类。他们要求母语为波兰语的高级英语学习者把引文译成波兰语并评论其中隐喻的可译性。研究结果表明，就某些隐喻而言，英语和波兰语具有共同的映射机制，隐喻的语言实现方式也一致。在某些情况下，映射机制相同，但隐喻的语言实现方式不同，而在少数情况下，两种语言的概念隐喻不能相互对应，并且在不增加释义的情况下，隐喻的语言实现方式是无法相互转换的。

Boers and Demecheleer（1997）对比了英语、法语和佛兰德语的语料库文本中隐喻在经济学话语中的使用情况。研究统计了三种语言的语料库中不同源域中隐喻的出现次数。结果表明，总体上三种语言的语料库使用了相同的源域，但出现频率有很大差异。每种语言中的常见源域都跟各国文化有关。例如，在英国经济话语文本语料库中，园艺隐喻（gardening metaphor）使用较多，而法国经济话语文本语料库倾向于使用烹饪隐喻（cookery metaphor）。Boers 和 Demecheleer 的研究结果表明文化对隐喻的影响很大。这一发现补充了 Boers 的上述发现，即说话者会从对个人有重要意义的源域中选择隐喻。

Charteris-Black 还使用英语和马来语语料库研究了文化对隐喻的影响。研究结果强调了隐喻对文化的另一个重要方面即民俗的影响。他发现，英语倾向于使用心脏隐喻指代最重要的感情，而马来语则倾向于使用肝脏，说明每种文化中关于器官作用的传统信念不同（2003）。

上述提到的隐喻的跨语言差异也许对概念隐喻的普遍性提出了挑战。但是，它们并不违背概念隐喻的理论。Lakoff认为隐喻反映了我们的身体经验，因此最核心的隐喻具有普遍性。但他也指出，非核心隐喻可能更具体、明确（1993）。Gibbs认为，即使是"普遍"的隐喻类别也存在文化差异（1999）。

Semino发现不同语言的隐喻表达反映了对待同样主题的态度不同。Semino（2002）分析对比了1999年英国和意大利语报纸的语料库，当时正值欧元引入欧洲货币体系，开始英国没有加入欧元区，许多英国人不支持使用欧元。相比之下，欧元在意大利受到欢迎，意大利人积极地采用欧元，因此新货币受到热烈欢迎。两国对待欧元的不同态度也反映在语料库的数据中。在意大利语料库中，描述欧元的源域是旅行（journey）、体育（sport）、战争（war）和测试（examination），表达了意大利人采用欧元的意愿，比如旅行和体育是意大利人乐此不疲的。但也表达了他们对达到欧元标准的担忧，比如战争和测试是令人担忧的。英国语料库中两个特定语言隐喻描述对欧元的态度，lock和one size fits all。比如：The precise exchange rates at which 11 member currencies are locked against the Euro.（11个成员国的货币币值都根据欧元固定下来）lock指固定不变。One size fits all指参照同一标准的，一刀切的。由此可见，英国强调共同货币缺乏灵活性。Semino精确地计算了这些词语的频数，详细地分析文本，比较它们的用法，研究结果和两国对待欧元的态度是一致的。即意大利人对欧元整体上是积极的但是掺杂着忧虑，而英国人对欧元则持有疑虑。这一研究表明从某种程度上说，隐喻体现了对某个话题的价值判断。

Charteris-Black和Musolff（2003）对比语料库中评论欧元的隐喻。语料库文本选自英国的《金融时报》及其在德国的姊妹刊物。语料库数据比Semino的研究数据晚一些，是从2000年底开始收集的。当时欧元相对于其他货币处于贬值状态。与Semino一样，Charteris-Black和Musolff也找到两种语言中对欧元评论的隐喻表达的共同点，即都使用方向隐喻（up/downward）和健康隐喻（health）。但是两国对欧元态度不同，体现在英语隐喻将其视为积极的参与要素，而德国隐喻则将欧元当作被动地接受银行和政府慷慨行为的无奈之举。该研究结果和Semino从英国新闻语料库中发现的消极的观点不一致。造成这种差异的原因可能是Charteris-Black选择了专业金融报道，主要刊载专业人士的观点，比Semino选取的一般新闻文本所承载的大众观点要少。这两项研究表明，使用大规模语料库比较不同语言、不同文本对同一话题的隐喻描述对于研究不同国家的态度和意识形态具有重要参考价值。

第四节　基于语料库的经济学话语隐喻教学研究

Gibbs（1994）区分了教学隐喻和理论建构隐喻。教学隐喻是指在语言教学中通过类推使用学习者已知事物理解未知概念。隐喻是实现理解目的的一种有效手段。但是，就理论建构隐喻而言，理论本身就是用隐喻形式构建的，比如"混沌理论"（chaos theory），很难用熟悉的事物阐释理论本身。隐喻在此不是实现目的的手段，而是目的本身。Marshall（1925）认识到隐喻在创造经济概念中发挥的概念建构作用，以及在经济学教学中发挥的启发、阐释功能。

Stevick（1982）最初提出在语言的教学中应利用隐喻和类比。Danesi（1994）认为许多学习者只关注字面意思导致表达不自然，为此他主张要培养学习者的"概念流利度"（conceptual fluency），即了解语言是如何通过隐喻推理对概念进行编码的。Stevick 主张建立一个概念性课程提纲（conceptual syllabus），按照所属概念领域对语言要素进行分类。他认为二语学习者的错误来源之一是在从母语到第二语言的概念转移中出现了问题。

在童话故事中，恐惧、禁忌、渴望等情感通过拟人化投射获得了外部世界的现实意义。通过创建将人类情感投射到拟人世界的象征性世界，童话故事给特定的价值体系进行编码，并提供具有特殊社会功能的教学框架，以此提醒儿童注意潜在的危险源。McCloskey（1994）认为，What is your story? 已经成为经济研讨会上的技术用语，可见对降低经济概念抽象性的需求之强烈。社会科学中的很多思考源自于神话，神话也为经济学话语的隐喻模式提供了有力佐证。

而且，隐喻并不是彼此孤立存在的，通过辨识、归纳相关隐喻，我们能够识别出共同的概念。我们还可以发现，隐喻选择的改变是许多社会科学学科理论观点在概念上发生转变的重要标志（Henderson，1982）。隐喻可以用于加强既定的理论规范，也可以用以打破这些规范，建立新的理解方式。

Henderson（1994）认为"使用常规词语解释经济学概念体现了隐喻的生成作用"。对于专门用途英语的教师而言，培养理解半技术性词语（semi-technical）的能力特别重要，因为专门用途英语的词汇体现了特定的概念以及跟主题相关的特定的思维方式。Smith（1995）指出，许多最初的隐喻已经在经济学语言中规约化了，甚至成为比"活隐喻"更好的技术术语，比如 equilibrium（均衡），float（浮动），inflation（通货膨胀），leakage（渗漏），boom（繁荣）。诸如 liquidity（流动性），slump（衰退）等术语的意思已经耳熟能详了，其隐喻的词源学意义已经不再显见了。

第五节　基于语料库的经济学话语概念隐喻研究

我们可以从经济学使用的隐喻体系中发现经济学理论发展的证据。Henderson（1982）指出，生产要素的分类已经发生了转变，传统上生产要素指资本（capital）和劳动力（labor）。资本的概念已被扩展为人力资本（human capital）的概念，因此，人员培训可以被视为一种可获取预期回报的投资形式。资本的类别（capital category）向劳动力的类别（labor category）转移使得我们可以把与资本要素有关的概念应用于劳动要素。

Bichieri（1988）研究了如何用身体部位之间的关系来表达商品的生产、流通和分配之间的关系。当然，把社会概念化为人体的思想历史悠久，早已体现在欧洲思想中。Viner（1937）提出货币流通（circulation of money）源于 William Harvey 对血液循环（blood circulation）的发现。对于经济概念化而言，一个重要的认知模型是"经济是生命体"隐喻（The economy is an organism）。20 世纪 90 年代 Alfred Marshall 指出："经济学推理应该始于类似于物理静力学的方法，逐渐向生物学方法过渡。"他使用成长、改变、衰退等人类生命周期的各个阶段分析经济的发展变化。

Charteris-Black（2000）研究比较了特定词语在经济类期刊和普通期刊的频数，以此说明隐喻识别对专门用途英语教师阐释经济概念的重要性。Charteris-Black 的研究数据来自于 1995—1997 年《经济学人》（The Economist）杂志和普通期刊以及英国国家语料库中的经济报道。研究结果有力地证明"经济是生命体"的概念隐喻。跟生命体有关的词语在《经济学人》杂志及普通杂志每百万词语中出现的频数分别为，economic growth（162.5/2 次），fat（33.8/97 次），diet（15.4/48.1 次），healthy economy（13.7/0 次），ailing（13.7/3.3 次），breakdown（11.4/16.7 次）。有些体现生命周期、状态的词语在经济学英语中出现的频率甚至高于常规用语，可见生命体隐喻在经济学英语中的广泛应用。经济是生命体这一概念隐喻的扩展形式即为经济是病人（The Economy is a Patient），由此产生了跟健康、疾病的周期阶段相关的隐喻，比如 healthy economy，ailing and remedy 在经济学语料库中大量出现。如下例：

This liquidity the government hopes will keep ailing industrial companies afloat.（政府希望增加货币流动性能够帮助处于困境的企业）

Often it is a condition of IMF aid that countries do not prop up ailing economies.（国际货币基金组织提供帮助的条件就是受援国经济没有问题）

还有一些词语比如 fat，diet，bleeding 虽然在普通英语语料库的频率高于经济学语料库，但它们也常用于描述经济体和经济过程。

They forced importers to slash their once fat margins.（他们降低了进口商丰厚的利润）

Too many Japanese companies have lived on an over-rich diet of cheap capital for too long.（过多日本企业长期依赖大量的廉价资本）

在这种情况下，我们可以看到体现特定主题的隐喻含义赋予了在半技术领域中的高频词语。Charteris-Black（2000）的研究表明，经济学领域的健康隐喻由身体健康（physical health）扩展到心理健康（mental health）。比如 breakdown 在普通语料库和经济学语料库都常出现，经济学赋予 breakdown 与经济领域有关的含义，即经济崩溃、倒塌。"经济是病人"的基本概念意味着经济体是被动的，其状况受到主观决策的影响。这种认识使经济学家能够以医生的身份来积极影响经济事件。因此健康经济是典型的规范隐喻，使我们可能会提出"经济学家的治疗方案会不会比疾病还糟糕"这样的疑问（Henderson，1982）。从像《经济学人》这样的杂志上体现的医生-病人概念隐喻中，我们发现经济学家持有的一种重要假设，即他们对经济状况有一定的控制权，就像医生能够拯救病人一样。

经济是有机体的概念隐喻还引发了按照人物关系给经济组织分类。跟人物关系分类有关的词语在《经济学人》杂志及普通杂志每百万词语中出现的频数分别为，giant（77.7/38.4 次），holding company（30.3/0 次），parent company（14.5/1.6 次），stakeholder/s/ing（9.3/0 次），sister company（5.8/0.4 次），white knight（1.5/0.4 次）。

Henderson（1994）指出，拟人化是使我们熟悉抽象力量或抽象过程的常用手段。隐喻的重要特征之一是在构建模型中生成式作用，因此我们用家庭关系，如 parent company（母公司），sister company（姊妹公司）来描述企业之间的关系。传奇人物的特殊角色也用来描述经济组织的角色，如 giant（巨人）或 white knight（白色骑士）（指帮助别的公司以免被吞并的公司）。在经济组织内部，特定成员的角色也根据特定的社会角色来描述，如 company doctors（企业顾问），market players（市场参与者）。关于 stakeholder（利益相关者）的隐喻也越来越常见，stakeholder 构成的复合词使用也越来越广泛，比如 stakeholder pension（存托养老金），stakeholder society（利益共享社会），stakeholder economy（利益共享经济），stakeholder company（股份制公司）等。通过将无生命的名词形式 stake（股份）与有生命的及物动词 hold 的名词化形式结合起来，就在语言上实现了个人和机构角色的结合。隐喻使用有生命的后缀将无生命的过程拟人，由此得出了人员在机构组织中角色的复合词。

如上所述，我们看到了如何通过使用生命体语言描述抽象的概念，从而使经济体和经济组织拟人化。这个概念隐喻过程将抽象的事物、概念变得触手可及，给关于生命存在和生命行为的传统意义赋予抽象的概念。经济学家成为治疗经济体病痛的医生，因此被视为权威和专家。

除使用生命体隐喻之外，经济中还经常使用非生命隐喻来描述市场。Charteris-Black（2000）将对市场的描述归纳为三类，即市场是液体（The market is a liquid）、市场是球体（The market is a liquid）和市场是游乐场（The market is a fun fair slide）。Charteris-Black对比分析了这三类词语在《经济学人》杂志及普通杂志每百万词语中出现的频数分别为，float/floating（30.7/86.9 次），buoyant（10.9/3.1 次），bounce/bouncing（9.4/23.7 次），rebound/rebounding（8.1/0.8 次），slide（17.6/28.4 次），rollercoaster（0.72/2 次）。其中，buoyant 和 rebound 在经济学文本出现的频率还高于常规文本。以市场是液体的概念隐喻为例，液体的重要属性是能够容纳、托浮住固体物质，也就是说当固体密度过大或质量过重时，它们可能会下沉。比如：

…if it chooses to let the currency float（如果让货币浮动）

…keep demand buoyant for a long time（很长一段时间保持需求旺盛）

…It may bounce back as it recovers from the departure of several senior executives.（当企业从前几任经理的离开中恢复元气时，其经营状况也会反弹回来）

Latin America, whose output slumped sharply in 1995 in the wake of the Mexican debacle, is enjoying a strong bounce back.（拉美经济自 1995 年以来受墨西哥经济衰退的影响产出大幅下降，现在正在实现强力反弹）

市场是液体（The market is a liquid）和市场是个球（The market is a ball）的概念隐喻都具有临时性、不稳定性特征。由于市场在本质上是不可预测的，球类隐喻用以描述市场中价格的起伏波动，因为大多数球类运动也受到运气等不确定因素的影响。由此我们发现，半技术性语域的术语是由常规语言的概念化演变而来的。"The market is a Fun Fair"的概念隐喻也强调了市场的波动，如坐过山车、秋千等进行的上下运动（upward and downward movements）。比如：

Old style camera makers needing something to halt a slide in sales.（旧式相机制造商需要采取措施阻止销量的下降）

A case in point is the dollar rollercoaster ride.（典型的例子就是美元的大起大落）

"市场是游乐场"的概念隐喻暗示着市场的基本概念是一种游戏，经济学家在这个人为环境中充当评论员的角色。

使用无生命隐喻使市场波动概念化和使用生命隐喻使经济体和经济组织概念化相比，经济学家承担不同的社会角色，产生不同的社会影响。尽管经济学家熟知经济现象，能够为制定经济政策提供有价值的参考，但是影响经济行为和市场波动的因素是复杂的，因此经济学家很难对整体经济行为运行作出精准的预测。政府和公众会参照但不完全依赖于经济学家对宏观经济的预测。但是就微观经济而言，即作为市场主体的消费者、生产商和投资者而言，他们对经济学家对某个行业甚或某家企业的预测依赖程度较高，会根据个人利益得失评判经济学家的能力和水平。因此，当涉及到复杂多变的市场时，经济学家经常会使用非生命隐喻，表示市场具有随机性、不可控性，也降低人们对其判断准确性的预期。由此可见，生命概念隐喻和非生命概念隐喻的区别体现了经济学家承担的社会责任差异及其产生的社会预期的差异。

为了确定在描述经济和市场时使用的生命隐喻和非生命隐喻之间的关系，Charteris-Black（2000）使用英国国家语料库的经济报道识别相关动词搭配的范围和频率。研究收集了经济+生命动词在每百万词语中出现的频数分别为，grow（7.8 次），recover（3.5 次），need（2.4 次），pick up（2.2 次），continue（1.7 次），slow（1.7 次），move（1.3 次）。而经济+非生命动词在每百万词语中出现的频数分别为，boom（0.9 次），collapse（0.8 次），expand（0.7 次），overheat（0.4 次）。可见在描述经济体和经济组织时，生命隐喻出现的频率明显高于非生命隐喻。

就市场隐喻而言，市场+生命动词在每百万词语中出现的频数分别为，think（1.7 次），grow（0.7 次），expect（0.7 次），suffer（0.5 次），recover（0.4 次），reckon（0.4 次）。而市场+非生命隐喻出现的频数分别为，open（3.9 次），fall（2.3 次），remain（2.1 次），rise（1.2 次），become（1.2 次），crash（0.9 次），collapse（0.8 次），slump（0.7 次），close（0.5 次）。在描述市场波动时，非生命隐喻出现的频率明显高于生命隐喻。

研究进一步发现，与有生命主语搭配的动词通常是及物动词，而与非生命主语搭配的动词通常是不及物动词。该结论印证了上述结论，即对市场进行描述时隐藏、弱化了人为因素，而在对经济体进行描写时，突出了经济受控于人的特点。市场变幻莫测，有些影响因素是超出人为控制范围的抽象因素，因此会使用抽象的不及物动词，而经济则被人格化为可以增长、复苏或回升并具有需求的实体。

在寻找描述资本主义的隐喻喻底时，经济学家将目光投向了自然世界和自然选择。为生存而斗争和适者生存的概念是对 20 世纪 80、90 年代全球资本主义兴起和跨国公司成长的准确、有力的概念化。使用生命隐喻或非生命隐喻来描述这些过程使得经济学家能够改变预测的准确程度和控制的程度。使用生命隐喻暗含控制的潜力，就像古希腊人将神灵概念化为人类以便干预人类行为。掌握隐喻如何将非生命和抽象过程概念化是对基于内容的特殊目的英语教学方法的有益补充。学习半技术语域的英语要求掌握和特定主题相关的词汇，为第二语言学习者提供了理解主题概念领域的途径。在特殊目的英语教学中，解读因隐喻而产生的概念名称，不仅仅是一种风格问题，还包括对这些概念本身及其基本假设的解释。

第十五章　经济学话语中的理论建构隐喻

隐喻在科学领域经历了被质疑到被认可的过程。本章第一部分讨论了隐喻这一有争议的问题，并强调了经济学家为使他们的"软"科学被认可为成熟科学领域所做的努力。第二部分分析了吸引经济学借鉴的主要科学知识，一方面是物理学和力学，另一方面是生物学，这一点在贯穿于经济思想史的主要隐喻脉络中得到了证明。第三部分讨论并举例说明了从宏观角度理解经济学中隐喻表达带来的好处。隐喻不仅为经济学家带来许多启示，还帮助研究特殊目的英语即经济学英语的教师、研究人员及学生深化对经济学英语的理解。

第一节　科学与隐喻

关于隐喻的大量文献要么将其视为混淆真相的语言滥用手段，这种滥用掩盖事实、破坏思想，是一种具有欺骗性的装饰品（Hobbes，1962），要么将其视为"意义的源泉"（Grey，2000），能够不断激发创造性思维。以 Fauconnier 和 Turner 为代表的认知语言学家支持后者，他们认为隐喻能够开拓新的心理空间，是创造性思维的取之不尽的源泉。

科学家对隐喻的立场反映了上述辩论。对于那些认为科学必须用来解释事实、坚持理性科学主义的人来说，应该避免使用隐喻。如亚里士多德就要求隐喻不应该出现在自然科学的话语中。他们认为，隐喻是激发人类想象力的一种工具，可以用于文学创作，但对于需要理性思维的自然科学无益。隐喻可以作为文学领域的修饰手段，但自然科学无须任何修饰，如果科学家运用隐喻表达，甚至可能会失去信誉。然而事实是，隐喻确实激发了创造力，并在理论建构中发挥关键作用。"隐喻激发了许多新思想，并拓展了许多新的主题领域。"（Sutton，1994）科学家们在报告研究结果时可能会避免使用隐喻，但隐喻很可能对科学发现的过程起了作用。隐喻有助于研究者设想解决问题的新方法、找到新研究途径。即使是那些坚持隐喻话语非科学性的人，也承认隐喻对教育大有裨益。科学家在研究过程中使用过隐喻，教师接受过隐喻培训，因此隐喻思维无疑会对其思想产生深远影响，对他们的知识传播方式发挥重要作用。

因此，隐喻为科学提供了新发现的概念来源，使得科学领域不断得以发展、完善。由于科学领域不是孤立存在的，因此科学家可以借用其他领域的思维视角重构本领域的问题，隐喻自然而然地成为各领域之间相互借鉴、相互启发的重要手段。Lakoff 和 Johnson 把隐喻与科学之间的协调性称为"具有想象力的理性主义"（imaginative rationality）。

第二节　经济学与隐喻

经济学中的隐喻尤为有趣，因为作为一门"软科学"（soft science），它必须依附于其他那些更崇高、合理的"硬科学"（hard science）才能取得一席之地并获得尊重。因此，人们可能期望经济学家完全避免使用隐喻。但是，由于经济学家既不能在现实世界中验证他们的假设，也无法通过实验检验假设的合理性，因此，经济学家经常借助模型、方程式和图表来分析经济问题。可以说，经济学思想从根本上具有隐喻性（Mc-Closkey，1992）。实际上，从经济学之父亚当·斯密（Adam Smith）开始，隐喻就充斥在经济学理论中。亚当·斯密使用"看不见的手"（invisible hand）来指代市场的自我调节能力。阿尔弗雷德·马歇尔（Alfred Marshall）使用"剪刀理论"（pair of scissors）说明供给和需求的相互作用，阿瑟·奥肯（Arthur M. Okun）用"漏桶理论"（leaky bucket）指出再分配领域中的政府失灵，政府通过提高高收入人群的税收，将之转移到低收入人群，但是过高的税率反而减少了税收收入，造成了税收漏出。凯恩斯（John Maynard Keynes）利用"选美理论"（beauty pageant）建议在金融领域投资时，要买大家普遍认为能赚钱的金融产品，而不是自己认为能赚钱的产品，这就好像在选美比赛中要选择大家认为而不是自己认为能夺冠的选手一样。

经济学中出现很多隐喻语言。关税是"贸易壁垒"（tariffs are "trade barriers"），货币转移是"现金流"（money transfer are "cashflow"），员工是人力资本（employees are "human capital"），创业公司是"婴儿公司"（starting firms are "infant companies"），股市可能"崩溃"（stockmarkets may "crash"），需求可能是"弹性的"（demands are "elastic"），以此类推。通常情况下，多个比喻表达都与某一个源域有关："the exchange rate mechanism"（汇率机制）和"using the right monetary tools"（使用正确的货币工具）都归属于机械隐喻。"healthy firms"（运行良好的公司）和"sickly company"（运行有问题的公司）都源自健康领域。"a takeover battle"（收购战）和"protectionist measures"（贸易保护措施）都受到战争领域的启发。

在此，我们以经济学中最常见的隐喻"看不见的手"为例，说明隐喻在经济学中发挥的功能。首先，经济学中的隐喻具有启发性。隐喻有助于把市场机制形象化。其次，经济学中的隐喻具有标志性。隐喻将只能通过长句来表达的复杂概念压缩至短语或词语。再次，经济学中的隐喻具有准确性，可以填补经济学术语的空白。最后，经济学中的隐喻具有注释性，可以让学习者熟知概念意思。而且，隐喻有助于构建经济理论，孕育了一系列思想流派并激发了许多经济学家的灵感。

在这些隐喻中，经济学的语言比比皆是，它们值得关注，因为它们反映了经济学为建构经济理论体系而借用的科学领域。"Inflation""growth""the economic cycle""equilibrium""leverage""market mechanisms""financial instruments""the circulation of money""velocity""elasticity""liquidity""capital inflows and outflows"。

在 18 世纪，经济学属于社会科学的"道德哲学"的分支，而非以物理为代表的"自然科学"。亚当·斯密教授逻辑学、修辞学、道德学、伦理学，而且他对很多领域都感兴趣。人们据此推断"看不见的手"从道德学角度可以解释为上帝、安排万物的神，从他对生命世界的好奇可以指代自然规律。在《道德情感理论》（*Theory of Moral Sentiments*）中，"看不见的手"的隐含意思指向它承载的大自然的智慧，可能是自然界创造者的智慧或是人类与生俱来的智慧，抑或仅是自然界的内在秩序。"看不见的手"的另一种常见解释就是能够调节系统的机械力。显然，这两类隐喻都是从"看不见的手"衍生而来的：一方面，静态隐喻是受物理学启发，指为达到平衡相互作用的力；另一方面，动态隐喻支持自然界内在秩序的观点。自那时起，这两类隐喻脉络就一直贯穿于经济学研究，它们时而交错，时而根据科技进步此消彼长。

第三节　机械隐喻

一门学科要获得科学上的合法地位是很难的。因此，对经济学来说，最好的方法就是以广为人知、制度完善的科学为依托，由此及彼地建立人们对经济学理论认知度。19 世纪，物理学在科学领域地位显赫，是衡量其他科学领域的参照学科，因此经济学试图模仿物理学。尽管"看不见的手"所传达的自然经济学定律可能受到 18 世纪形而上学的影响，但在 19 世纪，一批数学家和工程师出身的新古典经济学家如古诺（Cournot）、瓦尔拉斯（Walras）、杰文斯（Jevons）和帕累托（Pareto）等，坚持认为"看不见的手"指代机械定律（mechanical laws）。

Nadeau（2003）提出，新古典学派经济学用经济变量代替了物理变量，据此提出了"优化"（optimization）、"力"（forces）、"杠杆"（leverage）、"平衡"（equilibrium）和"能量"（energy）等概念。经济学用"效用"替代物理学中的"能量"。Jevons 对效用（utility）的解释如下：

Utility only exists when there is on the one side the person wanting and on the other, the thing wanted [...] Just as the gravitating force of a material body depends not alone on the mass of that body, but upon the masses and the relative positions and distances of the surrounding material bodies, so utility is an attraction between a wanting being and what is wanted.

效用仅存在于被需要的物质和有需要的人之间，正如物体的引力不仅取决于物体自身的质量，还取决于周围物体的质量以及两者之间的相对位置和距离，所以效用取决于需要和被需要之间的相对强度。

"经济学的纯理论是在各个方面都类似于物理科学的科学"（Walras，1969）。支持物理学隐喻的经济学家帕累托认为：

…Men have not freed themselves from these daydreams which people have gotten rid of in the physical sciences，but which still burden the social sciences. …Thanks to the use of mathematics，this entire theory，as we develop it in the Appendix，rests on no more than a fact of experience，that is，on the determination of the quantity of goods which constitute combinations between which the individual is indifferent. The theory of economic science thus acquires the rigor of rational mechanics.（1971）

人们摆脱了物理学的白日梦，但还陷在社会学的白日梦中。数学论证使得经济学理论建立在经验事实的基础上，即商品数量由供给和需求相互作用决定，不受主观因素影响。因此，数学的使用让经济学获得了理性机械学的严谨性。（1971）

在古典经济学家亚当·斯密和大卫·李嘉图提出的理论基础上，马歇尔强调了机械类比在经济学的重要性。在马歇尔的著作《经济学原理》中他强调自然不会跳跃式前进，而是会缓慢地进化、发展。隐喻脉络遵循同样的规律：隐喻可能在某个时期胜出其他隐喻，而后逐渐消失，也可能很多隐喻在同一时期发挥作用，这就取决于科学界对新发现的接受程度或对以前隐喻的依赖程度。

上述例子解释了经济学中机械隐喻的来源。许多常见经济术语表面看是隐喻用法，其实是来自建构经济理论的概念隐喻。这些概念隐喻从根本上体现了经济学理论的源泉。主张自由经济的经济学家认为，如果市场这台机器运行良好，就让市场自行运行。主张政府干预的经济学家认为，市场这台机器会出现故障，需要政府密切关注机器运行状况，适时进行维护、检修。经济学家菲利普斯（Phillips）为机械隐喻提供了很好的例证。出身于工程师的菲利普斯设计了一台展示经济中货币循环流动的机器，存放在伦敦科学博物馆。这台机器由油箱（tanks）、管道（pipes）、水闸（pulleys）、皮带轮（pulleys）和阀门（valves）组成，以视觉方式清晰地展示了货币在经济中的循环状况，这台机器被用作伦敦经济学院的教辅工具。它还说明了流体力学对经济学的影响。

第四节 生命隐喻

生物学是经济学的另一个来源领域，由此产生了根隐喻：经济是有机体。如前所述，这个隐喻从开始就一直贯穿于经济学,一些研究人员将其追溯到亚当·斯密。古尔德(Gould)(1993)声称亚当·斯密的经济模型和隐喻思维是达尔文进化论的灵感来源。根据亚当·斯密的理论,如果每个人都追求自身利益最大化,那么整个社会将会实现商品和服务的最优配置。达尔文将该理论运用到生物界,认为有机体都是追求自身繁殖利益的个体。18世纪另一位出身于医学专业的经济学家魁奈(Quesnay)认为,自然法则是支配经济的法则。其著作《经济表》绘制了经济生活中的货币流通流程。"货币流通"(circulation of money)实际上源于人体血液循环(blood circulation),自此之后"资本的流入和流出"(inflows and outflows of capital)、"流动性池"(pools of liquidity)、"流动性枯竭"(the drying up of liquidity)、"波动"(fluctuations)就常用来描述货币市场。

"经济是人类"这一隐喻源于根隐喻"经济是有机体"。正如人类生病后要就诊问医一样,经济如果出现问题,也需要及时医治(cure the ailing economy),需要注入资金(inject liquidity)以恢复正常状态(recover)。人类生活中经常面临的情况都可以用来类比经济现象,如宏观经济学中"增长"(growth)、"经济周期"(economic cycles)、"经济发展"(economic growth)和微观经济学中的"产品的生命周期"(product life cycle)、"从摇篮到摇篮的方法"(the cradle-to-cradle approach)、"市场份额的竞争"(competition for market shares)、"适应"(adaptation)、"变化"(change)和"变异"(mutation)。

企业现代理论似乎也已经从机械隐喻转向生物类比(Penrose 1995):如今,重组(reengineering)已被"瘦身"(slimming)、"裁员"(downsizing)或"规模合理化"(rightsizing)所取代。"精益管理"(lean management)被广为采纳;团队(team)已成为可以成长或收缩(grow or shrink)以适应特定情况的单位(cell)。"公司DNA"(corporate DNA)可以得以仔细检查以诊断缺陷基因(deficient genes);竞争意味着通过创新适应(adapt to)新的环境。有"母公司"(parent company)和"幼稚行业"(infant industries)中在创业初期存在的困难(teething problems)。企业就像人类一样,经历着出生、成长、成熟、衰落乃至死亡的过程。为了能在激烈的竞争中求生存,企业必须保持柔韧、灵活、敏捷(supple, flexible, agile),保持健康的运行状况(keep fit),避免机构臃肿(overweight)。

第五节　机械隐喻和生命隐喻之间的联系

机械隐喻和生命隐喻在对经济学理论的建构作用中,时而遵循平行路径,时而遵循不同路径。两者都在不同时期启发了不同流派的经济学家。因此,不难发现两类根隐喻之间盘根错节,形成了相互交叉的重叠网络。图15-1说明了在应对经济风险时使用的隐喻网络。

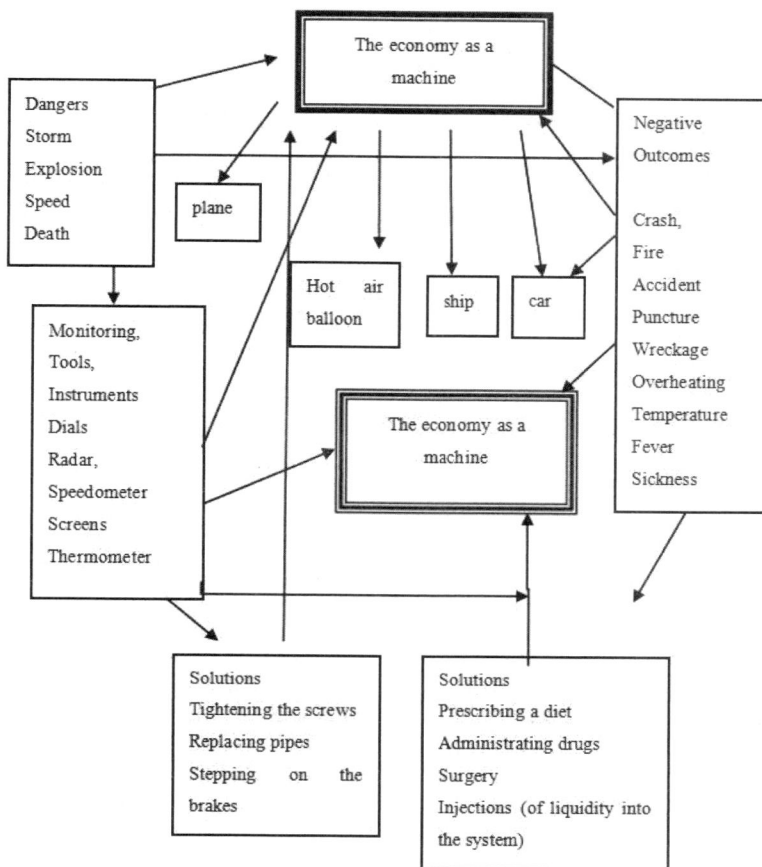

图 15-1 机械隐喻和生命隐喻的关系

在机械隐喻脉络的背景下，经济首先被视为一种交通工具。不同的交通工具做源域，经济过热（an overheating economy）产生的风险和负面结果将有所不同。身陷气流波动的飞行员必须安全着陆，他立即想到"系好安全带"（fastening one's seat belt）以准备"硬着陆"（hard -landing）和"颠簸飞行"（bumpy ride），最好能实现 "软着陆"（soft landing）。如果使用汽车做源域，那么驾驶员将不得不踩刹车（step on the brakes）并谨慎驾驶。如果以轮船做源域，那么被困于海上风暴的船长，就不得不避免航行错误并寻找"避风港"（safe haven）。 经济术语"避险货币"（safe-haven currency）或"锚货币"（anchor currency）则来自于这个隐喻网络分支。许多经济危机被视作风暴，在这个背景下，出现了"水涨船高"（a rising tide lifts all boats），即物价上涨使得所有以货币标志的价格如工资、生产成本、房价等同步上涨。当经济引擎（economic engine）出现问题时，就必须进行"微调"（fine-tuning），机械师不得不竭尽全力使用适当的"经济工具"（economic tools）来"拧紧螺丝"（tighten the screws on the economy）。上述隐喻均来自机械源域。

但是，图 15-1 还表明，如果把过热、高温与体温或发热进行类比，就可以发现不同的的源领域，为隐喻理解开辟新的道路。温度可以被视为两个源域的交叉点，经过该点后两个分支的方向发生变化：作为机器的经济体或作为人、患者的经济体。在机械环境下，通过密切注意表盘和屏幕可以精准监控经济形势，而在生物环境中使用临床温度计可以监控患者的血压。选择不同的源域，目标域中的专家所指也不同，在机械域中专家指代机械师、驾驶员、机长、飞行员、工程师等，在生物域中专家主要指医生。当经济出现问题时，两个源域采取的补救措施也有所不同：简单或轻微的变动（soft ones）可能就足够了，例如踩刹车、拧紧螺丝或规定饮食，但有时需要进行复杂或者彻底的改变（hard ones），比如更换磨损零部件或需要使用外科工具给患者做手术。根隐喻之间相互交错的另一个典型例子是上述提及的菲利普斯机器（Philips machine）：作为一台机器，它受机械根隐喻的启发，作为国民经济中收入流的一种水力模型，它可以源于流体动力学。流体动力学属于液体隐喻，它与人体血液循环有关，是对生物隐喻的延伸。由此可见，菲利普斯设计的这台机器能够同时利用机械隐喻、生物隐喻两个根隐喻说明经济生活的现象。

第六节　理论建构隐喻对经济学英语教学的启示

一、建构理论对教师的启示

对于没有经过经济学培训的语言教师而言，术语有助于引领他们进入经济学领域，因为术语表示科学概念，其定义可以在书中找到。由于这些术语是在概念网络中构建的，因此发现这些网络可以帮助初学者掌握经济学领域中概念之间的逻辑联系。初学者会试着理解这些术语的内涵以及与之密切相关的隐喻网络，实现对术语的全面理解。

具有隐喻意义的术语对新闻工作者也非常重要。他们可能也可能没有接受过经济学方面的培训，并且围绕核心隐喻术语开发了更多的隐喻。实际上，许多用于普及经济学知识的隐喻都是从这些隐喻网络中的术语衍生而来，不是随意选择的。因此，液体隐喻常用于与货币有关的报道。货币危机常被视作海上风暴，与风暴相关的现象如风、乌云、海浪、困在风暴中的船、旋涡等自然都用来描述货币危机。毫无疑问，语言教师会理解表面隐喻的扩展意思，但可能只是将它们当作新闻报道的常见表达。了解这些重复出现的隐喻的深层含义会拓宽语言教师的科学背景和专业知识，帮助他们掌握经济学的推理方式以及构建经济学的理论基础。可以说，从隐喻的字面意思入手，深入挖掘其根隐喻，有助于讲授经济学英语的语言教师和研究者更全面、更宏观地理解经济学。

"金发女郎经济"指经济保持高增长、低通货膨胀的好势头，是潮起潮落、不断波动的经济中最稳定的状态。艾伦·格林斯潘曾使用这一隐喻，表明经济既不是过热也不是过于萧条，而是"恰到好处"的最佳状态，也就是在保持增长的同时避免过热。一方面，要为经济引擎加燃料确保其持续运转；另一方面，要在必要时准备踩刹车，同时要避免导致经济停滞。从这个意义来说，机械隐喻显然是经济学的根源隐喻。

建构理论（theory-constitutive theory）的隐喻或根隐喻在不同时期内交错共存，各个分支之间形成了连续统一体。这也反映了专业话语、半专业化或大众化话语、通用话语之间的连续性。新闻工作者从根隐喻中获取灵感，而后选择日常生活中的要素来扩展隐喻，以期跟读者产生共鸣。关于隐喻网络及其重要性的另一个典型例子是在欧元成立之前欧洲货币联盟的提倡者和批评者们使用的隐喻。

"联盟"（Union）引发了婚姻隐喻，如求爱、婚礼仪式等。对某些人来说，婚姻也可能与宗教仪式相关，双方要郑重宣誓彼此守护一生。实际上，婚姻隐喻也常用于指代"兼并"（mergers），共同货币也可以视为不同货币之间的兼并。另外，"工会"（Union）是工人为保障权力与资方进行谈判的组织，也体现建构劳资双方关系的思想，谈判过程也可以看成是一段旅程，正如"人生就是一段旅程"（Life is a journey）。"联盟"也可以指团体、俱乐部。上述提到的隐喻属于生物隐喻，以人类作为源域。当联盟内部出现分裂（break-up）甚至要瓦解时，在逻辑上就围绕离婚（divorce）、战斗（battles）甚至战争（war）展开。除字面隐喻之外，为生命、生存而战是至关重要的，这是典型的生物学隐喻。湍流是危机时常用的隐喻（White，2004），用陷入风暴的船只（shipwreck）或飞机（crash）来描述货币联盟的风险。因此，与欧元有关的隐喻网络再次证明了生物隐喻（人类）和机械隐喻（车辆、建筑物）之间的交错共存。

二、建构理论对提高学生隐喻意识的重要性

在语言教学中，教师通常引用已知、熟悉的事物或概念来解释未知、陌生的事物或概念（Holton，1984）。因此，教材作者多使用注释性隐喻。但是隐喻的功能远不止注释功能。"在明显的教学例证性图像的之后存在着更深层次的根隐喻，这些隐喻甚至控制着看似非隐喻话语的逻辑。因此经常称为隐喻教学反思的盲点"。因此，如果能从整体上把握隐喻网络，构建不同字面隐喻之间的关系，对课堂语言教学是大有裨益的。例如，以英语为第二外语的学生可能对如下隐喻并不了解：

Most economists describe the short-run effects of monetary injections as follows : Increasing the amount of money in the economy stimulates the overall level of spending and thus the demand for goods and services.

The multiplier effect tends to amplify the effects of fiscal policy on aggregate demand. The crowding-out effect tends to dampen the effects of fiscal policy on aggregate demand.

Perhaps the most important potential leakage from the revenue bucket is the savings component. Some believe that current government programs discourage saving and investment.

Sunk cost is one that cannot be avoided，regardless of the choices you make. Because nothing can be done about sunk costs，you can ignore them when making decisions about various aspects of life.

In physics，the term velocity refers to the speed at which an object travels. In economics，the velocity of money refers to the speed at which the typical dollar bill travels around the economy from wallet to wallet.

语言教师先要让学生意识到上述摘录中使用了隐喻表达，而后利用隐喻的启发式功能，激发关键词的语义联想网络，从而探索隐喻意思。增强学生的隐喻意识有助于提高其专业阅读的水平（Boers，2000）。此外，如果按照隐喻主题或源域开展词汇教学，显然有助于学生识记、理解不熟悉的隐喻表达。掌握了根隐喻构建的词义网络，学生可以熟悉、理解更多与特定领域相关的词语，并运用这些隐喻表达提高语言水平。上述隐喻表达都和液体流动有关，injection 字面意思是用针头向人体注入药液，可以让学生画出意象图示，如果把经济体当成容器，向容器中注入资金，就是增加货币供给量。Leakage 的字面意思是物质从容器中泄漏、漏出，也可以让学生发挥类比联想，从收入中漏出的部分，就是无法产生收入的部分。Sunk 字面意思是沉到容器底部，结合上下文语境，对于 sunk cost 人们无计可施，可见这种损失是无法弥补的，意即沉没成本。由此可见，在进行隐喻教学时，如果能帮助学生建构系统的概念隐喻，激发相关的语义网络，在概念系统内，找到始源域和目标域符合语境意义的共同特征，就可以更容易地阐释词语的隐喻意义。当然，对母语学习者来说，激活给定术语的相关词义网络并不难，甚至是无意识完成的。但是对于外语学习者而言，这个激活作用除了需要身心体验之外，还需要了解目的语文化背景、借助目的语思维方式才能实现。因此，相对于本族语者，激活相关语义网络对外语学习者来说难度更大。但总地来说，提高隐喻网络及其起源的意识有助于学生理解隐喻术语的搭配用法并提高长期记忆力。

Love → Marriage   Battle / War

Fight

Divorce   Big vs.small

Hunting

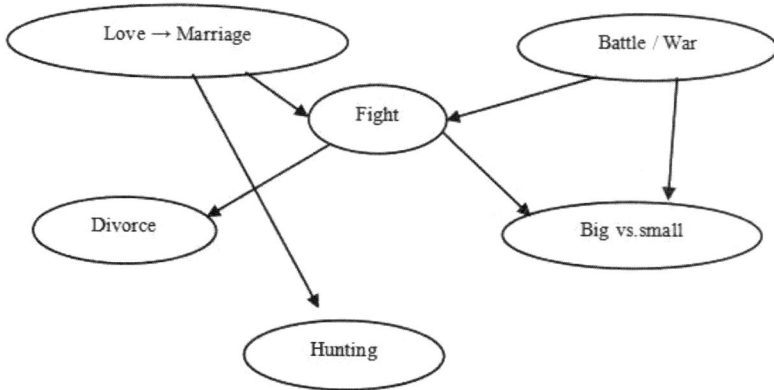

图 15-2　与兼并有关的隐喻网络

图 15-2 表明与"兼并"（mergers）有关的隐喻网络。隐喻网络可以激发大量字面隐喻的出现。如果使学生意识到可以把"兼并"看成爱情故事，或是在尔虞我诈的商战战场，他们会更容易理解"兼并"在不同语境中的含义。可见，一旦学生意识到与术语有关的隐喻网络，就会运用隐喻意思来理解、识记术语的相关搭配，可以起到事半功倍的效果。

其次，提高学生对隐喻网络的意识也是因为语言和文化是不可分离的。根隐喻对经济理论的建构作用以及科学之间的交叉应用可能会引起学生对概念隐喻的兴趣，同时也可以通过语言表达开辟理论研究的新方法。这说明语言是用来承载观点的，语言植根于文化与历史。掌握隐喻网络会让学生摆脱词汇比喻用法的困扰，更全面、宏观地了解经济学体系，了解不同的隐喻分支正是体现了根隐喻的活力。

第三，研究隐喻含义并将其与根隐喻联系起来有助于培养批判性思维。使用隐喻可能会让学生关注选择特定隐喻的原因及隐喻含义。学生对隐喻含义的猜测可能有很多种，选择其中一种含义就意味着放弃其他含义。在不同的语境中，隐喻含义也有所不同。并不是只要出现"杠杆"或"力"就是归属于机械隐喻，因此学生在不同隐喻含义之间进行选择的过程也是取舍的过程，也是进行批判性思维的过程。"隐喻可以看作是一种有用的教学手段，是组织语言的核心原则，作为思考、建构问题的新方式，是发表议论和讲述故事的基础。"（Henderson，1994）

第十六章　商务话语中的容器隐喻

第一节　容器隐喻的特征

根据 Lakoff 和 Jonhnson 提出的 Conceptual Metaphor Theory（CMT）即概念隐喻理论，容器隐喻可以将意象图示或基本感觉运动经验映射到我们推理和构造周围世界的方式，因此容器隐喻属于概念隐喻。它与我们生活中的基本经验息息相关，比如我们的身体可以作为食物和水的容器。容器隐喻已被证明在其他学科中发挥作用。比如，在政治话语中容器隐喻也发挥了重要作用（Chilton，1996；Koller 和 Davidson，2008）。但是，Grady（1998）指出像管道隐喻一样，由于容器隐喻经常与其他隐喻一起被图示化，因此有时可能不会引起人们的关注。作为主要的概念隐喻，容器隐喻在经济学教材中得以广泛使用。

首先，容器隐喻的感知基础和图示特征有助于使其成为通用隐喻模型。容器隐喻能够超越由文化形态决定的模型，能够使得科学话语和经济学话语被公众广泛接受（Koller and Davidson，2008）。实际上，经济学很多模型都能体现"经济是一个容器"，比如 circular flow model（循环流通模型）。容器还有助于映射人类的认知，是实现概念化的有力工具。

其次，容器隐喻的拓扑结构可以使其在保持组成要素关系不变的前提下进行放大和缩小，从而用来简化或详细阐释某些经济模型。这一点在初级的导入性的经济学教材中尤为重要。基础的经济学教材会先提出一些简化的、易于理解的模型，然后再逐渐复杂化，将更多因素融入到模型中，分析更复杂的经济关系或经济影响。例如，先提出简化的收入循环流通模型，然后再将所有部门纳入模型进行国民收入核算。

再次，容器隐喻的空间特性使其易于与其他空间意象图示整合，按照 Source-path-goal（源域-路径-目标域）的方式，其中源域或目标域可以由容器充当。

经济学语篇中的容器隐喻有助于从机械领域理解经济现象。容器隐喻有助于去除施动者的影响，将他们描述为经济交换的接受者。这意味着，在话语层面上，这个隐喻被添加到其他语言资源中，比如抽象概念的拟人化（如将 demand 拟人化），或者增加到大量的被动语态和不及物动词等语法表达中，从而共同移除施动者的影响。（Mason，1990；McCloskey，1985）。也许更重要的是，隐喻通过为被主流经济学中界定为具有核心功能的隐喻提供支持，即减少对"运动中的物质能量守恒"的主观价值判断。运动中的物质不仅能进入或退出经济容器，还能在市场和经济体系的界限内运动，因此它们是作为独立的实体发挥作用。从这个意义看，经济学顺理成章地成为一门自然科学。

第二节 基于自建语料库的商务话语容器隐喻分析

本研究采用由《微观经济学》《宏观经济学》《经济学原理》三本经典经济学教材组成的小型语料库（类符数 11,098；形符数 355,473）的自建语料库，使用语料库检索软件 Antcont3.2，对经济学话语中的容器隐喻进行检索。关键词包括术语和 market。检索结果表明容器隐喻在经济术语和普通经济学用语中应用广泛。

一、市场容器的规约化隐喻

容器隐喻（The market is a container）在商务话语中最明显的应用是在术语层面使用。我们可以借助于容器隐喻的意思准确地理解如下商务术语。

（1）Barriers to entry are factors that make it hard for new firms to enter an industry.（《微观经济学》）（进入壁垒使得新企业很难进入该行业）

（2）Spillover effects occur when firms or people impose costs or benefits on others outside the marketplace.（《微观经济学》）（当企业或个人给市场之外的其他企业或个人带来成本或收益的时候，就产生了溢出效应）

（3）The Circular-flow diagram is a visual model of the economy that shows how dollars flow through markets among households and firms.（《经济学原理》）（循环流通模型是表明货币如何通过市场在企业和个人之间流动的透视图）

（4）At the market clearing price，buyers willingly buy what sellers willingly sell.（《宏观经济学》）（在市场出清价格上，买方愿意买的数量刚好等于卖方愿意卖的数量）

（5）When the Fed buys government bonds in open-market operations，it increases the money supply and expands aggregate demand.（《经济学原理》）（当美联储在公开市场购买政府债券时，就增加了货币供给量，从而扩大了总需求）

在上述例子中，那些明确指出容器隐喻的词（entry，open，flow，clearing）使得经济学术语的定义更加清晰明确。

二、市场容器隐喻特征

容器隐喻不仅出现在商务话语的术语定义中，还广泛使用在如下商务话语中。

marketplace：其语言意义特指某个地方，在基础经济学教材中，marketplace 常用来替代 market。在上述自建语料库中检索的结果表明，marketplace 在经济学话语中使用广泛。

如下例所示。

（1）Is there an invisible hand in the marketplace that ensures that the most deserving people will obtain their just rewards? （《微观经济学》）

（2）There are protection techniques for existing products from product innovation，whereby new or improved products are introduced in the marketplace.（《微观经济学》）

（3）These firms and households interact in the marketplace，where prices and self-interest guide their decisions.（《经济学》）

（4）They prevent the comparative advantages of different countries from determining prices and outputs in the marketplace.（《微观经济学》）

（5）Today most decisions in the United States are made in the marketplace. But the government plays an important role in overseeing the functioning of the market.（《微观经济学》）

（6）Companies also need an abundance of information on competitors，resellers，and other actors and forces in the marketplace.（《微观经济学》）

（7）The companies-whether small or large，new or mature-have helped to build and maintain success in the marketplace.（《经济学》）

（8）Rather，price and quantity are determined by all buyers and sellers as they interact in the marketplace.（《经济学》）

（9）But the skills valued in the marketplace are varied and often difficult to measure.（《微观经济学》）

（10）High incomes can come from large inheritances，good luck，and skills highly prized in the marketplace. Those with low incomes are often pictured as lazy，but the truth is that low incomes.（《微观经济学》）

从上述示例中，我们还会发现在商务话语中，更多地使用介词 in 与 marketplace 搭配，而在普通用途英语中更多使用介词 on 和 at 与 market 搭配。在本文自建的小型语料库中，in the marketplace 出现的频率是 82 次，而 on、at 出现的频数分别是 18 次和 19 次，前者是后者的四倍。在英国国家语料库（BNC）中，前者是后者的两倍。可见经济学话语中对 in the marketplace 的倾向程度，或者说对容器隐喻的偏好程度。

和 market 搭配的动词也以描述容器为主，如 enter，go to，clear，have，contain 等。

（1）Anyone can enter the market for painting services，but not everyone has the same costs.（《经济学》）

（2）A monopoly remains the only seller in its market because other firms can not enter the market and complete with it. (《经济学》)

（3）If price and profits rise，new sellers can easily enter the market. (《微观经济学》)

（4）The ultimate outcome is that fishing magazines will continue to enter the market until all economic profits have been beaten down to zero. (《微观经济学》)

（5）If firms already in the market are profitable，then new firms will have an incentive to enter the market. This entry will expand the number of firms，increase the quantity of the good supplied，and drive down prices and profits. (《经济学》)

（6）When the good is taxed，the side of the market with fewer good alternatives cannot easily leave the market and must，therefore，bear more of the burden of the tax. (《经济学》)

（7）In essence，the elasticity measures the willingness of buyers or sellers to leave the market when conditions become unfavorable. (《经济学》)

（8）At any quantity，the price given by the demand curve shows the willingness to pay of the marginal buyer，the buyer who would leave the market first if the price were any higher.(《经济学》)

三、经济容器的规约化隐喻

在经济学术语层面，有三种类型的隐喻可以表明把经济当作容器。第一种类型与Henderson（2000）所说的"水流隐喻"（watery metaphor）有关；第二种类型是把经济概念化为一个抽象的容器，隐喻的使用方法和管道隐喻（conduit metaphor）相似；第三种类型是把国家视为一个容器。

"水流隐喻"把水当作源域来映射经济领域的关系或活动。"水流隐喻"突出了经济要素的流动性。

（1）Perhaps the most important potential leakage from the revenue bucket is the savings component. (《微观经济学》)（也许对收入来说最可能的漏出因素是储蓄）

（2）Most economists describe the short-run effects of monetary injections as follows：Increasing the amount of money in the economy stimulates the overall level of spending and thus the demand for goods and services. (《微观经济学》)（大多数经济学家认为货币注入的短期效应如下：提高经济中的货币供给能够刺激整体消费，从而增加对商品和服务的需求）

（3）When making the short-run decision whether to shut down for a season, the fixed cost of land is said to be a sunk cost. (《经济学》)（当企业考虑是否因季节原因而暂时关停业

务的时候，土地使用的固定成本已经变成沉没成本了）

（4）Economists say that a cost is a sunk cost when it has already been committed and cannot be recovered.（《经济学》）（经济学家认为当成本已经发生，无法收回时就变成了沉没成本）

还有一个附加术语，虽然没有明确地指代水流的动态特征，但其映射的内容也是流动性的。如果把货币视为经济中的"水流"，那么货币的流通速度就是其"水流"速度。如下例。

（1）In economics, the velocity of money refers to the speed at which the typical dollar bill travels around the economy from wallet to wallet.（《经济学》）（在经济学中，货币的流通速度指美元不同经济实体之间流转的速度）

（2）Because the velocity of money is stable, when the central bank changes the quantity of money（M），it causes proportionate changes in the nominal value of output.（《经济学》）（当流通速度比较稳定时，中央银行改变货币供给量就会引发名义商品价格的同比例变化）

第二种类型的隐喻并没有映射任何特定的容器，但是在措辞上更明显地体现了容器隐喻的空间范围。比如，exogenous variables, endogenous variables, within the economy, open economy 等。

Exogenous variables are those determined by the conditions outside the economy. They are contrasted with induced variables，which are determined by the internal workings of the economic system.（Alejo，2010）（外部变量是由经济系统之外的条件决定的。内部变量与外部变量相反，取决于经济系统的内部机制）

第三种类型的隐喻和前两种类型相比，特征并不明显，但是在普通用途英语中广泛使用，比如 import 和 export，进口和出口就是把国家看成容器，把商品、服务、生产要素的流入和流出视为进入或离开国家这个容器。

四、经济容器隐喻特征

从语言学层面看，经济学话语中也有很多把经济概念化为容器的例子，主要通过介词 in 和 economy 的搭配实现的。比如：

（1）After all，in a market economy, no one is looking out for the economic well-being of society as a whole.（《经济学》）（毕竟，在市场经济中，个人不会关注社会的整体经济福利）

（2）Services are growing even faster in the world economy，making up 37 percent of the value of all international trade.（《经济学》）（服务在世界经济中增长迅速，在全部国际贸易中占比 37%）

（3）And when they talk about growth in the economy，they measure that growth as the percentage change in real GDP from one period to another.（《经济学》）（当谈及经济增长时，人们用不同时期的实际 GDP 的百分比变化来计算增长率）

（4）Because all expenditure in the economy ends up as someone's income，GDP is the same regardless of how we compute it.（《经济学》）（因为经济中的全部支出最终会变成其他社会成员的收入，使用不同的计算方法，即支出法和收入法，计算 GDP 的结果是一样的）

（5）We analyze fluctuations in the economy as a whole with the model of aggregate demand and aggregate supply.（《经济学》）（我们能用总需求和总供给模型来分析经济中的波动）

（6）In fact，workers differ in their tastes and skills，jobs differ in their attributes，and information about job candidates and job vacancies is disseminated slowly among the many firms and households in the economy.（《经济学》）（事实上，劳动力的偏好、技能不同，工作性质也不同，关于职位和劳动力的信息在经济中的企业和个人中散布得较慢）

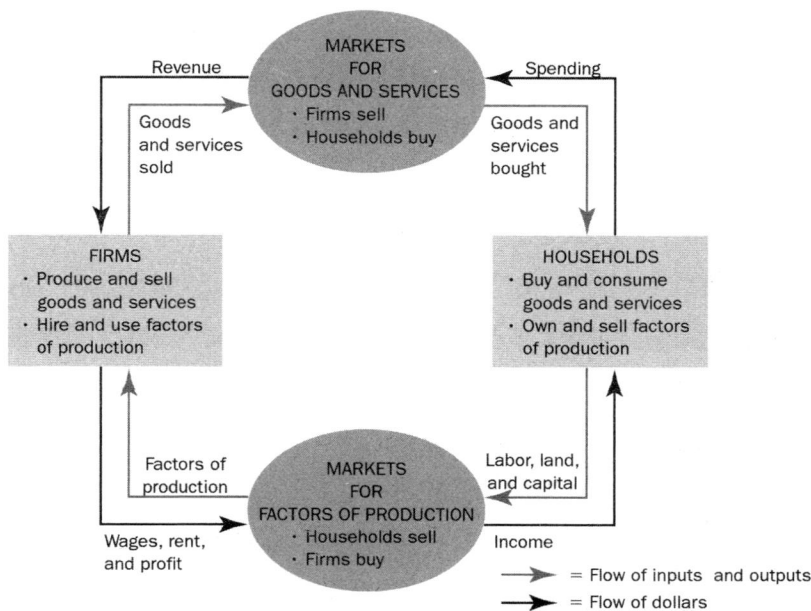

图 16-1　循环流通图

The two loops of the circular-flow diagram are distinct but related. The inner loop represents the flows of inputs and outputs. The households sell the use of their labor, land, and capital to the firms in the markets for the factors of production. The firms then use these factors to produce goods and services, which in turn are sold to households in the markets for goods and services. The outer loop of the diagram represents the corresponding flow of dollars. The households spend money to buy goods and services from the firms. The firms use some of the revenue from these sales to pay for the factors of production, such as the wages of their workers. What's left is the profit of the firm owners, who are themselves members of households. (N.Gregory Mankiw, 2017)

　　上述 circular-flow, inner, outer, flow of inputs and outputs, flow of dollars 都体现了容器隐喻的特征。循环流通图（图 16-1）表明生产者和消费者是如何通过商品、服务市场和生产要素市场相互作用的，揭示了经济系统的组织方式，即生产者和消费者在两个市场分别充当卖方或买方。从图上的箭头可见循环流通模型包括两个方向的流动，实物流（商品、服务和生产要素的流动）和资金流（货币流）。当市场中发生实物交换的时候，即由卖方提供的实物流入市场时，具有购买意愿的买方要付费购买，因此每次实物流动都伴随着货币流动。商品、服务市场和生产要素市场被视为两个容器，市场要素不断地流入、流出这两个容器，这种流动性构成了经济运作的方式。

　　正如上述术语分析所见，在基础经济学教材中最有影响力的模型之一即为循环流通模型，该模型将经济建构为一个容器（container metaphor）。循环流通模型是经济学最基本的模型之一，并且用于解释在宏观经济学中计算国内生产总值的两种不同方法的等效性。通过这个模型可见，消费者的支出会构成生产者的收入，生产者为要素所有者支付的报酬也会构成要素所有者的收入，因此在计算国内生产总值时，经济系统的总支出就等于总收入，支出法和收入法的计算结果是等效的。

　　该模型的起源可以追溯到 18 世纪的重农主义。重农主义学派关注的是解释参与经济的不同群体（农民、工业家和商人）在生产财富中是如何发挥作用的。这个模型的思想来自于重农主义代表人物魁奈，魁奈是一名出色的外科医生，在医学研究上也取得了很大成就。因此，魁奈把经济系统的运作类比成血液循环。

　　但是后来，该模型通过关注循环的机制并消除了对人体血液的引用，因而逐渐失去了作为有机体的内涵。当时物理学作为自然科学的代表，受到了普遍关注。经济学也逐渐将学科定位为接近物理学的学科，因此将重点放在机器领域的循环上。正是这种趋势的力量使得机器用来详细表示模型所隐含的各个方面。来自新西兰的经济学家菲利普斯（Phillips）设计了一种利用水循环展示经济运作复杂性的机器，为了增加效果，菲利普斯使用有色水，能够清晰地发现经济系统中是如何运作的。

因此，循环流通模型的历史能够解释经济思想中两种相互矛盾的隐喻，即有机体隐喻和机器隐喻是如何共存的。无论是有机体隐喻还是机器隐喻，都把经济体视为容器，是商品、服务、生产要素、货币流通的载体。容器的概念对于我们日常使用的语言至关重要（Jonhnson，1987），也成为将经济思想的两个核心传统联系起来的纽带。

正如 Mackintosh et al.（1996）所言，目前的大多数经济系统概念和代表这些系统的模型仍然是以物理学中的"机器概念"和生物学中"有机体概念"的有机结合为基础的。正是容器隐喻以其最具有示意的图解性使得经济学思想顺利地从一种模型过渡到另一种模型，而没有产生重大的问题。

在这种背景下，熟知经济学学科发展历史的教材编撰者通常会在其论述中选择机器隐喻。如以下示例：

（1）First National Bank has to keep some reserves so that currency is available if depositors want to make withdrawals. But if the flow of new deposits is roughly the same as the flow of withdrawals.（《经济学》）

（2）A stock represents the level of a variable. such as the amount of water in a hike or，in this case，the dollar value of a firm. A flow variable represents the change per unit of time，like the flow of water in a river or the flow of revenue and expenses into and out of a firm.（《微观经济学》）

（3）They considered a country fortunate which sold more goods than it bought， because such a "favorable" balance of trade meant that gold would flow into the country to pay for its export surplus.（《经济学》）

由此可见，这些容器隐喻有助于帮助学习者建立把经济视为管道系统或水域系统的观念。容器隐喻通过清晰的意象图示帮助学习者构建了经济系统的运行方式。

第三节　商务话语中容器隐喻的功能

一、修辞功能

传统的隐喻理论从语言层面阐释隐喻的作用，认为隐喻是一种修辞手段。传统隐喻的代表人物亚里士多德认为，"隐喻机制首先具备澄清、美化和添加异域色彩的功效"。隐喻话语违背了词语的字面意思，具有形象、生动、引人遐思的效果。经济学话语的专业性较强，为了增加经济学话语在公众中的可接受性，经济学家和经济学学者以大量日常生活事物作为源域来类比经济学现象或活动，使得表达更易于接受、更生动、更凝练。如上述的容器隐喻将空间方位以内外进行分割，从而引入了 entry（进入）、input（投入）、injection（注入）、inflow（流入）、exit（离开）、output（产出）、leakage（漏出）、outflow（流出）、externality（外部性）、crowding out（挤出）等隐喻表达。

二、认知功能

作为一门科学，经济学在解释经济现象的时候力图减少主观因素的影响，因此大量使用被动语态、不及物动词，在句法上广泛使用名词化词组，强调客观事实，去除施动者的影响。

把市场视为容器或把经济视为容器，都是强调市场内部、经济系统内部的规律性，内部要素之间相互作用共同决定经济规律。人类应该尊重经济系统的内部规律。不论把经济体当作有机体还是机器，经济系统都是一个动态的过程，各要素之间相互作用，当某一要素发生变化时，整个系统都会受到影响。正是经济系统这种动态的、不断变化的特征说明了该系统的复杂性、多变性。

三、社会功能

除了上述概念功能、认知功能，隐喻还具有人际功能。随着某些隐喻成为广泛接受的表达方式，成为所谓的"死隐喻"，即其隐喻意思已经比字面意思更被接受，隐喻已经能够拉近人们在社会交往中的距离，使人际关系更加密切。同时，经济学行业内部人士因为使用约定俗成的隐喻表达，也提高了彼此的默契程度。比如使用 liquidity（流动性）、equilibrium（均衡）、market clearing（市场出清）、money injection（货币注入）等增加了经济学行业内部人士之间的认同度。

第十七章　商务话语中的战争隐喻

第一节　战争隐喻的多领域映射

以 Lakoff 和 Johnson 为代表的认知语言学家认为隐喻在生活中无处不在，隐喻是人类组织概念系统的基础，为认知事物提供了新视角，是人类认知事物的工具，隐喻思想广泛渗透在人们的思想或行动之中。隐喻并不是语言表达中的特例，而是普遍存在于日常语言中。随着人类认知能力的不断提升，对新概念、新事物的出现需要更多的语言描写，而语言不能无限地扩展，于是人们经常借用已知的、具体的事物和经验去描述未知的、抽象的事物。隐喻为人类认知新事物、描述新事物提供了新的视角和工具。

战争伴随着人类社会的发展与进步，王朝更迭、疆域扩大、资源抢占经常通过战争的手段实现。西方军事理论名著《战争论》认为："战争是迫使敌人服从我们意志的一种暴力行为。"可见战争的目的就是征服、占有、让对方服从己方意愿，实现方式是暴力的甚至毁灭性的。既然领土争端、经济摩擦、霸权主义、民族纷争充斥着世界政治、经济舞台，那么战争的对抗性、破坏力在国内外的各个领域彰显，战争隐喻的所指范畴不断扩大。战争隐喻也成为语言描述不可或缺的认知手段和工具。随着时代的发展，战争领域将会用于描述更多新事物和新现象，战争领域的源域映射作用将应用于更广泛的领域。

所谓战争隐喻，即以真实战争的对抗性映射非战争行为或事件的冲突性。战争隐喻作为一种话语现象，以战争领域的术语以及由此产生的意象图示描写各种非战争范畴，体现其对抗性、矛盾性和利益冲突性。战争隐喻扩大了人类认知范畴，广泛应用于政治、经济、医疗、体育、文化等领域。比如，面对突如其来的重大疫情，中华民族团结一致、众志成城，以莫大的勇气和担当坚决与疫情进行殊死搏斗，战争隐喻在与疫情较量的政治和医疗领域构成了最贴切、最有力的描述。如：

（1）谱写一曲慷慨激昂的抗疫战歌。

（2）经受了一场艰苦卓绝的历史大考，付出巨大努力和牺牲，夺取抗疫战争的重大战略成果。

（3）抗疫战场上的坚强战斗堡垒。

（4）高擎抗疫先锋大旗。

（5）一线抗疫英雄谱。

（6）伟大抗疫精神诠释中国力量。

在习主席的讲话中，也出现大量的战争隐喻用以表彰中华儿女在抗疫斗争中的责任与担当。例如，"面对来势汹汹的疫情，中国用 1 个多月的时间初步遏制疫情蔓延势头，用 2 个月左右的时间将本土每日新增病例控制在个位数以内，用 3 个月左右的时间取得武汉保卫战、湖北保卫战的决定性成果。"在这里，来势汹汹、遏制势头、保卫战、决定性成果都源自战争领域的语言描述。

经济领域中也充满着战争领域的语言映射。比如：

（1）面对世界经济动荡和复杂国际社会形势，中国如何化解粮食危机、能源危机，迎接一场"没有硝烟的战争"？

（2）中美贸易战似乎一触即发。

（3）贸易战正式打响，中国这样强势反击。

（4）快递行业竞争激烈，长期价格战或将延续。

（5）打好打赢全面小康三大攻坚战。

（6）作为企业，应该如何在前期就做好规划，从而抢占战场的优胜位置，打好一场狙击战。

（7）杀出一条血路，将民营企业的改革进行到底。

（8）什么是潜在客户？市场、销售如何并肩作战？

在体育比赛的赛事评论中，战争隐喻也非常普遍。体育团队被称为军团，教练是主帅，主力运动员是主攻，运动员的技术优势就是武器，比赛对手都视为敌手，赛场就是战场，双方的运动较量就是一场厮杀，比赛结果乃战斗结果。用战争隐喻的冲突性描述体育赛事的竞技性是最贴切的。如：

（1）中国军团巴黎载誉归来。

（2）中国女排最坚强，杀出血路你死我活。

（3）中国军团惨遭滑铁卢。

（4）中国女排对决巴西女排：比分胶着，迎来最终对决。

在《我们赖以生存的隐喻》一书中，Lakoff 和 Johnson 列举的第一个概念隐喻的例子就是"Argument is war"，不仅如此，"Business is war""Sport is war"。战争隐喻作为最重要的概念隐喻之一，在商务领域也很常见。经济发展、企业发展要制定战略规划（strategy），设定增长速度、销售额、市场份额等量化目标（target）。面对激烈的（fierce）竞争、弱肉强食的丛林法则，每个对手都是敌手（enemy），可以采取进攻（attacking）策略或者防御（defensive）策略，实现打败（beat）、征服（conquer）竞争对手的目的。每一场商业策划活动都可以看成一场战役（campaign），可能会打赢（victory）、获取商业利益，也可能被打败（defeat）、击垮。员工就是士兵（solider），只有提高员工士气才能在商战中处于优势地位。经验丰富的员工就像老兵（veteran），是中坚力量。商战的武器（weapon）就是企业的资金、设备等硬件实力和管理、技术等软实力。

隐喻不仅在文本层面，而且在认知和话语层面都产生影响。那么，支撑话语和认知以及它们所产生的文本的社会经济框架是什么呢？Koller 认为是晚期资本主义，而营销的社会实践是其核心活动之一。这个级别的参与者是营销商和客户，他们之间的关系被隐喻为营销商向客户兜售。"营销"似乎表示"面向客户做事"（something you do to customers）（Searls 和 Weinberger，2000）。此外，"营销是面向消费者的战争"（Marketing is a war against consumers）的隐喻实际上凸显了营销商竞争空间的有限性。营销商要争取或可能失去的领地（territory）是市场，以及消费者的认知空间（cognitive make-up）。正如 Michaelson（1987）所言，"广告领域也存在心理攻击和宣传等军事成分。广告是用来抢占客户头脑份额的武器。"Ries 和 Trout（1986），Desmond（1997）认为，既然消费者的头脑构成了战斗的领域，营销活动就要渗透并占据这个领地。

战争隐喻和运动隐喻是商务报道中最突出的两个概念隐喻，它们在很大程度上已被男性化。原因可能是，西方文化中最流行的体育运动同时也是"最男性化"的运动。在 19 世纪殖民主义鼎盛时期，无论在政治、军事还是商业领域，体育运动已被视为对未来男性帝国领袖的最佳训练方式。体育运动被看成培养男性的体格健壮、心理强大、服从权威、忠诚团结等品质的训练方式。因此，我们发现体育赛事的媒体报道尤其是竞技运动都通过战争隐喻表现（Malszecki，1995）。军事话语和战争报道中使用了大量的运动隐喻（Schott，1996），如爆发于 1991 年的海湾战争（Jansen 和 Sabo，1994；Lakoff，1992，）。运动隐喻已经融入战争隐喻并进一步地在商务领域得到广泛应用（Malszecki，1995）。运动员和商人的共同之处在于他们在运动场上取得了卓越表现就像商人在商业领域获取了卓越成就一样（Sabo 和 Jansen，1998）运动隐喻、战争隐喻在商务话语中的广泛应用确立了商人的霸权男性气质。商人和士兵、运动员在男性气质和能力上显然是紧密相连的。战争隐喻和运动隐喻在公司和媒体话语中越来越常见。媒体话语通过将营销作为一种社会实践来确认其认知基础，从而保持现状。在语料库中战争隐喻和运动隐喻的大量出现也是男性气概凸显的有力证明。Raghavan（1990）认为，战争隐喻使人们对竞争形势有了更深刻的认识，能够提高在制定竞争策略时的创造力。The military metaphor generates augmented understanding of a competitive situation... and thus has the ability to foster creativity in formulating competitive strategies.战争隐喻和运动隐喻都过于强调营销的竞争方面，融入主导商业运行的功利主义、侵略性和零及博弈概念（Jansen 和 Sabo，1994），而忽略了商业领域更具创造力和合作性的方面。

第二节　商务话语战争隐喻研究

Koller（2004）在其著作《商务媒体话语中的隐喻和性别》（*Metaphor and Gender in Business Media Discourse*）中建立了知名经济类期刊"*Fortune*""*The Economist*""*Business Week*"和"*Financial Times*"的商务媒体话语语料库，并据此分析了商务媒体话语中的典型概念隐喻，即战争隐喻、运动隐喻、游戏隐喻，在市场营销、联合兼并两项商业实践中的使用情况。Koller 的研究结果表明，战争隐喻在商务媒体话语中居主导地位，占比较高。运动隐喻次之，但是运动隐喻有时可以用来替换战争隐喻。Koller 进一步探讨了战争隐喻占比较高的原因，即商战和真实的战争的共通之处在于其竞争性、对抗性，是力量和智慧的较量，而这种竞争和角逐正是男性气概的集中反映。因此，Koller 认为商务话语中战争隐喻的凸显体现了男性在商务领域的主导地位和关键作用。运动隐喻在某些情况下能够替代战争隐喻也是由于运动场上凸显了男性体力和技能的较量，尽管也有女性在运动场上展现了竞技角逐，但商战更关注男性对环境、形势的洞察力和对企业战略的决策力。

陈柯妮（2014）以自建的商务英语语料库为基础，研究了战争隐喻在商务话语中的语义投射系统。该语料库以外语教学与研究出版社的《高职高专系列教材》中的近十本教材为基础。研究从五个维度探讨了"Business is war"的概念隐喻，即商业性质-战斗与商业竞争；商务活动-侵略、防御与商务扩张、保护；商业物资-部队、武器与商务机构、人员和手段；商业规划-目标、策略与商务目的、计划；商业结果-胜败与商务成功、损失。陈柯妮（2014）进一步使用韩礼德的系统功能语言学说中的语域理论，对比分析了战争隐喻在商务话语、政治话语中在语场、语式、语旨方面的差异。研究结果表明，战争隐喻在商务语篇中构成了相互联结、完整统一的语义网络，能够全面体现商务性质、活动、经营管理的各项特征。和战争隐喻在商务话语的隐喻使用相比，在政治话语中战争隐喻的密度很高，几乎是商务话语隐喻密度的 3 倍。这种差异可以从语域理论找到根据。首先，二者语场不同。政治话语多涉及民族存亡、国家安危等重大事件，其矛盾冲突更加激烈、不可调和；商务话语除了竞争因素还有合作共赢的可能。其次，二者语式不同。研究以曼德拉政治演讲为语料，政治演讲多以唤醒、鼓励、说服、激发群众的参与热情为目的，需要借助隐喻使语言更通俗易懂、易于接受；而商务英语教材属于书面文本，口语化信息量较少，隐喻使用密度相对较低。

第三节　基于自建语料库的商务话语战争隐喻分析

一、研究问题及研究方法

（1）根据现有研究成果确定战争隐喻关键词，在自建语料库中识别高频战争隐喻关键词。

（2）根据出现的高频关键词，建立战争隐喻在商务话语中的语义映射系统。

本研究采取了自下而上的语料库研究方法，以英文原版的商务英语教材为基础，建立了商务英语语料库。该语料库使用的教材包括由清华大学出版社、机械工业出版社、人民大学出版社出版的《宏观经济学》《微观经济学》《市场营销学》《国际商务》《企业家和小企业管理精要》《国际贸易》《国际商务谈判》《电子商务》《供应链设计与管理》等 15 本教材。这些原版教材是世界范围内众多大学经管学院使用的教材，具有广泛的适用性和权威性。有些教材，比如经济学、市场营销学不断更新改版，成为该领域的经典教材。

本研究根据 Koller（2004）、陈柯妮（2014）确定了战争隐喻关键词。采用削尾法将关键词不同词形归为同一关键词，如 defend，defended，defending，defensive 均归结为 defend。研究工具为 Antcont3.2 软件，检索战争隐喻关键词在自建语料库的出现频次、搭配情况。关键词语境词设置为左、右各 50 词，在确定某一索引行要采纳作为样本后，将扩大语境词设置跨度到 100 词，从而获得完整语境信息。索引行信息如表 17-1 所示。

在获取的 29 条关于 weapon 的索引行中，根据隐喻定义我们识别到 28 条 weapon 的隐喻意义，只有 1 条（nuclear weapon capabilities）不是隐喻意义。在 weapon 的语境词语搭配中，competitive（12）、strategic（3）、intellectual（2）、primary（2）、powerful（2）、marketing（1）。

表 17-1　关键词 Weapon 的索引结果

settled out of court . The primary	weapon an entrepreneur has to protect patents,
with. It is an excellent competitive	weapon and has a special advantage over
, if price is an important competitive	weapon, and if the firm does not
hide behind. The dividing line between	weapon and shield is that between unfavorable
, and price becomes the main competitive	weapon. As this occurs, cost considerations start
, and price becomes the main competitive	weapon. As this occurs, cost considerations start
Pakistan and India（both with nuclear	weapon capabilities）. These political uncertainti
both a hobby and a business	weapon. Competitors, both foreign and domestic, ca
firms stressing service as a competitive	weapon. Financial officers of 50 of America's

marketing strategy is a powerful strategic	weapon for any company that lacks the
that it remains a major intellectual	weapon for those who argue for free
that it remains a major intellectual	weapon for those who argue for free
, countertrade can become a strategic marketing	weapon. However, the drawbacks of countertrade ag
direction, diversity can be a powerful	weapon in achieving innovation and maintaining a
to use speed as a competitive	weapon; maintaining a high level of quality
. While direct mail is their primary	weapon, many direct-response agencies are expandin
commitment not 10 use devaluation as a	weapon of competitive trade policy. However, if
not to use devaluation as a	weapon of competitive trade policy, However, if
'rvice can be a powerful strategic	weapon. Providing incomparable service-not necessa
can be an incredibly powerful strategic	weapon. Small discount retailers that live in
called target costing, a potent strategic	weapon. Target costing reverses the usual process
, procurement is used as a competitive	weapon that distinguishes successful, highly profi
usc trade credit as a competitive	weapon, the small business owner must make
and price is the main competitive	weapon. This tends to be the case
is less important as a competitive	weapon. Thus, a firm may charge a
K s can be both a	weapon to avoid and a shield to
have at their disposal a powerful	weapon to cope with a hostile, ever-
use of price as a competitive	weapon to drive weaker competitors out of
speed has become a major competitive	weapon. Today's customers expect businesses to

本研究以战争隐喻关键词为类符（type），以关键词不同词形数量为类符数，以关键词及其不同词形作为形符（token），将其数量作为形符数。在获取检索结果后通过人工识别筛选出含有隐喻意义的索引行，然后进行分类统计、计算相关数据。相关数据包括隐喻密度，即语料库中每千字包含的隐喻数量，以及隐喻变体率，即类符数与形符数之比，体现隐喻多样性的指标。

二、研究结果

根据 Koller（2004）、陈柯妮（2014）的理论，本研究确定了 35 个战争隐喻关键词，形符数为 75 个。通过使用 Antcont3.2 在自建商务英语语料库中检索，检索结果为含有隐喻关键词的形符数共有 7 078 个。语料库容量为 215 万词，隐喻密度达到每千词 3.29，隐喻变体率为 0.011。战争隐喻关键词类符数和形符数汇总结果如下：

表 17-2　商务英语语篇战争隐喻汇总

type	tokens	type	tokens
strategy（strategies）	3953	defeat（defeating，defeated）	24
target（targets）	1105	fierce	16
campaign	492	kill（killing，killer，killed）	16
launch（launched，launching）	454	veteran（veterans）	15
tactics	162	arms（armed）	11
aggressive（aggressively，aggression）	141	enemy	10
front（front-line）	136	victory（victories）	9
struggle（struggles，struggled，struggling）	77	surrender（surrendered）	9
attack（attacking，attacks）	75	assault（assaulted）	7
battle（battlefield）	53		
fight（fighting，fought，fighter）	43	backfire	7
conquer（conquest，conquered，conquering）	36	blood（bleed，bloody）	6
beat（beating）	35	blitz	5
defend（defending，defended，defensive）	52	casualty（casualties）	5
weapon（weapons）	29	brutal	4
combat	28	rifle	4
war（warfare）	28	troop（troops）	3
shoot（shot）	25	shortgun	3

（来源：基于语料库的商务英语语篇战争隐喻现象研究，邢新影，2018）

如表 17-2 所示，隐喻形符数超过 100 的关键词包括 strategy，target，campaign，launch，tactics，aggressive，front 共 7 个词语。其中 strategy 和 target 的出现词频达到 5000 次，占全部隐喻形符数的一半以上。可见商务活动是具有较强计划性、目标性的活动，在推进商务活动之前要进行战略规划，比如经济学中根据消费者对产品的需求弹性制定价格策略，管理学中根据目标进行管理（Management by objectives），市场营销学中在制定营销组合之前要进行战略规划、确定企业的营销任务、制定长短期营销目标、对营销环境进行扫描分析。由此可见，商务活动是有目的、有规划、有步骤地逐次推进，由目标制定、活动实施、目标监控与改进构成的完整过程。战略规划体现的目标性和作战之前进行战略部署的意义一样重大。因此本研究结果显示战争的规划性在商务领域中反映最明显，而展示战争残酷性的关键词（fight，battle，beat，assault）的词频数量并不大。其原因可能是本研究依据的语料库主要是商务英语教材，理论论证较为详尽，对制定战略的流程和方法讲述较多，涉及商业实践和企业竞争的篇幅不大。

与 Koller 研究相比，其研究采用知名商业期刊作为研究对象，文章多为国家、行业、企业在真实商业环境中如何谋求生存，商业环境的复杂性、竞争的激烈性尤为突出。因此

Koller 的研究更突出战争隐喻在商务话语中的对抗性。本研究与 Koller 研究结果的差异主要源于研究对象的差异。

第四节　战争隐喻在商务话语中的语义投射系统

尽管和 strategy，target 相比，表示对抗性的战争隐喻关键词获取的索引行较少，但是索引行的绝对数量并不少。在自建语料库中仍然有大量实例证实战争隐喻在商务领域的广泛应用。将这些实例进行分类归纳，能够建立如下来自战争源域的商务英语语义系统。

一、商业规划即为战略规划

战略规划是指为达到军事目标而采用的各种手段和方法，包括用什么进行战争、怎样进行交战的问题。战争手段涉及政治、经济、军事、外交、科技等各种手段的综合利用。全球化进程不断加快，企业面临着激烈的国内外竞争，要在竞争中立于不败之地，就需要增强商业行为的整体规划性、系统性和可行性。除了在企业层面进行战略规划外，还要在部门、品牌层面实施规划，比如部门规划、产品线规划、品牌拓展规划、新产品开发规划、广告战略、价格战略、物流战略等。与策略和规划有关的战争隐喻关键词有 strategy，target，campaign，tactics 等。在语料库检索到的索引行如下例所示：

（1）Learning one possible strategy for a business, then, is to identify a growth market and develop a strategy focusing on high growth to ensure a long-term dominant position at the expense of short-term profit.（《战略管理》）

（2）Advertising program will have its own set of objectives, usually involving the communication of some message or appeal to a target audience.（《广告与促销》）

（3）BMW's "The Ultimate Driving Machine" campaign is a good example of a strategy designed to create a belief and reinforce it through advertising.（《广告与促销》）

（4）Advertisers know consumers use selective perception to filter out irrelevant or unwanted advertising messages, so they employ various creative tactics to get their messages noticed.（《广告与促销》）

二、商业目标即为战争目标

战争目标是按照战略部署在战斗全局上要达到的最终结果，按性质可以分为进攻性（attacking）目标、防御性（defensive）目标，可能整体征服（conquer）、打败（defeat）

对方，也可能是将敌方冲散、分而治之（divide-and-conquer）。每一次战斗都要服从整体战略目标。同样在商业活动中，企业为在激烈的竞争中求生存谋发展也要制定主动出击的进攻性目标、或者稳扎稳打的防御性目标。企业的行为都要围绕商业目标展开。目标可以是定量的，比如提高销售额、扩大市场份额、提高增长率，也可以是定性的，比如建立客户关系、树立品牌形象等。与目标有关的战争隐喻关键词有 attack，defend，beat，defeat，launch，assault，conquer，kill 和 surrender 等。如下例：

（1）Marketers need to constantly update their marketing programs to make buyers more resistant to competitor attacks.（《市场营销原理》）

（2）Surprisingly, most businesses do not examine their brand portfolios from time to time to check if they might be selling too many brands, identify weak ones, and kill unprofitable ones.（《市场营销原理》）

（3）Our senses are being constantly assaulted by marketing and advertising.（《市场营销原理》）

（4）people formulate about specific products and services, because these beliefs make up product and brand images that affect buying behavior. If some of the beliefs are wrong and prevent purchase, the marketer will want to launch a campaign to correct them.（《市场营销原理》）

（5）Socializing with counterparts needs to be kept to a minimum, as this presents their greatest opportunity for a divide-and-conquer maneuver.（《国际谈判》）

（6）Rather than simply watching competitors and trying to beat them on current ways of doing business, they need to watch customers and find innovative ways to build profitable customer relationships by delivering more value than competitors do.（《市场营销原理》）

（7）Eventually, some stability returns to the market, but success goes to the business that responds to the new environment and develops the required competitive advantage, enhancing its position while defeating competitors.（《战略管理》）

（8）The difficulty with global optimization is that it requires the firm to surrender decision-making power to an unbiased decision maker.（《供应链设计与管理》）

三、商业对抗即为战争对抗

战争是杀戮性的、对抗性的，是鱼死网破、生死存亡的斗争。同样在商业竞争中，企业之间也存在强烈的利益冲突，企业要先在市场中站稳脚跟，而后不断开发新产品或开拓新市场提高市场占有率，通过不断地兼并其他企业或与其他企业联合壮大企业规模，增强实力。在没有硝烟的商战中，企业同样面临着弱肉强食的残酷竞争，难逃优胜劣汰的丛林法则，只有不断提升竞争力才能求得生存与发展。和对抗性相关的战争隐喻关键词有 war，battle，fight，struggle，combat，blitz，enemy，front，blood，casualty，brutal，fierce，victory 和 aggressive 等。如下例：

（1）As a result，Coyote ends up bearing more than 80 percent of the losses，putting Roadrunner in a good position to survive the price war.（《经济学原理》）

（2）Firms in a country also can make strategic use of antidumping measures to limit aggressive competition from low-cost foreign producers.（《国际商务》）

（3）The tale of oil and OPEC in the 1970s and 1980s is one of two dramatic cartel victories and a subsequent retreat. The oil shocks of 1973-1974 and 1979-1980 were not the result of a failure of supply or exhaustion of earth's available resources.（《国际贸易》）

（4）Franchisers are well aware of this，and，in an attempt to reduce the number of franchise casualties，they offer managerial training programs to franchisees prior to opening a new outlet.（《企业家才能和小企业管理精要》）

（5）Three years after embarking on a blitz to bring "everyday low prices" to the emerging markets of Brazil and Argentina，Wal-Mart is finding the going tougher than expected.（《供应链设计与管理》）

（6）Ironically，growth can sometimes be a small company's biggest enemy，causing a once successful business to spiral out of control into oblivion.（《企业家才能和小企业管理精要》）

（7）The established firms in other locations may fight the entrant using proactive price cuts.（《市场营销原理》）

（8）Shippers must also combat the carrier's attempt to increase classifications.（《当代物流》）

四、商业物资即为战争物资

战争物资是战争的物质基础和后勤保障，包括参与战斗的人力和物力，如军队、将领、士兵、武器和食物供给等。商务活动也需要基本的物质保障和人力资源，管理者、员工、薪酬体系为企业生存提供了人力、物力资源。优秀的管理者正如优秀的将领一样，可以鼓舞员工士气，提高生产率，达到事半功倍的效果。员工象士兵一样也有新老、忠诚与否的区别。老员工就像老兵一样，为企业打拼多年，与企业同呼吸共命运，是企业生存的人力保障。在竞争中，企业能够挥动的武器就是其竞争力，可能是品牌资产、低成本优势、技术优势或是差异化策略。与物资有关的战争隐喻关键词有 veteran，troops，weapon，arms 等。如下例：

（1）Until recently procurement was considered a clerical function with very little added value to the organization. Today，procurement is used as a competitive weapon that distinguishes successful，highly profitable companies from others within the same industry.（《供应链设计与管理》）

（2）John F. Budd，Jr.，a veteran counselor，wrote in Public Relations Quarterly："We act as publicists，yet we talk of counseling. We perform as technologists in communication but we aspire to be decision-makers dealing in policy."（《公共关系战略与策略》）

（3）Middle management is the link from leadership to the troops-it must pass along the service leader's commitment to quality by setting and communicating service standards for employees' work units and by reinforcing the standards with motivation and support.（《服务营销》）

（4）Because individuals must operate alone for extended periods，they must be armed to the teeth with information.（《商务谈判》）

第五节　战争隐喻对商务英语教学的启示

战争贯穿于人类发展的历史，对人类思维和语言产生了重大影响。战争是用暴力方式迫使对方服从己方意志的行为。从历史上看，人类社会从原始氏族发展到现代社会，很多朝代更替都由战争解决双方利益冲突，主体可能是农民与统治者或是统治者内部利益集团。从共时上看，现代社会局部地区的冲突和领土之争时有发生。因此战争是人类十分熟知的概念，战争领域建构的语义网络概念清晰、结构完整，易于理解和接受。这也是战争隐喻作为政治、经济、医疗、运动等多个领域的始源域的原因。

如上述分析，在商务话语中，战争隐喻也十分普遍，战争的对抗性、战争策略与目标、战争物资基础等各个方面都在商务话语中形成系统性映射。与机器隐喻、生命隐喻这两类商务话语中常见的概念隐喻不同，战争隐喻的核心特征即对抗性、计划性更突出，因此战争隐喻的关键词也都围绕这些关键性质，fight，battle，beat，defeat，attack，defend，aggressive，armed，strategy，target，mission 等。由此可见，战争隐喻在商务话语中更易于被学习者理解，战争隐喻关键词的隐喻含义也逐渐常规化。因此，在商务英语教学中应该强调战争隐喻彰显的双方利益的冲突性，以及行为活动的计划性。在教学中，应该围绕战争的核心特征理解商务竞争的激烈性、商务规划的重要性，而不是拘泥于个别关键词的具体隐喻含义。以下面两段出自《市场营销原理》教材的文字为例。

（1）Private-Label Success Factors

In the battle between manufacturers' and private labels, retailers have increasing market power. Because shelf space is scarce, many supermarkets charge a slotting fee for accepting a new brand; retailers also charge for special display space and in-store advertising space. They typically give more prominent display to their own brands and make sure they are well stocked.

Bucking these trends, many manufacturers are fighting back by investing in R&D to bring out new brands, line extensions, features, and quality improvements. They are also investing in strong "pull" advertising programs to maintain high brand recognition and consumer preference and to overcome the in-store marketing advantage private labels can enjoy. Experts suggest that manufacturers compete against or collaborate with private labels by fighting selectively, partnering effectively, innovating, and creating winning value propositions.

（2）Each business unit needs to define its specific mission within the broader company mission. Thus, a television-studio-lighting-equipment company might define its mission as "To target major television studios and become their vendor of choice for lighting technologies that represent the most advanced and reliable studio lighting arrangements." Notice this mission does not mention winning business from smaller studios, offering the lowest price, or offering non-lighting products.

第一段文字强调了制造商和零售商之间的竞争关系。制造商和零售商是生产和流通的两个环节，应该是合作关系，但是零售商为了盈利也在开发自有品牌，和制造商品牌就形成了竞争关系。第二段文字突出了在从事商务活动之前要先确定企业任务，包括目标市场和产品定位。在教学时，通过让学生充分理解战争隐喻在商务话语中的核心特征，达到举一反三、触类旁通的教学效果，通过启发学生对隐喻的兴趣，培养进行隐喻思维的意识，让学生积极、主动构建对隐喻的理解和阐释能力。

第十八章　商务话语隐喻能力构建实证研究

第一节　商务话语的界定

在经济一体化不断深入的趋势下，各国之间贸易、金融、劳务、投资、技术等国际交换不断增加，商务英语作为一门跨越国境的语言应运而生并不断得到发展。因此，商务英语作为一门独立的学科日益受到英语学习者和职业人士的重视和青睐。商务英语起源于经济发展的客观现实，从理论上看商务英语可以以特殊目的英语（ESP 即 English for specific purposes）作为语言学习和教学的理论依据。事实上，商务英语已经成为特殊目的英语的一个重要分支。

Hutchson 和 Waters（1987）指出，特殊目的英语分为科技英语（English for Science and Technology）、商务英语（English for Business and Economics）和社科英语（English for Social Sciences）。每个分支又按照学习目的的不同再次分为学术用途英语（English for Academic Purposes）和职业用途英语（English for Vocational Purposes）。由此，商务英语又分为经济学英语（English for Economics）和职业英语（English for Secretaries）。经济学英语和职业英语是按照不同研究目的对经济学英语的细分。经济学英语从理论上阐述商务领域的现象及其原因，职业英语从实际需求出发解释各个行业的术语和活动方式。

严明（2015）认为，随着商务活动的范围不断扩大，形式不断增加，商务英语呈现语篇化和体裁化特征。商务活动的语言运用都是在具有特定目的的语篇中实现的，就口语文本而言，商务演讲、广告语、新产品发布会、商务谈判、求职面试都是典型的商务语篇。就书面文本而言，商业计划、商务报告、年度报告、可行性分析报告、商务合同等都体现商务领域的交际目的。商务话语特征正是在这些不同体裁的商务文本中体现的。

由于职业用途的商务话语如营销英语、文秘英语、外贸英语的行业术语差异较大，为了提高研究的普遍性和适用性，本研究以学术用途的商务话语为研究对象，即以经济学理论中的话语为研究对象。本文将以自建语料库为研究工具，详尽分析以经济学教材为载体的经济学理论中的隐喻现象。

隐喻在经济学话语中发挥重要作用。第一，经济学教材中的语言隐喻具有启发功能，能够将抽象的概念和原理具体化，易于理解和接受。第二，经济学教材中的语言隐喻能够填补词汇表达的空缺，能够用已知、熟知的事物表达未知、陌生的事物。第三，经济学教材中的语法隐喻，如名词性词组、被动语态的使用，能够将复合句中的信息压缩至短小的词组中，增加词语表意的密度。第四，经济学教材中的概念隐喻具有理论建构作用，比如循环流通模型能够建构出经济生活中个人和企业在商品市场和生产要素市场是如何相互作用的，成为阐释经济活动的理论基础。

本研究从由自建经济学教材组成的语料库及 Webcorp（网络语料库）中，选取机械隐喻和生命隐喻两类概念隐喻的索引词，截取索引词语所在的句子，要求受试者翻译这些含有隐喻意思的句子，从而考察其隐喻认知能力。机械隐喻和生命隐喻是经济学领域两类具有隐喻构建意义的根隐喻（Resche，2002；Chteris-Black，2000；Alejo，2010）。

第二节　国外隐喻能力构建实证研究

隐喻能力一般指理解隐喻、产出隐喻的能力（Kogan，1983；Danesi，1995）。Littlemore（2001）将隐喻能力进一步细化为新异隐喻的产出能力、隐喻理解的流利度、发现隐喻意义的能力及速度。从语言输入看，隐喻能力指能够辨识、理解、阐释文本中蕴含的隐喻之意。从语言输出看，隐喻能力指能够使用常规隐喻，进一步地能够自如地运用概念映射根据具体语境产出适当的非传统隐喻。

20 世纪 90 年代以来，认知因素、语言水平等因素对隐喻理解的作用引起了认知语言学界的普遍关注。认知语言学者对隐喻能力的构成基本达成一致，但是对影响隐喻能力的因素还存在很大分歧，主要体现在认知因素和语言水平在多大程度上影响本族语者，特别是二语学习者的隐喻能力。国外相关研究分析了语言能力对隐喻解释、隐喻理解的影响。比如，Johnson（1989）研究了双语儿童跨语言迁移的影响因素，以隐喻理解为研究目标。受试者为 7~12 岁能讲西班牙语和英语的儿童。研究者对受试者的非言语心智能力（non-verbal mental capacity）、隐喻理解（metaphor interpretations）、言语概念储备（verbal-conceptual repertoire）及两种语言的语言水平方面进行了测量。研究者采取经过检验的效度较高的测试程序，对受试者隐喻解释能力进行了认知复杂度评分。研究结果表明，在两种语言中，年龄较大的儿童隐喻得分高于年龄较小的儿童。隐喻理解水平与语言间相互依赖的认知发展变量相关性较高，即隐喻理解能力受到非言语心智能力和言语概念能力的影响较大。而隐喻理解与语言能力的相关性较低。

Johnson 和 Rosano（1993）研究了语言能力、认知风格和隐喻理解之间的相关性。受试者是英语本族语者的大学生和以英语为第二语言的大学生。研究结果表明，英语本族语者的语言水平要高于第二语言学习者，但在英语隐喻理解的认知复杂度和隐喻流利度上，二者并未显现具有统计学意义的差别。对于第二语言学习者而言，隐喻流利度与英语交际能力呈正相关，而独立的认知风格与隐喻流利度和交际能力呈负相关。

研究者采用访谈形式收集受试者隐喻解释的定性数据。要求受试者完成去语境化的语言任务，即在没有语境信息的前提下，解释句意模糊的隐喻句子。根据受试者对每个句意的自发性反应评价其隐喻理解复杂度。尽管研究没有提供语境线索，但是提供了交际任务情境。一旦受试者对隐喻项给出了一种或多种自发的含义，访谈主持人就会要求受试者增加相关的隐喻解释（tell me something different that could mean…），从而要求受试者产出多种隐喻解释，每个隐喻项的平均分用以衡量隐喻流利度。

其实验方法为，受试者口头翻译 10 个句义模糊的隐喻句子。句子以"A IS B"的形式讨论某个话题，如 my sister，my shirt，载体是 rock，mirror 和 butterfly，形成如"My sister was a butterfly"或"My shirt was a mirror"等句子。一旦受试者对隐喻项给出了一种或多种自发的含义，测试人员就会要求更多的释义。

隐喻解释复杂度的评分系统以隐喻理解过程的语义映射模型为基础。在隐喻中，主题是由载体来描述的。例如，"His smile was a door"，载体 door 用来描述话题 smile 的某些特征。语义映射模式要求受试者在理解隐喻意思时，选择载体 door 的某个方面映射到话题 smile 上。

隐喻理解复杂度评分涉及五个类别，这些类别对应从载体某些方面映射到主题的转换程度。最低级别是"inappropriate responses"（不当反应），指违背话题语义的映射，比如"The shirt could fly"。第四级别是"identity responses"（一致性反应），指载体的特征符合话题特征，但是语义没发生改变，比如"The shirt could be very colorful"。第三级别是中档级别，"analogy category"（类比级别），当载体的特征映射到话题时，语义发生了变化，这种改变是载体为适应话题语义而进行的改变，比如"It blew away in the wind"，flying 在此发生了语义改变。第二级别是"experiential predicate"（经验主谓），受试者用与话题相关的实例详细地阐述了话题的特征，但该实例与载体相关性不大。比如，"It changes as a caterpillar changes into a butterfly；You had a really crummy looking shirt and you washed it，so you hanged it into a nice-looking shirt"。最高级别是"conceptual predicate"（概念主谓），映射的方面以与话题有关的概念呈现，比如"Colorful-it had sort of like a Hawaiian style"。

研究结果表明，语言水平和隐喻解释复杂度之间缺乏相关性。隐喻解释与其说是语言任务，不如说是认知领域的概念任务。研究还表明，受试者对隐喻解释的内容能够反映文化差异对隐喻解释的影响。如"My shirt was a butterfly"，英语本族语者通过衬衫特征映射蝴蝶特征中，更倾向于传递蝴蝶的柔软（softness）和脆弱（fragility），而亚裔的英语二语学习者更倾向于表达蝴蝶的美丽（beauty）、颜色（color）和活动（activity）。

Pollio & Smith（1980）用实证分析验证了产出新异隐喻、隐喻解释流利度、发现隐喻意义的能力是隐喻能力构建的重要方面。研究要求受试者，即 70 名成年人，完成 11 组隐喻能力测试，包括产出创新性的隐喻，即创造性地补全句子；隐喻理解测试，即解释看似矛盾的词语搭配；产出隐喻的流利度测试，即以尽可能多的方式补全明喻的结尾。研究表明创新性的比喻用法、联想流利度和三段论推理能力分别和产出新异隐喻、隐喻解释流利度、发现隐喻意义的能力具有相关性。

Littlemore（2001）研究了隐喻理解能力、隐喻解释流利度、创造性隐喻产出能力，以及隐喻能力和整体认知风格之间的相关性。研究选取比利时一所大学的 82 名大学生为受试者，其母语为法语，年龄在 18~20 岁之间，已经学习英语至少 8 年，英语达到中级或中高级水平。研究者对受试者进行了一系列实验测试。首先，要求受试者判断句中词语的隐喻程度。评价标准为找到两个元素共同点的程度，即不存在共同点、可能存在但很难找到、不能明确隐喻关系、隐喻关系不明显、典型的隐喻关系。其次，要求受试者尽可能多地为隐喻意思提供释义。根据提供释义句子的个数衡量其隐喻解释的流利程度。再次，要求受试者使用隐喻意思创造性地补全句子，用来衡量受试者产出创新性隐喻的能力。最后，研究者使用基于计算机的认知风格分析（Cognitive Styles Analysis，CSA）测试了受试者属于分析型认知风格还是整体型认知风格。

研究结果表明，整体来看，在隐喻理解能力、隐喻解释流利度、创造性隐喻产出能力方面，本族语者的隐喻能力要高于第二语言学习者的隐喻能力。就认知风格而言，在本族语测试中，整体型认知风格的隐喻能力要高于分析型受试者的隐喻能力。但是在第二语言测试中没有得出该结论。

对于英语第二语言学习者来说，隐喻能力已经成为语言学习的重要技能之一。但是，不少研究发现二语学习者的隐喻能力有限。Danesi（1993）探讨了语言学习者能够在多大程度上从语言教学中获取隐喻能力。受试者是来自多伦多大学的学生，分 A、B 两组，A 组由 12 个非意大利本族语者组成，B 组由意大利本族语者组成。研究要求受试者完成两个任务：一是问卷调研任务，为 10 个句子选择正确的隐喻意思；二是翻译 10 个隐喻句子，意译英和英译意各 5 句。研究结果表明，意大利本族语者在完成两项任务中表现都比非意大利本族语者好。因此，Danesi 认为，二语学习者从语言教学中获取隐喻能力的可能性较小。其原因可能是语言教学中没有把培养二语学习者的隐喻能力作为重要的学习目标。

Littlemore（2001）的研究发现，隐喻成为影响留学生课堂学习效果的障碍之一。留学生时常因为不能正确理解教学过程中的隐喻意思影响学习效果。Littlemore 认为造成隐喻理解困难的原因可能是文化因素。在使用同一源域向目标域的映射中，不同文化背景的语言使用者可能会参照不同的体系，即使参照同一体系可能解读方式也不一致。二语学习者更多地关注到与自己文化期待一致的语境提示，而忽略了不一致的语境信息，因此产生了隐喻理解的困难或误区。

Chiappe 和 Chiappe（2007）从心理学角度探讨了认知因素对隐喻产出和隐喻理解的作用。研究从狭义角度定义认知能力，即工作记忆能力（working memory capacity）。与认知语言学主要关注隐喻实现的机制不同，心理学主要研究隐喻理解的过程。研究者在 163 名年龄在 18～47 岁的受试者中进行了隐喻产出和隐喻理解能力的实验。实验一表明工作记忆能力强的人抑制干扰因素的能力更强，并且建构隐喻解释的速度更快。实验二表明工作记忆能力强的人能够产出更恰当的隐喻解释，能够把载体中和话题有关的属性赋予话题。尽管词汇知识也能预测隐喻解释的程度，但是工作记忆能够解释隐喻理解的差异。实验三证实词汇量大、阅读量大的人能够产出更合适的隐喻。虽然词汇量、阅读量和工作记忆能力相关，但工作记忆能力更能解释隐喻理解的差异。由此可见，认知因素对隐喻理解起关键作用。

Chiappe 和 Chiappe（2007）认为，工作记忆机制由存储机制和执行机制组成。执行机制主要用于控制注意力，特别是在有干扰的情况下，人们要启动执行机制抑制干扰因素的影响，从而保持对主要信息的注意力。工作记忆能力呈现的个体差异反映了人们从关注主要目标的状态中转移注意力的程度。抑制潜在干扰信息的能力取决于工作记忆能力。工作记忆能力强的人对干扰因素的抑制能力更强，能够快速、准确地理解隐喻意思。

根据 Glucksberg，McGlone 和 Manfredi（1997）提出的"特征 - 赋予模型"（property-attribution model），理解一个隐喻涉及理解主题（topic）和载体（vehicle）各自扮演的角色。具体来说，主题提供了归因的相关维度，载体提供的属性可以作为归因的可选项。尽管某些载体体现了许多不同的属性，但与隐喻理解相关的只是那些能够为理解主题的重要方面提供参照的属性。

这种观点认为，与载体相关的属性形成上类概念意义（superordinate category）（McGlone 和 Manfredi，2001）。比如，在"My job is a jail"中，所属类别是"带有约束性的、违背人们意愿的事物"，这与载体 jail 的字面意思相比属于上类概念意义，载体 jail 的基本类别是指一种机构。当听到"My job is a jail"时，jail 指上类概念，my job 是具有上类概念属性的事物之一。与 jail 相关的基本类别即机构与隐喻意思无关，是 jail 的上类概念决定了隐喻的意思。

另外，McGlone 和 Manfredi（2001）认为与载体相关的关键属性在理解过程中会被激活，与此同时，无关的属性则会被抑制。比如，"rumors are weeds"，尽管"plant"植物属性是杂草（weeds）最明显的属性，但植物与谣言（rumors）无关。与 rumors 相关的属性是"不想要的"（undesirable）、"快速蔓延的"（spreading quickly）。也就是说，在理解隐喻的过程中，我们要抑制与载体密切相关的属性，同时要激活属于载体次要的属性。

Gernsbacher（2001）研究也支持了上述观点。研究者发现在隐喻理解的过程中，与载体相关的上类概念得到了增强（enhanced），而基本类别的隐喻却被抑制了（inhibited）。在一项要求受试者验证句子意义的实验中，陈述由载体组成，这些载体被赋予与其基本类别指称相关的属性（例如"sharks are good swimmers"）或上类概念属性（例如"sharks are tenacious"）。如果隐喻句子出现在上类概念句子之前，如"that defense lawyer is a shark"，则人们对隐喻理解的速度要比出现在字面意思之前快，如"the hammerhead is a shark"。McGlone 和 Manfredi（2001）也发现，把带有隐喻词语字面意思的句子置于含有隐喻意思的句子之前，就会干扰对隐喻的理解，而把带有隐喻上类概念属性的句子放在包含隐喻意思的句子之前，就有助于理解隐喻意思。

第三节　国内隐喻能力构建实证研究

不仅国外认知语言学界广泛关注隐喻能力的实证研究，国内学者也开始探索影响隐喻能力的各种要素及其相互关系。魏耀章（2012）从心理学角度研究了中国英语专业学生认知能力和语言水平对隐喻理解的影响。研究以上海一所普通高校的英语专业的 89 名大学生为受试者。研究采用心理学领域测试认知能力的常见工具，即瑞文高级智力测试、元认知能力测试和创造测试。研究结果显示，总体而言，认知能力和语言水平都与隐喻理解能力呈现正相关关系，即认知能力越强、语言水平越高，隐喻理解能力就越强。但两个因素在隐喻理解能力中所发挥的作用并不相同。对于认知能力较低的人来说，认知能力对隐喻理解的解释作用不大，相反，语言能力对理解隐喻的作用更大。对于认知能力较高的人来说，认知能力是解释隐喻理解能力的主要因素，相比之下，语言能力并不具有统计学意义。

袁凤识等（2012）从认知语言学视角出发对比分析了中国、美国大学生在隐喻理解能力上的差异。研究分别选取了 251 名中国英语专业大学生、35 名美国大学生为受试者，使用隐喻理解难易度判断测验。根据 Katz（1988）的研究，选取了 32 个由具体、抽象程度不同的事物构成的隐喻映射句子，这些句子去除了语境化因素，包括具体（源域）+具体（目标域）（如 A fisherman is a spider）、具体（源域）+抽象（目标域）（如 Artists are gods）、抽象（源域）+具体（目标域）（如 Wisdom is weatherman）、抽象（源域）+抽象（目标域）（A dynasty is a play）。研究结果显示，从隐喻理解的整体来看，中国受试者好于美国受试者。从语言水平看，美国受试者一定高于中国受试者。由此可见，在受试者了解词语字面意思的前提下，对词语相关语义联想的认知能力更能影响隐喻的理解。研究还发现隐喻理解程度与上述隐喻分类有关。对由具体事物构成的目标域，不论源域是具体还是抽象事物，中国受试者的隐喻理解更好。美国受试者对具体（源域）+抽象（目标域）型的隐喻理解得更好。袁凤识等认为，产生差异的原因可能是，对二语学习者来说，理解具体的源域概念比较容易，学习者可以利用个体体验运用通用概念化能力，建立语义联想，启动源域中与目标域相关的语义属性。相比之下，理解抽象的源域概念难度较大，由于难以在现实中建立抽象概念的指称对象，难以借助母语的概念系统理解抽象的概念。

姜孟（2006）探讨了我国英语专业学习者的隐喻能力发展状况，以及隐喻能力与语言水平的相关性。该研究对比分析了国内英语专业低水平语言学习者（英语专业二年级）、高水平语言学习者（英语专业研究生一年级）和英语本族语者（密苏里大学堪萨斯分校二、三年级）的隐喻能力。实验设计了 92 道完型填空题目，每道题目都提供了预期隐喻答案和非隐喻答案。评价答案隐喻性的标准是答案是否具有绝对隐喻性或相对隐喻性。绝对隐喻性是指词语的产生过程是隐喻性的。相对隐喻性是指词语的隐喻性是第二语言特有的，而不是母语和第二语言共有的，用以测试学习者的第二语言隐喻能力。实验结果表明，中国英语专业学生给出的非隐喻答案超过隐喻答案，可见我国英语专业学习者的隐喻能力存在不足。尽管高级英语学习者是来自英语专业的研究生，是外语课堂条件下培养的比较优秀的学习者，但是其隐喻能力仍然不尽如人意，可见我国目前外语课堂还需要加强对学习者隐喻能力的培养。

杨婧（2018）研究了中国非英语专业大学生的隐喻意识对英语表达的影响。研究以一二年级的大学生为对象，通过问卷调查了其隐喻能力，以及隐喻能力在多大程度上影响其英语表达。研究采用定性分析和定量分析相结合的方式，使用问卷收集定量数据，通过访谈掌握定性资料。隐喻能力问卷为受试者提供 20 个中文句子，要求受试者将画线词语或短语翻译成英文，比如把你需要的书开个单子，他请我明天去喝喜酒。将翻译结果按照可接受性、不可接受带有中文意思、其他不可接受、空白分为四类。测试结果和访谈结果显示，受试者对动词在短语搭配中的隐喻意思理解程度较低，英语表达能力有限，特别是中式思维对英语表达的负面作用较大。由此可见，在课堂教学中加强隐喻思维和隐喻意识的培养对提高学习者的英语表达水平有重要意义。

第四节　基于自建语料库的商务话语隐喻能力建构实证研究

一、研究设计

本研究的问题有两个：商务英语专业学生的隐喻理解能力如何？隐喻理解能力如何影响学习者的语言表达？本次实证研究主要由定性、定量两部分构成，均采用问卷形式。商务话语隐喻理解能力问卷用于收集商务英语专业学生隐喻理解能力的定量数据，评价句子隐喻理解难易程度的问卷用于收集商务英语专业学生对隐喻难易度评价的定性数据。

参与本研究的受试者来自黑龙江大学商务英语专业二年级，共 146 人。发放问卷 146 份，有效问卷 144 份，无效问卷 2 份。本研究是在受试者完成二年级下学期的全部学业，包括完成《经济学导论》课程的学习后开展的。经过两年的基础语言培养，受试者已经具备一定的语言能力，能够独立阅读并分析不同体裁的英语文章。在二年级下学期，本书作者负责讲授《经济学导论》这门商务类专业课，在 18 周的教学中已经实现了如下教学目标：

掌握经济学的基本原理、基本概念、基本规律；

能够使用基本的经济学分析工具，如供给-需求曲线分析经济现象；

具备对经济现象和经济问题的敏锐的洞察力；

能够使用经济学基本原理初步分析经济行为、解决经济问题。

本门课程的教学评价分为形成性测试和终结性测试。形成性测试包括每节课后作业、每章节结束时的测试，终结性测试以期末考试形式进行。形成性测试和终结性测试的题型多样，包括判断、选择、画图题、简答题和计算题。通过形成性测试和终结性测试相结合的评价方式，达到帮助学生构建经济学基本理论框架、掌握基本经济学概念、使用基本经济学分析工具，特别是图、表格，分析经济学问题的目的。学生对本门课程的教学反馈良好，在全院 100 多位老师的教学测评中，本门课程测评位列 35。

研究方法为问卷设计，问卷包括两部分：隐喻理解、隐喻理解难易度自评。隐喻理解包括 20 个摘自自建语料库和网络语料库的典型商务话语隐喻句子，要求受试者将带有隐喻含义词语的句子翻译成中文。其中 10 个句子中带有机械隐喻意思的词语，另外 10 个句子中带有生命隐喻意思的词语。这两类隐喻是经济学话语中的理论建构隐喻，也是最典型的概念隐喻。

二、商务话语隐喻能力问卷设计

1.机械隐喻问卷

根据 Resche（2002）研究，19 世纪经济学方兴未艾，为了能够让广大公众接受，经济学需要依附那些认可度较高的"硬科学"（hard science），当时物理学在科学领域地位最高，因此经济学很多概念和理论阐释都是以物理学原理为参照依据。另一方面，出身于数学、工程、医学等自然科学领域的学者开始研究经济现象，逐渐成为经济学领域的专家。因此，在分析经济活动和经济规律的时候，他们借助物理、医学等自然科学的概念和原理构建经济学的理论，由此形成了从物理等自然科学为源域向目标域经济学映射的概念隐喻。这些概念隐喻具有建构理论的功能，由此衍生出很多语言隐喻。以机器隐喻（The economy is a machine）为例，equilibrium（均衡），mechanism（机制），lever（杠杆），velocity（速度），tools（工具），fluctuation（波动）等语言隐喻都是从机器概念隐喻衍生而来。

根据"经济是机器"的概念隐喻，经济可以被视为交通工具。正如开车遭遇交通事故一样，经济体也会出现问题甚至受到经济危机的侵袭。此时，经济体不得不"踩刹车"（hit the brakes），采取某些措施最大程度地降低损失。当经济体遭遇问题时，也可以看成是机器引擎（engine）出现故障，机械师可能要拧紧螺丝（tighten the screws）。

本研究根据 Resche（2002），选取了 10 个表示机器隐喻的索引词语，即 crash，liquid，mechanism，instrument，fuel，hit the brakes，tighten the screws，lift，reengineer，leverage。本研究使用检索软件 Antcont3.2 在自建语料库中检索上述机器隐喻关键词，获得检索词语所在行固定数量（50~100）的语境词。然后，依据认知隐喻理论和作者判断，确定含有隐喻意义的关键词检索项。最后，对隐喻项进行归类和分析。

本研究使用的语料库由三本经济类教材构成，即《经济学原理》《微观经济学》《宏观经济学》。本语料库共包含 20，466 个类符，782，150 个形符。

通过在由经济学教材组成的自建语料库检索，得到含有 liquid，mechanism，instrument 隐喻意思的检索结果。其余六个单词，crash，fuel，tighten the screws，lift，reengineer 和 leverage 在 Webcorp 中检索到相关结果。另外一个词组在 Chinadaily 中检索到相应结果。如表 18-1 所示。

表 18-1

	索引词	出处
1	crash	Webcorp
2	liquid	Self-built corp
3	mechanism	Self-built corp
4	instrument	Self-built corp
5	fuel	Webcorp
6	hit the brakes	Chinadaily
7	tighten the economic screws	Webcorp
8	lift	Webcorp
9	reengineer	Webcorp
10	leverage	Webcorp

经自建语料库和 Webcorp、Chinadaily 检索得到的索引词所在语境结果如下：

（1）liquid：在自建语料库中检索到 9 条含有 liquid 的词条，其中 8 条是隐喻含义，表示"流动的"。其词语搭配出现的频率为 liquid form（3 次），liquid asset（5 次）。如下例：

——Most fundamentally，the demand for money reflects how much wealth people want to hold in liquid form.（从根本上说，人们对货币的需求反映了愿意以流动资产持有的财富数量）（《经济学》）

——Money is the economy's medium of exchange，so it is by definition the most liquid asset available.（货币是经济中的交换媒介，所以从定义上看货币就是最具有流动性的资产）（《经济学》）

（2）Mechanism：在自建语料库中检索到 36 条含有 mechanism 的词条，全部都是隐喻含义，表示"经济机制"。出现频率较高的搭配是 market mechanism（15 次），self-correcting mechanism（3 次），price mechanism（2 次），rationing mechanism（2 次）。如下例：

——While cautioning against interferences with the market mechanism，he argued eloquently that government policies could reduce inequality.（在提出不要干预市场机制的警告时，他坚定地认为政府的政策能够减少不公平）（《微观经济学》）

——A nation could remain in its low-output, high-misery condition for a long time because there is no self-correcting mechanism or invisible hand to guide the economy back to full employment.（国家可能在很长一段时间内维持低产出的不良状态，因为缺乏自我调节机制或缺乏无形的手能够指挥经济回归到充分就业状态）（《宏观经济学》）

——This school emphasizes that the price mechanism contains powerful equilibrating forces that will keep the economy near full employment without any government actions.（该学派强调价格机制能够发挥强有力的均衡作用，使得经济在没有政府干预的情况下接近充分就业状态）（《宏观经济学》）

——By contrast, in a free market, the price serves as the rationing mechanism, and sellers can sell all they want at the equilibrium price.（相比之下，在自由市场中，价格作为配给机制，在这种情况下，卖方能够以均衡的价格出售全部要卖掉的商品）（《经济学》）

（3）instrument：在自建语料库中检索到 7 条含有 instrument 的词条，全部都是隐喻含义，意为"工具"。其搭配频次为 policy instrument（5 次），price instrument（2 次），如下例：

——Discussions of Fed policy often treat the interest rate，rather than the money supply，as the Fed's policy instrument.（在讨论美联储政策的时候，人们通常把利率而不是货币供给看成美联储的政策工具）（《经济学》）

——As you study economics，you will learn that prices are the instrument with which the invisible hand directs economic activity.（在学习经济学的时候，就会了解到价格是无形的手指挥经济活动的工具）（《经济学》）

（4）crash：在 Webcorp 语料库中检索到含有 crash 隐喻意义的词条，意为"危机"。

——The world is experiencing a Coronavirus economic crash that is much worse than the global financial crisis in 2008.（世界经历了新冠疫情带来的经济危机，比 2008 年全球金融危机的危害还大）

（https://www.webcorp.metro.com/2020/04/03/coronavirus-economic-crash-way-worse-2008-crisis-12506742/?ito=cbshare）

（5）fuel：在自建语料库中检索到 1 条含有 fuel 的隐喻意义的词条，意为"拉动，带动"。在 Webcorp 中检索到跟中国经济发展相关的词条，为了降低隐喻理解难度，本研究采用了 Webcorp 的词条。

——China's economic growth has been fueled by domestic demand which contributed to 93% of the 7.9 percent growth.（内需拉动了中国的经济增长，内需对实现 7.9%的经济增长的贡献率是 93%）

（http://www.webcorp.org.uk/live/text.jsp?query=growth+fueled+by&i=on&id=ef260238e2f9677fb24c66bb5ed1d7d5）

以下为自建语料库词条：

——Since the mid-1990s，fueled largely by the computer revolution，there has been a marked upturn in productivity growth，with rates close to the historical norm.（自 20 世纪中叶起，在计算机革命的拉动下，生产率大幅增长，接近历史最高水平）（《微观经济学》）

（6）hit the brakes：在 Chinadaily 检索到含有隐喻意思的短语 hit the brakes，隐喻意思为"采取限制措施"。

——China's central bank hit the brakes on barcode-based mobile payments，as competition for the country's internet finance services becomes cutthroat. 随着金融服务业竞争的日益加剧，中国的中央银行对二维码支付系统采取限制措施。

（http：//www.chinadaily.com.cn/business/2014-03/15/content_17348504.htm）

（7）tighten the economic screw：在 Webcorp 中检索到 1 条含有隐喻意思的 tighten the economic screw 的词条，隐喻含义为"采取经济措施"。

——The Washington warned that it was ready to tighten the economic screws on Moscow if it did not change its ways.（美国警告说如果俄罗斯不改变其做法，美方要对俄方采取经济制裁措施）

（http://www.webcorp.org.uk/live/text.jsp?query=tighten+the+economic+screws&i=on&id=7328e75f4767e2ef7ab00fcd2cf23799）

（8）lift：在 Webcorp 中检索到 1 条含有隐喻意思的 lift 的词条，其隐喻含义为"解除，废除"。

——It was announced on the 10th June by the Scottish Government that they intended to lift the restrictions on the tourism. （6月10日苏格兰政府宣布解除对旅游业的管制）

（http://www.webcorp.org.uk/live/text.jsp?query=lift+the+restrictions&i=on&id=aab121eb56cd95f691f47a7d8e4450b1）

（9）reengineer：在 Webcorp、Chinadaily 上分别检索到含有隐喻意思的 reengineer（engineer 为其变体形式）的词条，其隐喻意义是"调整重组"。经过比较，出自 Chinadaily 的词条更易于理解，因此纳入本研究的问卷设计中。

——The only true soft landing occurred in 1994, engineered by Federal Reserve Chairman Alan Greenspan through fine tuning of the money supply. （1994年在美联储主席格林斯潘对货币政策的重新规划下，政府通过微调货币供给实现了唯一一次经济软着陆）

（http://www.webcorp.org.uk/live/text.jsp?query=soft+landing&i=on&id=7c3c61d004a70f702cc04cdb42aa7787）

——China must continue to reengineer its food system in an environmentally sustainable manner.（中国需要继续调整重组食品体系，保持可持续发展）

（http：//www.chinadaily.com.cn/business/gwr/2015-03/13/content_19805116.htm）

（10）leverage：在 Chinadaily 上检索到含有隐喻意思的 leverage 的词条，其隐喻意思是"利用"。如下例：

——Policy advisers expected that the People's Bank of China, the central bank, will add liquidity via reserve requirement ratio cuts, and continue to leverage various lending facilities, such as the medium-term lending facility, relending and rediscounting.（政策建议者希望中央银行，即中国人民银行，通过降低法定准备金率增加流动性，并且继续利用各种借贷工具，如中期贷款、再贷款和再贴现等工具）

（https：//www.chinadaily.com.cn/a/202006/15/WS5ee6aa4aa310834817252ea4.html）

由于该句较长，为降低隐喻的理解难度，在问卷中将该句缩短为：

The central bank will leverage various lending facilities to increase money supply.

通过在自建语料库和 Webcorp、Chinadaily 中对机器隐喻关键词进行检索，得到含有隐喻意思的语句，作为隐喻理解能力的问卷素材。这些句子出自实际的语言使用环境，能够提高问卷调查的可信度和有效性。

2.生命隐喻问卷

跟非生命体相比，生命体经历着不断成长变化（grow）的过程。在《朗文当代高级英语辞典》中 growth 共有 7 个词条。其中第 2 条指在商务或经济活动中，产品或服务的数量增加。第 3 条指生物领域中，植物的生长或生命体包括人类的成长。由此可见，随着"增长"的概念在经济领域的广泛应用，其隐喻意思的使用程度已经超过字面意思。生命隐喻在经济领域已经成为具有统领意义的根隐喻（The economy is an organism）。生命体都遵循着出生、生长、成熟、衰退的生命规律，这种生命周期也映射到经济体的发展中，宏观经济运行也呈现出由萌芽、成长、繁荣、萧条、衰退直至复苏的周期性循环中。在微观层面，企业生产的产品在市场上也经历着导入期、成长期、成熟期和衰退期。

根据 Boers 和 Demecheleer（1997）， Lopez Maestre（2000）， Charteris-Black 和 Ennis（2001）， Michael White（2003）， 经济学中的生命隐喻包括 economic growth（经济增长）， healthy economy（运行良好的经济），breakdown（经济停滞），economic disease（经济问题）， economic cure（经济恢复），economic depression（经济萧条），infant industry（幼稚产业），economic decay（经济衰退），giant（大型企业），player（参与者），parent company（母公司），sister company（姐妹公司），raider（袭击者），white knight（援助者），chances of survival（生存的机会），economic viability（经济生存能力），chronic budget deficit（慢性财政赤字）， economic paralysis（经济瘫痪），economic symptoms（经济症状），acute shortage（急需）， amputations of departments（部门瘫痪），economic recoveries（经济复苏），growth revives（经济恢复），growth breaks out（经济停滞），overheated economy（经济过热）， cool down economy（冷却经济）， business cycle（经济周期）等。

根据上述表示经济生命隐喻的词语或短语，作者结合十多年来经济学英语的教学经验，以及最新的网络媒体经济动态，选取了 11 个生命隐喻的索引词，即 robust，inject，recover，rebound，infant industry，deadweight losses，capital flight，predatory pricing，cross-pollination，beggar-thy-neighbor，white knight. 如表 18-2 所示。

表 18-2　战争隐喻关键词出处

	索引词	出处
1	robust	Self-built corpus
2	inject	Self-built corpus
3	recover	Self-built corpus
4	infant industry	Self-built corpus
5	rebound	Webcorp
6	predatory pricing	Self-built corpus

	索引词	出处
7	deadweight losses	Self-built corpus
8	capital flight	Self-built corpus
9	cross-pollination	Chinadaily
10	beggar-thy-neighbor	Self-built corpus
11	white knight	Chinadaily

（1）robust：在自建语料库中检索到 4 条含有 robust 的词条，全部都是隐喻含义，表示"强劲的"。与 robust 搭配的短语的频数为 robust growth（3 次），robust demand（1次）。本研究中选取了出现频次较多的 robust growth。

——The U.S. economy showed robust growth in output and productivity.（美国经济产出呈现强劲增长）（《微观经济学》）

——When profit margins are high，robust demand or stringent cost controls，or both，allow the firm to earn a significant profit contribution.（当利润率较高，在需求强劲、成本得以严格控制的情况下，或两者结合使得企业能够获得较高的利润回报）（《微观经济学》）

（2）inject：在自建语料库中检索到含有 inject 的词条，其隐喻含义是向经济体注入货币。

——The Fed could inject money into the economy by buying some government bonds in open-market operations.（美联储通过在公开市场购买政府债券为经济注入资金）（《经济学》）

（3）recover：在自建语料库中检索到 10 条含有 recover 的词条，全部都是隐喻意思，表示"回收"。与 recover 搭配的短语的频数为 recover costs（8 次），recover investment（2次）。本研究选取出现频率较高的 recover costs。

——We assume that the firm cannot recover its fixed costs by temporarily stopping production.（我们认为企业不能通过临时停产来回收固定成本）（《经济学》）

——The first few years for operation is intended to recover an initial investment.（企业运行的前几年用于回收原始投资）（《经济学》）

（4）infant industry：在自建语料库中检索到 2 条含有 infant industry 的词条，都是隐喻用法，意为"幼稚产业"。

——An infant industry argues for trade protection to get started.（幼稚产业寻求贸易保护以步入正轨）（《经济学》）

（5）rebound：在 Webcorp 中检索到含有 rebound 的词条，隐喻意义为"反弹"。

——China is seeing a strong economic rebound following a slump spurred by coronavirus lockdown. （中国经济在经历新冠疫情引起的停滞后又出现了强劲的反弹。）

（http://www.webcorp.org.uk/live/text.jsp?query=economic+rebound&i=on&id=b1a954e391e3c6ca6b02731981c42447）

（6）predatory pricing：在自建语料库中检索到含有 predatory pricing 的词条，其隐喻意义为"掠夺性定价"。

——The firm cut its prices substantially and drove its competitors out of market with this predatory pricing. （企业大幅降价，企图用这种掠夺性定价将对手击败）（《微观经济学》）

（7）deadweight losses：在自建语料库中检索到含有 deadweight loss 的词条，其隐喻意义为"福利净损失"。

——Taxes cause deadweight losses because they prevent buyers and sellers from realizing some of the gains from trade.（税收使买卖双方无法从贸易中获利,因为引发了净损失）（《经济学》）

（8）capital flight：在自建语料库中检索到含有 capital flight 的词条,其隐喻意义为"资本外逃"。

——Capital flight occurs when the value of he domestic currency is depreciating rapidly because of hyperinflation.（由于超级通胀导致货币迅速贬值，因此引发资本外逃）（《宏观经济学》）

（9）cross-pollination：在 Webcorp 中检索到含有 cross-pollination 的词条，隐喻意义为"分享，共享"。

——The cross-pollination of ideas between firms enhances competitiveness. （企业之间共享信息资源提高了其竞争力）

（http：//usa.chinadaily.com.cn/epaper/2013-04/05/content_16377532.htm）

（10） beggar-thy-neighbor：在自建语料库中检索到含有 beggar-thy-neighbor 的词条，其隐喻意义为"以邻为壑"。

——We will be seeking agreement on rules and avoid the beggar-thy-neighbor policies. （我们会在原则上达成共识，避免以邻为壑的政策）（《微观经济学》）

（11）white knight：在 Chinadaily 中检索到含有 white knight 的词条，隐喻意义为"救援者"。

——Online shopping sites becomes the white knight for farmers to sell the surplus crops. （线上销售网站帮助农民出售多余的粮食）

（https：//www.chinadaily.com.cn/a/202002/13/WS5e457070a310128217277670.html）

三、数据收集与分析

146 名受试者在规定时间内（50 分钟）完成了对调查问卷中 20 个句子的英译汉翻译。测试结束后，作者对每份问卷对隐喻意思的理解情况进行统计，其结果如表 18-3 所示。

表 18-3

		可接受的		不可接受带有字面意思		其他不可接受		空白	
1	robust	84	58.4%	30	20.8%	30	20.8%		
2	inject	120	83.4%	18	12.5%	6	4.1%		
3	recover	126	87.5%	12	8.4%	6	4.1%		
4	rebound	132	91.7%			12	8.3%		
5	infant	90	62.5%	36	25%	18	12.5%		
6	instrument	60	41.7%	36	25%	48	33.3%		
7	predatory pricing	43	20.8%	36	25%	65	54.2%		
8	deadweight loss	18	12.5%	54	37.5%	60	41.7%	12	8.3%
9	capital flight	73	50%	11	8.2%	30	20.8%	30	20.8%
10	cross-pollination	30	20.8%	36	25%	48	33.4%	30	20.8%
11	beggar-thy-neighbor	48	33.4%	18	12.5%	48	33.4%	30	20.7%
12	white knight	84	58.3%	18	12.5%	42	29.2%		
13	fuel	132	91.7%			12	8.3%		
14	dilute	126	87.5%	18	12.5%				
15	leverage	120	83.3%			24	16.7%		
16	wedge	108	75%	12	8.3%	24	16.7%		
17	anchor	66	45.8%	48	33.4%	18	12.5%	12	8.3%
18	lift	108	75%			36	25%		
19	hit the brakes	102	70.8%	42	29.2%				
20	tighten the screws	90	62.5%	42	29.2%	12	8.3%		

上述统计结果表明，半数以上的受试者对 13 个句子的隐喻意义给出了可接受的译文，可见总体来看，半数以上受试者具备隐喻意识，能够根据商务话语的语境准确推断出隐喻含义。具体分析如下：

（1）robust：超过半数的受试者掌握 robust 的基本意思，并能根据语境因素准确推测出其隐含意思。有 20% 的受试者没有参照语境因素，按照字面意思理解该句意思，如：美国经济在出口的发展展现出活力。还有一部分受试者没理解 robust 的词义，将 robust 翻译为"艰难的"。

（2）inject，recover，rebound：90% 以上的受试者掌握了这些关键词的基本意思，80%

以上的受试者能够在商务语境中准确推测其隐喻意思。还有 10%左右的受试者缺乏隐喻意识，只孤立地理解词语意思。如：酒店不会为了降低的游客数量恢复已修改过的价格。

（3）infant：80%以上的受试者能够识记 infant 的基本意思，能够根据商务话语的语境，翻译出"新兴"之意。但有 25%的受试者仅参照字面意思，或者具有隐喻意识但没能正确理解隐喻含义。如：

初生期的产业主张在贸易保护中开始。

婴幼儿用品行业对贸易保护的实行有所反对。

一个工业雏形同意贸易保护来获得起步。

（4）instrument：40%的受试者理解了 instrument 在此指"政策工具"。25%的受试者仅译出字面意思"乐器"。还有 30%的受试者没译出该词含义，可能由于单词识记不牢或翻译能力有限。如：

价格系统是一种用无形的手来实施经济演奏的乐器。

价格体系是一个乐器，用看不见的手来指挥，联系名为经济的管弦乐队。

价格作为一个无形的手来指挥经济这个交响曲。

（5）predatory pricing：predatory 带有"掠夺的，恶意的"之意，50%的受试者没掌握该词的基本意思。30%的受试者具备隐喻意识，理解到"不正当""不公平"之意，可能还是受限于不了解词语意思，导致对隐喻理解的翻译不到位。如：

公司大幅度降价并且让他的竞争者流出市场通过这种价格竞争。

这个公司降价并通过价格把对手挤出市场。

企业大量地切断了资金流，并且通过不正当竞争迫使其竞争者退出市场。

（6）deadweight loss：50%的受试者不理解 deadweight loss 的意思。deadweight loss 在经济学中指"净损失"，无法收回的损失。将近 40%的受试者试图理解其字面意思，他们的理解是正确的，但是由于这个词是经济学术语，准确地翻译其隐喻含义具有一定难度。如：

税收产生一些死重流失／致命的损失／严重的损失，因为它保护买方和卖方能从市场中获得利益。

（7）capital flight：50%的受试者掌握 flight 的基本意思，能够正确翻译其隐喻含义，即资本外逃/外流/流出等。40%的受试者未作答或词语意思理解错误。其余 10%的受试者按字面意思理解句义。如：

资本飞行发生在国内价值因为？降低的时候。

资本竞争发生于国内商品价值由于超级通货膨胀而快速贬值。

（8）cross-pollination：仅有 20%的受试者掌握 pollination 的词义，并正确判断其在语

境中的隐喻意思。50%的受试者没有作答或者词语意思理解错误，可见未能掌握 pollination 的意思，隐喻意思也就很难推断了。另有 30%的受试者理解词义，但是未能考虑语境因素，依照字面意思翻译其义。如：

公司间思想的交错可以提高竞争力。

交叉的想法加剧了公司之间的竞争。

想法的交叉传授提高公司间的竞争力。

（9）beggar-thy-neighbor：30%的受试者正确地理解该词的隐喻意思，即"以邻为壑"。有些受试者推测出"损人利己"，也是正确的。"以邻为壑"专门指牺牲邻国利益而使本国受益的贸易政策。能够翻译出该术语的受试者应该是了解这种贸易政策，由此可见商务知识对理解隐喻含义有重要影响。20%的受试者放弃作答，30%的受试者误解其义。还有10%参照字面意思理解。如：

我们将寻找在规则上的同意并且避免让邻居变穷（不好）的政策。

我们将寻求在规则上达成一致和避免成为邻居的政策。

我们将会在规则上寻求共识，避免"隔壁乞丐"政策。

（10）white knight：该短语的字面意思为"白衣骑士"，此句中的隐喻意思是"救援者"。50%以上的受试者都翻译出了"有助于……"之意，尽管没有直接翻译成表示人物的名词，但是由于网络销售在当下经济中盛行，结合语境网购对多余玉米销量一定是有帮助的。因此很多受试者翻译成"好地方、好渠道"。由此可见，语境因素对推测隐喻含义有很大帮助。如：

网购成为了农民们销售过量玉米的好渠道。

线上购物平台成为农民售卖多余农产品的救星。

（11）fuel，dilute，leverage：85%以上的受试者都能正确理解这三个词语的隐喻意思。只有15%的受试者虽然具有隐喻意识，但是把 leverage 词义理解为"扩大"而不是"利用"。如：

中央银行将要扩大各种设备来增加货币供应。

中央银行将会扩大各种各样的基础设施建设来增加货币供应量。

（12）wedge：该词的字面意思为"楔子"，在商务话语中，政府征收税收，造成了买方支付价格和卖方实收价格之间的差距，因此 wedge 的隐喻意思是价格差。作为经济学课程的重要知识点，受试者从经济学课堂中充分理解了该词义。因此75%受试者的作答都是正确的。可见，商务知识的积累对正确理解商务话语的隐喻含义意义重大。有20%的受试者按照字面意思或没有翻译出隐喻意思。如：

税收的增长扩大了工资在买家支付的价格和卖家收到的价格。

税收的增加扩大了买方支付价格和卖方收入价格之间的楔子。

（13）anchor：词语的字面意思是"锚"，在此指稳定经济形势的国家、力量、因素。45%的受试者能够根据语境要素判断出"中流砥柱""支撑者"等隐喻含义。有30%的受试者不能推断出隐喻含义，仅提供字面意思，如下例。还有20%的受试者未作答或理解错误，可能是由于不了解基本意思所致。

中国期望成为一个船锚意在由于新冠肺炎对世界经济增长造成的重大打击。

中国有希望成为一个锚，在全世界的经济都遭受新冠的重创下。

在新冠肺炎的影响下，中国的经济表现出了韧性。

（14）lift：将近80%的受试者能够正确理解lift在该语境中的隐喻意思，即"解除限制"。理解有偏差的受试者都理解成反义，即"施加、遵守限制"，导致句义前后不符，变成"限制多而导致游客多"。由此可见，隐喻理解能力不仅受到语言能力的影响，也受到认知因素的影响。如：

政府宣布遵守对旅游业的限制，因此我们正准备迎接更多游客的到来。

政府宣布提高旅游业的限制因此我们更多游客的到来。

政府宣布实施对于旅游者的特权，因此我们就可以吸引更多游客。

（15）hit the brakes：几乎全部受试者都能识别字面意思。有25%的受试者对句意的理解仅停留在字面意思，如下例。75%的受试者能准确推断是"限制、阻止"的隐喻意思。

随着与在线金融服务的竞争逐渐紧张，中央银行在移动支付领域按下了制动器/踩刹车。

（16）tighten the screws：几乎全部受试者都能理解字面意思，也具备隐喻意识，译文中体现"缩紧、收紧"之意，但是受到认知因素的制约，有30%的受试者没能获取隐喻含义，如下例。俄罗斯作为主权国家，美国无权收紧俄罗斯的经济，但可以"加紧对俄罗斯的制裁"。

美国准备好缩紧/收紧俄罗斯的经济如果他没有改变他的方式的话。

如果不改变方式，美国和俄国罗斯经济将要呈紧崩状态了。

2.商务话语隐喻意思难易度自评问卷数据分析

表18-4

		很容易		比较容易		难度适中		比较难		很难	
1	robust	12	8.3%	48	33.3%	30	20.8%	42	29.3%	12	8.3%
2	inject	36	25%	60	41.7%	30	20.8%	1	12.5%		
3	recover	30	20.8%	48	33.3%	60	41.7%	6	4.2%		

续表

		很容易		比较容易		难度适中		比较难		很难	
4	rebound	24	16.7%	30	20.8%	60	41.7%	30	20.8%		
5	infant	24	16.7%	26	25%	24	16.7%	70	41.6%		
6	instrument	12	8.3%	36	25%	30	20.8%	66	29.3%		
7	predatory pricing			18	12.5%	72	50%	30	20.8%	24	16.7%
8	deadweight loss			18	12.5%	29	20.1%	29	20.1%	68	45.8%
9	capital flight	12	8.3%	6	4.2%	24	16.7%	42	29.3%	60	41.7%
10	cross-pollination			6	4.2%	18	12.5%	48	33.3%	72	50%
11	beggar-thy-neighbor			18	12.5%	6	4.2%	54	37.5%	66	45.8%
12	white knight	12	8.3%	6	4.2%	36	25%	66	45.8%	24	16.7%
13	fuel	54	37.5%	48	33.3%	36	25%	6	4.2%		
14	dilute	6	4.2%	24	16.7%	60	41.7%	42	29.3%	12	8.3%
15	leverage	12	8.3%	30	20.8%	42	29.3%	54	37.5%	6	4.2%
16	wedge	12	8.3%	12	8.3%	90	62.5%	18	12.5%	12	8.3%
17	anchor	6	4.2%	24	16.7%	60	41.7%	36	25%	18	12.5%
18	lift	6	4.2%	36	25%	24	16.7%	60	41.7%	18	12.5%
19	hit the brakes	12	8.3%	12	8.3%	42	29.3%	42	29.3%	36	25%
20	tighten the screws	18	12.5%	24	16.7%	60	41.7%	24	16.7%	18	12.5%

四、研究结果

对于 robust、inject、recover、rebound、infant、fuel 这几个词语，几乎半数以上的受试者都能正确解释其隐喻含义。在隐喻难度自评中，有 40%的受试者认为隐喻含义比较容易或者很容易理解。尽管 50%以上的受试者正确理解了 capital flight、leverage、lift、dilute、hit the brakes、tighten the screws 的隐喻意义，但是半数左右的受试者认为理解隐喻难度较大或很大。可见，在解释隐喻意思的过程中，受试者付出了较大的认知努力，用于根据上下文推断词语的延伸意义。

50%左右的受试者对 predatory pricing、deadweight loss、cross pollination、beggar-thy-neighbor 的隐喻含义理解有问题，隐喻难度自评的结果与之保持一致，有40%~80%的受试者认为理解难度较大或很大。这几个短语体现的经济学专业性特征较强，因此给受试者带来的认知信息处理难度较大。可见，商务类专业知识对正确理解隐喻含义具有重要意义。

75%的受试者掌握了 wedge 的隐喻意思，60%的受试者认为其难度适中。由于作者在"经济学导论"的教学中详细讲解了 wedge 对政府税收政策的意义，启发了受试者对隐喻含义的理解。教学中的启发和阐释过程降低了隐喻理解难度。可见，隐喻教学对理解隐喻意义具有一定的引导和示范作用。

就语境因素对隐喻理解的作用而言，有40%以上的受试者正确领悟了white knight的隐喻含义。但是只有10%的受试者认为white knight的隐喻意义是比较容易或很容易理解的。

由于在"Online shopping sites become the white knight for farmers to sell the surplus crops"中，受试者可以很容易地在线上销售网站和农民销售多余粮食之间构建关系，即线上销售网站为农民销售多余粮食提供途径/路径/渠道。因此，受试者可以根据上下文语境推测出white knight的延伸意义。由此可见，语境因素有利于正确推测词语的隐喻含义。该结论验证了Boers（2000）对隐喻意识的实证研究。Boers（2000）认为可以把解释隐喻含义看成认知加工任务，让学习者利用始源域的特征，激活始源域的相关语义网络，根据语境线索，确定隐喻词语在目标域的含义。通过始源域的意象图示加工结合语境线索，实现对隐喻含义的阐释。

从字面意思对隐喻理解的作用来看，在理解deadweight loss、white knight、anchor、hit the brakes、tighten the screws时，30%左右的受试者仅关注词语的字面意思，不能激活相关的语义网络，或者不能有效抑制显性干扰因素的影响。在对robust、cross-pollination、infant、instrument、predatory pricing的隐喻加工处理时，20%左右的受试者只停留在字面意思的释义中。其原因可能是受试者虽然发现了字面意思与语境意义的冲突，但是不能从词语的语义网络中找到符合语境信息的释义。商务话语的专业性特征加大了语境信息的认知难度，使得受试者难以突破字面意思的局限发现合理的隐喻意思。

如果有40%以上的受试者提供了正确的隐喻释义标记，则在"隐喻理解可接受"标记为"是"，如果不到40%的受试者提供了正确的隐喻释义标记，则在"隐喻理解可接受"标记为"否"；相应地，如果30%以上的受试者认为隐喻理解难度低，则在"隐喻理解容易"标记为"是"，如果30%以上的受试者认为隐喻理解难度高，则在"隐喻理解困难"标记为"是"（由于在自评中，共有"容易""困难"和"难度适中"三个选项，因此选择30%而不是40%为分界线）。见表18-5。

表 18-5

	隐喻理解可接受	隐喻理解容易	隐喻理解困难
robust	是	是	
inject	是	是	
recover	是	是	

	隐喻理解可接受	隐喻理解容易	隐喻理解困难
rebound	是	是	
infant	是	是	
instrument	是		是
predatory pricing	否		是
deadweight loss	否		是
capital flight	是		是
cross-pollination	否		是
beggar-thy-neighbor	否		是
white knight	是		是
fuel	是	是	
dilute	是		是
leverage	是		是
wedge	是		
anchor	是		是
lift	是		是
hit the brakes	是		是
tighten the screws	是		是

通过把隐喻理解程度和隐喻难度自评结合起来，我们发现有 10 个词语的隐喻理解程度和受试者难度自评结果是一致的，即 robust、inject、recover、rebound、infant、fuel、predatory pricing、deadweight loss、cross-pollination、beggar-thy-neighbor。另外 9 个词语受试者的隐喻理解程度是可以接受的，但是受试者认为理解难度较大，即隐喻理解程度和难度自评结果相反。可见在加工处理这些词语的过程中，受试者付出了很大的认知努力。受试者在理解字面意思的基础上，要进一步进行认知推理，激活词语更广泛的语义网络，找到符合句意的释义。还有一个词语 wedge，由于受试者从语言教学中了解了该词的隐喻用法，因此半数以上的受试者认为隐喻理解"难度适中"。

综上所述，隐喻理解受到语言水平和认知能力两个因素的影响。如果受试者不了解语言的字面意思，会阻碍其正确推断出词语的隐喻意思。即使受试者掌握了词语的基本意思，如果不进行认知加工，仅局限于字面意思，也难以准确获取延伸意义。在有些情况下，即使受试者不了解词语的基本意思，但也能根据语境线索进行积极的认知推理，从而获取隐喻意义。本研究结果还说明，语言教学可以帮助受试者启动认知机制，激活源域的属性，并从中挑选中符合目标域特征的属性，从而发现适合的隐喻释义。本研究结果证实了魏耀章（2012）的研究结果。

第十九章　商务话语隐喻能力构建与商务英语教学

第一节　使用语料库辅助商务话语隐喻能力教学

一、使用语料库辅助教学的理论基础

1.语言习得理论

语言习得是指语言的学习和获取。根据语言习得理论，单纯的语言知识记忆不能确保学习者正确使用知识，只有经过大量的语言输入才能获取语言使用规律。克拉申（Stephen D. Crashen）的可理解性输入理论认为，如果语言输入是可理解性的，并且是充足的、大量的，学习者就会掌握超出现有语言水平的知识。语言习得是潜移默化的，当学习者接收到比现有语言水平更高的知识时，而且这种语言信息的输入数量充足，那么语言习得就会自动发生。根据克拉申，语言习得的前提条件是语言输入必须是可理解的、大量的、有趣的、相互关联的；语言输入必须是非语法程序安排的。因此，教师在语言教学中要为学生提供足够的可理解性输入信息，为语言习得的发生创造条件。

语料库辅助教学符合可理解性输入的前提。语料库为语言习得提供了大量的、真实的语言信息，通过语境共现、词语搭配等方式向学生呈现可理解性输入。和传统教学的举例相比，语料库的信息承载量要大得多。而且语料库的信息来自实际语言使用，趣味性强，密切联系现实，特别是开放型语料库，会跟随社会经济发展变化不断更新语料收集，能够激发学习者的学习热情和兴趣。因此，语料库辅助教学能够提供比传统语言教学更丰富、更真实的可理解性输入。

在语料库辅助教学中，学生是教学的中心，教师要为学生提供可理解性输入，学生通过分析、归纳可理解性输入中的语言使用，自然地习得语言。并且在教师合理的语言任务引导下，使用上述规律完成相应的交际任务，进一步促进、巩固语言习得的结果。

2.建构主义学习理论

建构主义学习理论是在行为理论和认知理论的基础之上发展起来的。传统的学习理论以教师为中心，学生被动地接收语言输入。认知主义理论认为，课堂应该以学生为中心，教师不仅要传授知识，更重要的是创设让学习发生的机会和条件，通过精心设计的语言学习任务，激发学习动力和热情，引导学生主动探索、主动发现和积极构建语言知识。学生以前的知识储备对后来的语言生成有很大影响，教师要激活学生的语言储备，使其对新知识的掌握发挥纽带作用。在从现有知识构建到新知识的过程中，学生完成了从已知到未知、

从熟悉的到陌生的知识过渡，使得语言习得在潜移默化中自然显现。因此，建构主义指导下的课堂教学以培养学生的学习能力为核心，以学生为主体，以获得直接经验和解决问题为主要组织形式，最终使学生从被动的感知者转变成为主动的学习者。

语料库辅助教学体现了学习者积极建构语言知识的特征。语料库辅助教学的理念要求学习者积极主动地探究、发现、归纳语言使用规律，其学习过程是自发的、积极的。在这种数据驱动型的学习中，学习者要主动检索关键词，从获取的大量索引行中识别词语的隐喻用法，并进一步地归纳词语的出现频率、搭配规律、语境共现情况。能够成功地获取、习得语言使用规律使得学习者的主动建构产生显著意义，进一步促进其建构语言规律的热情和愿望，使得语言习得呈现良性循环规律。

3.自主学习理论

在认知心理学和人本主义学习理论的基础上，自主学习理论得到发展。Holec（1991）引入自主学习理念，他认为自主学习（autonomous learning）指学习者自我管理学习的能力，具体来讲，在学习发生的各个环节实现自我管制，能够设定学习目标、选择合适的学习模式、掌握学习进度、合理地评价学习结果。Barry 等（2002）认为自主学习（self-regulated learning）指学习者进行自我调节的学习过程。如果学习者在元认知、动机和行为这三方面学习要素中都能积极地参与，那么其学习过程就具有自主性特征。自主学习能力不仅能使学习者驾驭学习过程，从制定目标、实施目标、评价结果的过程中获得语言知识，而且能培养其良好的学习习惯，为培养其终身学习能力打下坚实的基础。庞国纬（2001）认为，可以从学习的纬度和过程界定自主学习。如果学习者在学习的各个环节都能实现自我设定和监控，都能做出自主的选择和监督，那么学习过程就是自主性的。反之，如果各个环节都更多地诉诸教师和家长的调节和管理，那么学习过程就是被动的、非自主性的。

语料库辅助教学为具有自主学习意识的学生提供了有力的学习工具。通过大量真实的语料构成的语料库，学生可以充分发挥自主管理能力，从隐喻检索目标、隐喻意思识别、词语搭配频率和搭配规律归纳到完全理解隐喻意思，都可以通过语料库检索工具（如Antconc）实现，语料库语言学与计算机语言学的发展为自主学习提供了更便利的技术条件、更广阔的施展空间。因此，使用语料库辅助教学是自主学习模式在新技术条件下的更高层次的提升。

4.词汇语法理论

传统的词汇教学和语法教学是有明显的界限区分的。词汇着重于词语的用法，语法描写语言表现形式。Sinclair（2004）指出真正的词汇教学应该和语法教学相结合，即词汇语法理论（lexical grammar）。该理论认为语言描述单位是词汇意义与语法形式结合的意义单位（unit of meaning）。词汇学习不能脱离语境孤立地学习词语或只通过个别例句掌握词语的使用方法，而是要在包括语法在内的语境中观察、发现词语的使用规律。

语料库辅助教学提供了充足的、真实的语言实例，学生可以通过检索工具收集词语的语境共现信息，分类筛选与词语隐喻用法相关的索引行，并在此基础上归纳词语的隐喻搭配用法和频数。词汇语法理论打破了传统的割裂词汇教学和语法教学的做法，使用语料库的检索软件凸显了词语的搭配、语用特征，从而使得学习者能主动、积极地建构词语使用的语境意义。语料库辅助教学完全体现了词汇语法理论的精髓，即在语境中描写、学习词汇意义。传统的词汇教学以记忆词义为主，学习过程单一枯燥，缺乏趣味性，即使掌握了单个词语的意思，但是在话语语篇中理解词语意思仍然会遇到困难。因此计算机技术使得语料库工具成为实现词汇语法教学的最佳平台。通过利用语料库检索软件获取词语用法和搭配规律的语言知识，学生真正提高了语言习得能力。

二、商务英语语料库在隐喻能力教学中的应用

近年来，语料库语言学得到长足发展。使用语料库辅助外语教学也成为一种新的教学趋势。语料库收集了大量真实的语言素材，通过计算机检索软件，检索关键词的搭配规律、语言用法、语域信息等，使学习者能够从大量真实的语言素材中获取关键词的语言使用规律。在检索、归纳的过程中，学习者主动思考、积极探索，主动从大数据中发现、识别语言用法，建构语言使用体系。使用语料库辅助教学也被称为"数据驱动学习"（Data-driving learning，DDL）。数据驱动学习符合建构主义理论，在语言学习中，学生发挥主体作用、占中心地位，教师起到指导、启发、督促、帮助的作用。学习者在教师的引导下，以大量的真实语料为研究对象，运用检索工具，搜索、提取、归纳、提炼语言使用规律，在这个过程中提高了语言应用能力。

数据驱动教学模式是建立在语料库研究基础上的。可以使用已经建好的第二语言语料库或者自建语料库或者对比使用本族语和第二语言语料库。在使用语料库辅助学习的过程中，学习者充分发挥了主观能动性，真正实现了自主学习，体现了学习的独立性、自主性和体验性。传统的语言教学是以教师为中心的知识传授，学习者较为被动地接受知识，而在语料库辅助教学中，学习者可以实现自下而上地探索、寻找、归纳语言知识，体现了构建性的二语习得过程。

计算机定位索引技术是一种检索上下文语境的技术，可以检索关键词在规定跨度内（如50词或100词）的搭配情况。经检索获得的索引行显示了带有关键词的全部上下文语境，可以用于研究关键词的频数、搭配规律、语域特征等。语料库研究为语言学对词汇等语言单位的研究提供了新的研究工具，使得研究者可以采取自下而上、由特殊到一般的

研究方法去发现语言运用的规则。常用的语料库工具软件包括 Wordsmith Tools，是一款需要付费的商业软件。Antconc 是一款很实用的免费检索软件，可以实现词语检索、生成词表等功能。这些检索工具为语料库辅助教学提供了便利的技术条件。

下面以 beat 为例探讨使用语料库辅助培养隐喻能力的教学方法。

第一步：检索。Beat 在《朗文当代高级英语辞典》中的字面意思为 hit，如 The two prisoners were beaten unconscious. 为了让学生掌握 beat 在商务话语中的用法，我们可以鼓励学生使用由多本国外原版引进的商务英语教材组成的自建商务英语语料库，先后以 beat 及其变体 beating 为关键词（节点词），设定关键词左、右侧跨距分别为 50 词，根据研究需要可以调节跨距词语数量如 100 或 150。然后点击 search，进行搜索，检索结果中将关键词用红色标出，学习者可以找到该搜索词的句法、词汇共现（collocation）、语义韵（semantic prosody）以及语用的特点和规律。

第二步：归纳总结。以 beat 为例，检索结果展示了与 beat 搭配的词项以及扩展语境，首先人工区分带有字面意思和隐喻意思的句子。在检索到的 32 个句子中，有 3 句带字面意思，29 句带有隐喻含义。从带有隐喻意思的句子中发现，从使用频率上看，beat the competition（competitors）（10 次），beat the market（2 次），beat a path（2 次）。还有介词搭配，beat down 和 beat out。从 beat 的变体形式 beating 的搜索结果中，我们发现 beating the competitor/retailers/opponent，还有来自动词短语的动名词形式 beating out competitors。

第三步：设计语言任务。教师可以设计相应的语言任务用以巩固学习者发现并归纳的语言知识。语言任务要从语料库中检索到的索引行中提取，通过对文本进行编辑和筛选，选出典型的搭配范例，精心设计形式多样的语言实践活动，帮助学习者在语言应用中掌握词语的搭配用法。本例中学生通过使用 Antconc 检索软件，在自建商务文本语料库中检索到了 beat 的语境共现实例。经过观察、分析，发现其搭配规律。以下练习可以用以巩固学习者发现的规律。

Fill in the blanks with the words given in the box. You can use the words more than once.

> beat down，beat out，beat，beating

In the mid-size Brazilian city of Ribcirao Preto，shoppers practically _____ the doors to scoop up bargain-priced microwave.（《供应链设计和管理》）

In the fierce competition，Harvard University students Michelle Crames and Jeff Norton _____ hundreds of challengers to take the first-place.（《企业家和小企业管理精要》）

The competition between firms stimulates innovation as the firms try to _____ their competitors and reap potentially enormous first-move advantage.（《企业家和小企业管理精要》）

Considering the likely future changes in exchange rates, a company cannot _____ the market by investing in forecasting services. (《国际商务》)

In face of strategic alliance, there's little to be gained by "_____ around the bush". (《国际谈判》)

Many companies in the supermarket industry have taken a _____ as discount mass retailers have expanded their superstore concepts. (《企业家和小企业管理精要》)

（Keys：beat down，beat out，beat，beat，beating，beating）

语料库辅助教学特别适合培养第二语言隐喻能力的教学。学习者可以使用语料库接触到最真实地道的词汇用法和语法知识，将语言形式和意义融为一体。语料库辅助教学法通过扩展性的上下文语境为学生提供了词语的使用方法，让学生从真实的话语中摸索、归纳语言知识，形成持久性的记忆。

语料库辅助教学打破了传统教学中有限的学习材料、分裂式的词汇和语法学习，通过提供大量的、丰富的语言材料，激发学生的语法意识，在语境中探索词语的意义单位。可以说，语料库为学习者提供了一座语言学习的宝库。正因如此，近年来语料库语言学正在广泛应用于外语教学中，渗透在词汇教学、语法教学、写作教学乃至文化教学的各个语言教学方面。

下面再以 economic growth（经济增长）在商务话语中的隐喻意思为例，探讨语料库辅助教学在词汇隐喻意义教学中的应用。Growth 的字面意思为生物学意义上的动植物或人类的成长。商务话语中，将经济增长视为有生命体的成长或非生命体的发展过程，经历着萌芽（出生）、成长、成熟到凋零（衰老）的生命周期。为了让学生掌握 economic growth 在商务话语中的隐喻意思，掌握其共现语境，教师可以引导学生以 "economic growth" 为关键词（节点词），在自建的由商务英语教材组成的商务话语语料库中进行检索，结果得到 108 条索引行，全部都是 growth 的隐喻意思。进一步地让学生分类筛选 economic growth 之前的动词搭配和之前的形容词即修饰语搭配，从中挑选出典型的搭配语境，归纳结果如下。

economic growth 之前的动词搭配：

（1）Although opponents concede that the agreement is likely to spur economic growth, they point out that segments of the U.S. economy will be harmed.

（spur economic growth 促进经济增长）（《国际商务》）

（2）Another way policymakers can foster economic growth is by protecting property rights and promoting political stability.

（foster economic growth 促进经济增长）（《国际商务》）

（3）More recently， government has become concerned with finding economic policies which boost long-term economic growth.

（boost economic growth 促进经济增长）（《国际商务》）

（4）As a result， the pace of economic growth slows and future living standards will decline.

（economic growth slows 经济增长放缓）（《国际商务》）

（5）Creative and its business sides， relying on a newfound financial and managerial discipline to drive economic growth.

（drive economic growth 驱动/推动经济增长）（《市场营销原理》）

（6）The development of the Pacific Rim's consumer markets are likely to fuel major economic growth.

（fuel economic growth 推动经济增长）（《国际商务》）

（7）Economists differ in their views of the role of government in promoting economic growth.

（promote economic growth 促进经济增长）（《经济学原理》）

economic growth 之前的形容词搭配：

（1）This resulted in a mind-set more akin to the gift of lotto tickets-encouraging aggressive growth and accounting in the interest of earnings growth and share price appreciation.

（aggressive growth 积极的增长）（《国际商务》）

（2）Many countries try to ensure the continued growth of local firms and investors by requiring that foreign firms operate jointly with local firms.

（continued growth 持续的增长）（《国际商务》）

（3）Some of the world's poorest countries have tried to achieve more rapid economic growth by pursuing inward-oriented policies.

（rapid growth 快速的增长）（《经济学原理》）

（4）These kinds of capital that need to be preserved so that we can maintain "sustainable" economic growth.

（sustainable growth 可持续的增长）（《微观经济学》）

（5）Similarly，during the spectacular economic growth in South Korea from 1962 to 1995， caloric consumption rose by 44 percent.

（spectacular growth 快速的增长）（《经济学原理》）

（6）All measures of productivity showed a marked growth slowdown， and real wages and living standards consequently stagnated over this period.

（marked growth 显著的增长）（《微观经济学》）

（7）Each of these costs shows some way in which persistent growth in the money supply does, in fact, have some effect on real variables.

（persistent growth 持续的增长）（《经济学原理》）

（8）These critics advocate a passive monetary policy, such as slow and steady growth in the money supply.

（steady growth 稳步的增长）（《经济学原理》）

（9）The next half-century saw sustained growth in government's involvement in the economies of North America and Western Europe.

（sustained growth 可持续的增长）（《微观经济学》）

学生通过主动学习，归纳总结出上述与 economic growth 典型的动词、形容词搭配。促进经济增长可以用六个动词表达 spur、foster、boost、drive、fuel、promote，表示快速的经济增长用 aggressive、rapid、spectacular、robust 等形容词修饰 growth。这些丰富的语境共现情况是孤立的词汇学习无法获取的。从语料库中检索到的语言素材能够充分激发学生的学习兴趣，使其能够主动发现构建 economic growth 的搭配规律，真正做到"以学生为中心"的自主学习、自我管理式学习。为了加深巩固学生掌握的语言规律，教师可以设计适合的语言学习任务，让学生在使用语言中实现更好的学习效果。关于教师任务的设计，在隐喻能力的实证分析部分，针对商务英语隐喻能力培养的教学方法中会进一步探讨。

第二节　提高商务话语隐喻能力的教学方法

一、概念型教学法

近年来，概念型教学法或基于概念的教学法（concept-based instruction）在外语教学界引起了较大关注。概念型二语教学理论认为传统的二语教学将理论碎片化，按照认知程度从低到高、循序渐进地将语言知识传授给学习者。尽管这种方式易于学习者接受、消化语言知识，但也显现出弊端，即学习者难以构建语言知识体系，难以将语言知识的不同部分组建成相互关联的系统。因此，概念型教学主张将概念讲解显性化，即直接从概念讲解切入，让学生掌握概念的核心含义，先建构出概念知识的体系，再通过语言活动进一步理解概念，并使用概念完成语言任务。概念型教学任务传统的二语教学评价体系是以结果为导向的，可以衡量学习者当前的语言水平，但难以预测学习者的发展潜力。为此，该理论提倡运用中介的种类及抽象程度，以及中介调解者的类型及其作用范围来评价学习者的学习过程及水平。Lantolf（2011）认为，有些学习中介是物质的，比如文具、电脑等，有些学习中介是符号化的，比如图形、表格、图示、语言等。物质中介的抽象程度低，符号中介的抽象程度高。人类认知要从抽象程度低的物质中介逐渐过渡到抽象程度高的符号中介。因此，借助层级式的中介工具对语言学习是非常重要的。

商务领域作为后发展起来的"软科学"，要借助已经广为接受的"硬科学"的概念和体系用以缩短和公众的距离，使得学科获得一席之地并不断发展壮大。机器隐喻借助物理学科的影响力使得经济概念更具体化、形象化。随着社会经济的发展，生命隐喻也逐渐显现出重要地位，和非生命隐喻（机器隐喻）一起为搭建经济学理论奠定基础。除了机器隐喻、生命隐喻这两类概念隐喻之外，容器隐喻、方位隐喻、液体隐喻、建筑隐喻、战争隐喻、旅途隐喻等概念隐喻都是商务话语中常见的隐喻类型。掌握这些不同种类的概念隐喻对理解商务话语具有提纲挈领的作用，能够达到事半功倍、触类旁通的效果。诚然，这些概念隐喻不能涵盖全部的隐喻表达，但是通过建立概念隐喻体系，可以掌握隐喻运行的机制，能够获取分析、理解隐喻含义的方式方法，能够形成隐喻思维和隐喻意识，建构破解商务话语中的隐喻意思的分析框架。因此，概念型教学法非常适用于商务话语中的隐喻教学，能够增强学习者的隐喻意识，有利于快速、准确地解释隐喻意思。

概念型教学法按照解释（explanation）——→物化（Materialization）——→交际活动（communicative activities）——→言语化（verbalization）——→内化（internalization）的顺序组织教学。第一步：解释。系统、科学地解释概念本身。对于比较抽象的概念，可以通过追本溯源厘清其发展脉络，以及与相关概念的关联网络，从而达到有效理解的目的。第二：物化。指把抽象的概念具体化、形象化、符号化，把科学概念转化成现实生活中的可指称事物，为学习者的理解搭建中介平台。第三：交际活动。通过对话、讨论、个人展示等交际语言任务，深化对概念的理解。第四：言语化。通过激发学习者使用元语言知识来解释概念，使学习者逐渐抛开物化中介，转而依靠自己对抽象事物的认知和语言能力完成语言任务，将自己对概念理解浓缩化、内化为知识体系存储在大脑中。

以 price floor（最低限价）为例。第一步：解释。Price floor is the legal minimum on the price at which a good can be sold. The price can't be lower than that. When the price floor is above the equilibrium price, the price floor is a binding constraint on the market. The forces of supply and demand tend to move the price toward the equilibrium price, but when the market price hits the floor, it can fall no further. The market price equals the price floor. At this floor, the quantity supplied exceed the quantity demanded. Some people who want to sell the products at the going price are unable to. Thus, a binding price floor causes a surplus. 最低限价是法定

224

的最低价格,价格不能超过该价格。当最低限价高于均衡价格时,最低限价是有约束力的。供给和需求的相互作用会使得价格向均衡价格转移,但是遇到最低限价时价格不会继续波动,会保持在最低限价。此时,供给量超过需求量,导致生产过剩。

第二步:物化。Price floor 的隐喻意思比较清晰,地板即为房间或空间的最低处。因此在市场价格中,price floor 是法定的最低价格。

第三步:交际活动。让学生观看一段关于"最低工资对劳动力市场影响"的视频。视频内容如下。

"The right minimum wage:$ 0.00". That was the headline of an editorial in one of America's most prestigious newspapers. This editorial appeared in the New York Times in 1987. "There's a virtual consensus among economists," the Times wrote, "that the minimum wage is an idea whose time has passed." So, economists and the liberal paper were on the same page. Why? Because they understood that a minimum wage does not guarantee jobs. It guarantees only that those who get jobs will be paid at least that minimum. And that lead to two bad outcomes: unemployment and higher prices. It can be best explained by answering a simple question: what is a wage? A wage is the price of labor. Now what happens if the price of labor rises, not because workers have become more productive, not because a business must pay higher wages to hold on to valuable employees but only because the government requires it? When the minimum wage rises, employers will adjust. They will use less labor. They will fire current employees or cut back on their hours. They will also raise prices for their goods and services. These are undesirable consequences. Let's also consider another bad effect. Businesses will hire fewer workers, especially those with little or not job experience. Suppose you're young and haven't worked many jobs before. Maybe you've never had a job and are trying to land your first one. The work you can offer an employer may be worth only $7 an hour. Both of you agree and you have your first job. But what if the minimum wage set by the government is higher than $7? What if it's $10 or more?

You won't get the job. You may be willing to work for $7 an hour. But under minimum wage laws, it would be illegal for you to do so. Paul Samuelson, the economist, said: "What good does it do a black youth to know that an employer must pay him a minimum wage if the fact that he must be paid that wage keeps him from getting the job?"And that young person loses more than a paycheck. He also loses valuable work experience, learning to accept responsibility, dealing with the boss, getting along with co-workers, all the things that demonstrate to an employer that he made the right choice in hiring and all the things that will help that young person get a better paying job down the road. A recent study found that in some cities the unemployment rate for teens without a high school diploma approached 50%. Pricing these teens out of the labor market does them no favors. It's not doing the society any favor either. Teenagers who can't find jobs often find trouble.

组织学生完成两项语言任务。一是以小组形式讨论最低工资对劳动力供给、劳动力需求的影响，然后小组选派代表进行展示。二是模拟采访。两名同学分别扮演记者和在麦当劳做兼职工作的学生，假如原来每小时工资 20 元，现在涨到 25 元，采访一下调整后的最低工资对在麦当劳做兼职工作的学生有哪些影响。

第四步：言语化。为学生提供一段关于中国政府调整最低工资的新闻报道。内容如下：根据我国《最低工资规定》，最低工资标准一般以月最低工资或小时最低工资的形式计算，每两年要根据经济形势、物价水平进行调整。但在 2019 年，对最低工资进行调整的省份逐渐减少，原因与企业经营处于困境，人力资本增加有关。工资增长速度超过劳动生产率的增长速度，使得企业竞争力不足。为保持竞争力，不少企业使用代工制，但这只是权宜之计，不能解决企业长期用工问题。随着经济发展，新的业态、新的就业形式不断出现，《劳动合同法》在实施的过程中出现了一些问题，比如企业人力成本增长，因此需要对其进行修订和调整。实施最低工资是为了保障劳动者的基本生活条件，但也要考虑到企业的实际人力成本、生产率增长速度与工资增长速度的差距，否则企业成本提高会导致部分劳动者失业，或者由于成本上升降低竞争力，引发经营不善，影响全部企业员工的就业问题。

让学生根据前三步学习的最低工资知识点，分析中国调整最低工资中遇到的问题及产生问题的原因。在言语化的过程中，教师要尽量鼓励学生发表个人见解，并对阐述观点的角度、观点是否适当、是否应用最低工资理论给予评论。

二、案例分析教学法

案例分析教学法是以真实的案例为背景，让学习者运用相关理论知识分析案例中的问题所在，并提出具有可行性的解决方案。案例分析教学法强调以实践为基础，以结果为导向，学习者的语言要努力以分析问题、解决问题为核心。案例分析教学法使用的商务情境为构建商务概念，掌握概念的背景、特征，熟悉概念的操作机制创造了良好的语言环境。因此，对在语境中充分理解词语的隐喻含义大有裨益。

与传统的"填鸭式"教学不同，教师在案例教学中发挥主导作用，积极启发学生的隐喻思维，为扩大语义网络提供线索。学习者在老师的启发下，不断发挥类比性思维，从已知的、具体的、熟悉的事物中推理未知的、抽象的概念或商务流程。

与传统的举例不同，案例分析并不停留在表层理解，而是以真实的情境把学生带入决策环境中，重在分析问题、挖掘原因、权衡各种制约因素，从而找到解决问题的最优方案。

　　这种深入思考的意识对超越字面意思深入挖掘隐喻含义具有正向的启动作用，使学习者避免局限于词语的表面意思，影响对隐喻意思的理解。

　　以获取 wedge 的隐喻含义为例。我们可以先创设情境，引导学生积极思考，通过问题来导入与 wedge 有关的隐喻意思。比如，你创办了一家公司，每月月底为员工发薪水。应该发给某员工 6400 元，而员工实际获得 6200 元。什么原因造成了应发金额和实发金额之间的差额？（Let's say，you start up a company upon graduation. You've rent an office and hired some workers for your business. At the end of every month，you need to pay for your workers. One of the workers is supposed to get 6400 yuan according to the contract you signed，but he is rewarded with 6200 yuan instead. What leads to the difference between the wage you pay and the wage the worker receive? ）

　　在激发学生学习热情之后，可以使用案例教学法为学生提供理解隐喻意义的情境，如下例。让学生在分析案例背景、案例问题的过程中产生语义联想，充分利用语境线索激发与 wedge 目标域（价格）有关的源域（楔子）的属性，继而发现正确的隐喻意思。

　　Case Study：Can Congress Distribute the Burden of a Payroll Tax?

　　If you have ever received a paycheck，you probably noticed that taxes were deducted from the amount you earned. One of these taxes is called FICA，acronym for the Federal Insurance Contributions Act. The federal government uses the revenue from the FICA tax to pay for Social Security and Medicare，the income support and healthcare programs for the elderly. FICA is an example of a payroll tax，which is a tax on the wages that firms pay their workers.

　　Who do you think bears the burden of this payroll tax-firms or workers? When Congress passed this legislation, it tried to mandate a division of the burden. According to the law，half of the tax is paid by firms，and half is paid by workers. Our analysis of tax incidence，however，shows that lawmakers can't so easily dictate the distribution of a tax burden. The key feature of the payroll tax is that it places a wedge between the wage that firms pay and the wage that workers receive. The division of the burden is not necessarily fifty-fifty，and the extent to which workers and firms shoulder the burden depends on by how much the labor is needed by the firms.

　　（Source：Principles of Economics. N. Gregory Mankiw. 清华大学出版社，2018）

　　组织学生根据案例内容讨论如下问题：

　　Can Congress distribute the burden of the payroll tax? Who bore the burden of the payroll tax?

What did the burden of the payroll tax rest on?

What did "wedge" mean in the case of the payroll tax?

学生在讨论过程中，会发现企业给员工的应发工资和企业实际支付给员工的实发工资不一样，二者存在差距，这个差距（difference）就是个人所得税，因此 wedge 就是在企业应发工资和实发工资之间插入的楔子（wedge）。

三、研讨式教学法

研讨式教学充分体现了"以教师为主导，以学生为主体"的教学思想。教师作为"监督者"（monitor）、"引导者"（guide）、"帮助者"（facilitator），对学生的思维加以引导和启发，让学生进行有意识的思考，对问题进行认知上的加工处理，积极探索可能的解决方式，通过一系列认知努力达到学习目标。可以通过头脑风暴（brainstorming）让学生思想碰撞，从而激发更多灵感和见解。鼓励学生展开讨论，充分分析个人观点的优劣性，产生自主式、探索式和协同式的学习模式。

Littlemore & Low（2006）探讨了在外语课堂中启发学习者进行隐喻思维对隐喻能力培养帮助很大。研究在日本的高级英语学习者的英语课堂中进行，要求学习者理解"skirt around"的隐喻意思。不同的学习者提出了不同见解，他们产生的比喻联想相互启发，共同发现了短语 skirt around 的延伸语义。学习者 A 捕捉到裙子的显性特征，即遮盖膝盖以上的身体，并用肢体语言表现出来，沿膝盖画个圈再旋转一圈，由此激发了学习者 B 联想到和旋转有关的"围绕"。因此，在启发学习者进行隐喻思维的时候，可以采用研讨式教学，通过思想的碰撞，激发不同的心理联想，层进式地接近隐喻含义，最终共同发现扩展意义。这种学习模式能够增强学习者对隐喻思维能力培养的积极性和参与度，能够在思想的碰撞中实现相互学习，学习者之间的灵感激发成为强大的内驱力。

比如，在讲解经济学概念"elasticity"时，可以采用研讨式方式启发学生的隐喻思维。先让学生思考 elasticity 的字面意思，并用肢体语言表现出来。学习者 A 联想到"篮球的弹力"，于是做了连续拍球的动作。学习者 B 受到启发后，改编了肢体动作，仍然是连续拍球，但每次手落下后再抬起的高度不同，时高时低。小组的其他成员领悟到"篮球的弹力"程度不同，有大小之分。结合经济学话语语境，"Elasticity measures the responsiveness of one variable to the change in another variable"，学习者联想到球的回弹是对拍球这个外力做出的反应，而且这种反应程度可能不同，同样地，当给某个经济学变量施加外力时，这个变量做出的反应也不同，有强弱之分。进一步，经济学的外力可能就是改变另一个变量，从而导致研究变量做出反应。于是能够得出结论，弹性指某个变量对一个变量的变化做出的反应程度。如果反应程度大，就是富有弹性的；如果反应程度小，就是缺乏弹性的。

还可以进一步采用研讨式学习区分"缺乏弹性"（inelastic）和"没有弹性"（perfectly inelastic）的概念。学习者 A 可以在拍球动作结束后，将手一直落到地面，意为球没有再弹起。学习者 B 在拍球动作结束后，将手回落一小段，意为球弹起的幅度很有限。这种形象的演示方法有利于促进学习者展开比喻联想，通过不同学习者从演示中获取的心理联想，共同区分这组易混淆的概念。

由此可见，研讨式教学对启发学生进行隐喻性思维非常有意义。个人的比喻联想能力虽然有限，但是在学习者之间或师生之间相互启发和激活的作用下，学习者的联想思路和范围会得以扩大，逐渐形成隐喻性的思维方式。

第三节　在词汇教学中提高隐喻能力

词汇是语言构成的基本要素，是第二语言学习的基础，是听、说、读、写、译各项技能的基石，因此词汇教学是语言教学的重要组成部分。作为特殊目的英语，商务话语中不仅充斥着大量的专业术语，而且还有许多普通用途英语的变体形式，即普通用途英语在商务语境的不同词义。因此，商务英语的词汇教学将语言学习和专业知识融为一体，贯穿商务知识和语言知识两条线索的学习。也正因此，商务词汇成为许多学习者特别是初学者在语言学习中的主要障碍。为了有效克服词汇障碍，在商务英语教学中可以使用数据驱动型学习，让学生在足量的语言输入中摸索、探究语言搭配方法，归纳语言使用规律，这种积极的建构性学习还能提升语言学习兴趣，增强学生自信心和主动性。

具体来讲，可以利用语料库语言学和计算机语言学的发展成果，使用现有的语料库或采用自建的语料库，让学生检索关键词，设定关键词前后的跨距（word span）以检索词语的上下文语境信息，获取关键词所在的全部索引行之后，采用人工识别隐喻意思。可以以小组为单位，逐一讨论辨析各个索引行中包含关键词的字面意思还是隐喻意思，在这种小组合作式、探究式学习中，增强主动性和积极性。然后将筛选出的带有隐喻意思的索引行归类，从中归纳出关键词搭配的词频、搭配规律和共现语境，从而掌握词语隐喻用法的使用规律。正如 Sinclair（2004）提倡的词汇语法教学一样，语言描写是词汇意义和语法形式结合起来的意义单位。语料库辅助教学能够让学习者在大量的语言实例中，搜索关键词的语法的、语义的、语用的共现语境，从而构建词语的意义，而不是机械地、孤立地记忆词语的意义。

目前国内英语语料库建设还处于起步阶段。英语语料库的建立分为三类：英语学习者语料库，如由广东外语外贸大学和上海交通大学联合开发的中国学习者英语语料库 CLEC，由南京大学建设的中国英语专业语料库 CEME 等；平行语料库，如由北京外国语大学建设的汉英平行语料库 PCCE；特殊英语语料库，如由河南师范大学建设的中国英语语料库，由上海交通大学建设的新视野大学英语教学语料库，由解放军外国语学院开发的军事英语语料库（Corpus of Military Texts），由黑龙江大学语料库开发与应用研究中心建设的商务英语语料库。

胡春雨（2014）使用了 DCE、WebCorp、COHA、COCA、TMC 五个语料库检索 bubble 在经济学话语和大众话语中的历史变化及引发机制。DEC(Diachronic Corpus of Economics) 为研究者自建语料库，收集了西方经济思想史的著作。WebCorp 为网络语料库，收录了涉及政治、经济、文化、艺术各个话题的英语语料。COHA（Corpus of Historical American English）收录了 4 亿字符，包括 1810 年至 2009 年的美国英语样本，收录的语料以 10 年为界限保留了各个时代的语言特色，同时保持了各种体裁的均衡，如口语、小说、杂志、报纸和学术五类体裁语料的平衡。COCA（Corpus of Contemporary American English）是美国动态语料库，收录了从 1990 年至 2012 年的美国英语语料，也保持了五类体裁的平均分布。TMC 收集了 20 世纪近一百年的美国主流杂志 Time 上刊载的文章，所收纳字符数为 1 亿。

语料库辅助教学对商务英语教学的重要性及目前语料库建立的不足使得开发建设商务英语语料库的任务迫在眉睫。本研究使用了由英文原版商务英语教材组成的自建商务英语语料库。该语料库包括由中国人民大学出版社、清华大学出版社、机械工业出版社等出版社引进的 15 本教材，即《营销原理》《消费者行为》《广告与促销》《服务营销》《国际商务》《战略管理》《小企业管理》《当代物流》《供应链设计与管理》《管理经济学》《曼昆经济学》《国际谈判》《国际贸易》《公共关系战略与战术》《电子商务基础》。语料库收录了 215 万字符，但是收录的教材数量还不够，收录字符数较少，还需要加以扩充和完善。另外，本语料库可以检索商务类教材的语言使用特征，但是缺乏对动态的、最新的商务新闻和报道的收录，不能反映最新的、灵活的商务话语语言使用规律，还需要补充如《经济学人》《时代周刊》《中国日报（英文版）》等经济类期刊的语言素材。

第四节　在文化教学中提高隐喻能力

二语习得理论研究表明，二语习得者语言能力发展不足主要是由于缺乏第二外语的思维所致，而不是由于语法能力弱所致。由于缺少对第二语言概念系统的认知，语言学习者经常用母语的概念系统来解释第二语言概念系统，造成语言产出上的直白性，甚至是语意误解。虽然隐喻是人类身体经验在思维意识中的反映，具有普遍性和共性，但是来自不同民族和文化背景的人即使身体经历了同样的感受，产生的心理映射也可能有所不同，由同样的身体经验激发的比喻联想可能会有差异。因此不可忽视在隐喻联想中的文化因素，如果直接套用母语的心理映射，很容易在理解隐喻时发生误解。比如，亚洲四小龙 "the four Asian tigers"，龙是我们中华民族的核心图腾，象征最高的地位和权力，历代封建帝王都自称真龙天子、穿龙袍、坐龙椅，龙腾虎跃、龙马精神、龙飞凤舞都是形容龙带来的精气神。"亚洲四小龙"代表着经济上欣欣向荣、一派繁荣气象的四个亚洲国家和地区。可是如果直译成 dragon，恐怕不合时宜。因为 dragon 在英语文化中是邪恶、专制的化身，是面目狰狞、令人不寒而栗的代名词，因此译成 dragon 就是对意思的曲解，使得这四个亚洲国家和地区成为亚洲地区的专制势力、邪恶力量。而 tiger 在英语中具有威猛、刚劲之意，因此译为 "the four Asian tigers" 而不是 "the four Asian dragons"。由此可见，在学习第二语言时要充分关注文化因素产生的不同心理映射对理解隐喻意思的影响。

文化不仅包括历史、地理、社会制度等具体表征，还包括价值观、信仰、文化传统、民俗习惯等抽象表征，文化是多维的、立体的、动态的。语言是文化的载体，也要随着文化的变化不断创造新的表达，或者扩展、延伸现有词语的意思。因此词语的隐喻意思也在不断发展中，有些词语的隐喻意思由开始的新异隐喻随使用范围扩大而变成规约性较高的常规隐喻，甚至超越字面意思成为词典编纂的首条项目。一些词语的隐喻意思由"活隐喻"变成"死隐喻"，与此同时，新的"活隐喻"随着社会文化发展不断显现。因此，在二语学习中，要保持开放的心态，要从接受第二语言的思维方式和文化习惯切入，才能真正实现思维方式指导下的语言使用。

在商务英语教学中，教师要从产生诸多隐喻表达的概念性隐喻切入，结合商务话语、经济学话语发展的历史进程，让学生了解引发词语隐喻意思的社会文化背景，才能起到举一反三、事半功倍的效果。机械隐喻（The economy is a machine）凸显了经济体的系统性、动态性，正如机器需要动力引擎（engine）、需要助燃（fuel）、需要定期检损维修（maintain）一样，经济体也需要被拉动（driven/pushed/stimulated/spurred）、被牵引（stimulated/boosted/fostered）、被维护（checked）。机器隐喻的诞生有特定的文化背景，当时物理科学是公认的硬科学 "hard science"，一批出身数学、物理学、医学的学者转而研究经济现象，因此采纳物理领域的机器隐喻提高经济学的社会地位。生命隐喻（The economy is an organism）强调了经济体的发展过程、周期性特征，经济的兴起、发展、繁盛、衰退、萧条是必然的经济发展过程，不论宏观层面的国家经济还是微观层面的企业运行、产品发展都要遵循周期性规律。我们可以尽量延长产品生命周期中的成长和成熟阶段，或者不断研发新产品实现更新换代。企业可以不断推陈出新，研发新产品或改进产品，扩大目标客户群体，或拓展海外市场来保持旺盛的生命力。国家可以不断创新生产方式，寻找新的经济增长点来保持经济的稳定增长。不论微观经济体还是宏观经济体都要在不断发展中求得生存。旅途隐喻（The economy is a journey）凸显了经济发展的过程性特征。经济发展要设定明确的目标（target），要选择合适的发展道路（course of action），途中可能遭遇颠簸（ups and downs），可能经历转折点（turning point）等。战争隐喻（The economy is a war）强调了经济发展的竞争性特征。商场如战场，商战是没有硝烟的战争。要想在战争中取胜就要制定战略与战术（strategies and tactics/campaign/target/defend/attack/conquer），储备人力和物资（weapons/veteran），做好流血牺牲（blood/struggle/war/fierce）的准备。在通过语料库辅助教学让学生检索各类概念隐喻关键词获得大量、充足的索引行之后，学生会归纳总结商务话语中的概念隐喻，从思维方式上体会第二语言如何表达商务概念，从而真正地培养理解商务话语词语隐喻的意识，提高对词语隐喻意思的理解。

参考文献

[1] ALEJO R. Where does the money go? An analysis of the container metaphor in economics：The market and the economy[J]. Journal of Pragmatics，2010，42（4）：1137-1150.

[2] ALEXANDER R J. Metaphors，connotations，allusions：thoughts on the language- culture connection in learning English as a foreign language[J]. L.A.U.T. Series B，1983，Papers（91）：1-22.

[3] ARISTOTOLE. Rhetoric and Poetry [M]. New York：The Modern Library，1952.

[4] BACHMAN L. Fundamental Considerations in Language Testing[M]. Oxford：Oxford University Press，1990.

[5] BERTOCCI P. Community structure and social rank in two villages in Bangladesh[J]. Contributions to Indian Society，1972，6（1）：28-52.

[6] BIBER D. Representativeness in corpus design[J]. Literary and Linguistic Computing，1993，8（4）：243-257.

[7] BICHIERI C. Should a scientist abstain from metaphor?[M] //KRAMER A，MCCLOSKEY D，SOLOW R.The Consequences of Economic Rhetoric. New York：Cambridge University Press，1988.

[8] BLACK M. Metaphor. //BLACK M（ed.）.Models and Metaphors：Studies in Language and Philosophy [M]. Ithaca：Cornell University Press，1962：25-47.

[9] BOERS F. Metaphor awareness and vocabulary retention [J]. Applied Linguistics，2000，21（4）：53-571.

[10] BOERS F，DEMECHELEER M. Travellers，patients and warriors in English，Dutch and French economic discourse [J]. Revue Belge de Philosophie et d'Histoire，1995，73（3）：673–691.

[11] BOERS F. When a bodily source domain becomes prominent：the joy of counting metaphors in the socio-economic domain.//GIBBS R W，STEEN G(eds.).Metaphor in Cognitive Linguistics. Amsterdam：John Benjamins，1999.

[12] BONDI M. English Across Genres [M]. Modena: Edizioni Il Fiorino，1999.

[13] BURBULES N C，SCHRAW G，TRATHEN W. Metaphor，idiom，and figuration[J]. Metaphor and Symbolic Activity，1989，4（2）：93-110.

[14] CAMAC M K, GLUCKSBURG S. Metaphors do not use associations between concepts, they are used to create them [J]. Journal of Psycholinguistic Research, 13 (6): 443-455.

[15] CAMERON L, LOW G. Researching and Applying Metaphor [M]. Cambridge: Cambridge University Press, 1999.

[16] CAMERON L, LOW G. Metaphor [J]. Language Teaching, 1999, 32 (2): 77–96.

[17] CAMERON L. Metaphor in Educational Discourse[M]. London: Continuum, 2003.

[18] CAMERON L, DEIGNAN A. Using large and small corpora to investigate tuning devices around metaphor in spoken discourse [J]. Metaphor and Symbol, 2003, 18 (3): 149–160.

[19] CANALE M, SWAIN M. Theoretical bases of communicative approaches to second language teaching and testing [J]. Applied Linguistics, 1980, 1 (1): 1–47.

[20] CANALE M. From communicative competence to communicative language teaching pedagogy [C] // RICHARDS R C, SCHIMIDT R W(eds.).Language and Communication. London: Longman, 1983.

[21] CARROLL J B. Human Cognitive Abilities: A Survey of Factor-Analytic Studies[M]. Cambridge: Cambridge University Press, 1993.

[22] CARTER R. Language and Creativity: The Art of Common Talk [M]. London: Routledge, 2004.

[23] CEKAITE A, ARONSSON K. Language play, a collaborative resource in children' s L2 learning [J]. Applied Linguistics, 2005, 26 (2): 169–191.

[24] CHAPELLE C, GREEN P. Field independence/dependence in second language acquisition research[J]. Language Learning, 1992 (42): 47–83.

[25] CHARTERIS-B J, MUSOLFF A. Battered hero' or 'innocent victim'? A comparative study of metaphors for euro trading in British and German financial reporting [J]. English for Specific Purposes, 2003, 22 (2): 153–176.

[26] CHARTERIS-B J . Metaphor and vocabulary teaching in ESP economics [J]. English for Specific Purposes, 2000, 19 (2): 149–165.

[27] CHIAPPE D L, CHIAPPE P. The role of working memory in metaphor production and comprehension [J]. Journal of Memory and Language, 2007, 56 (2): 172-188.

[28] COOK G. Schema [J]. ELT Journal. 1997, 51 (1): 86.

[29] CORTAZZI M, JIN L. Bridges to learning: metaphors of teaching, learning and language. [M]//CAMERON L J, LOW G D(Eds.).Researching and Applying Metaphor Cambridge . Cambridge: Cambridge University Press, 1999.

[30] DANISE M. The role of metaphor in second language pedagogy [J]. Rosegna Italiana di Linguistica Aplicata, 1986, 18（3）：1-10.

[31] DANISE M. Learning and teaching languages：the role of 'conceptual fluency'[J]. International Journal of Applied Linguistics, 1995, 5（1）：3-20.

[32] DEIGNAN A. Collins Cobuild English Guides 7：Metaphor [M]. London：Harper Collins, 1995.

[33] DEIGNAN A, GABRYS D, SOLSKA A. Teaching English metaphors using cross-linguistic awareness raising techniques [J]. ELT Journal, 1997, 51（4）：353-360.

[34] DEIGNAN A. A corpus-based study of some linguistic features of metaphor. [D].Birming ham：Unpublished University of Birmingham, 1998.

[35] DEIGNAN A. Metaphorical polysemy and paradigmatic relations：A corpus study [J]. Word, 1999, 50（3）：319-338.

[36] DEIGNAN A. Metaphorical expressions and culture：historical and indirect links [J]. Metaphor and Symbol, 2003, 18（4）：255-272.

[37] DEIGNAN A. Metaphor and Corpus Linguistics [M]. Amsterdam：John Benjamins, 2005.

[38] DESMOND J. Marketing and the war machine[J]. Marketing Intelligence and Planning, 1997, 15（7）：338-351.

[39] FAIRCLOUGH N. Discourse and Social Change[M]. Cambridge：Polity Press, 1992.

[40] FAUCONNIER. Mental spaces, language modalities, and conceptual integration// TOMASELLO M（eds.）.The New Psychology of language：Cognitive and Functional Approaches to language Structure [C], Mahwah, NJ：Lawrence Erlbaum, 1998.

[41] FAUCONNIER G, TURNER M. The Way We Think：Conceptual Blending and the Mind's Hidden Complexities[M]. New York：Basicbooks, 2002.

[42] FILLMORE C J. On fluency //FILLMORE C J, KEMPLER D, WANG W S-Y （eds.）.Individual Differences in Language Ability and Language Behavior. New York：Academic Press, 1979.

[43] FLAHIVE D E, CARRELL P L. Lexical expansion and the acquisition of metaphoric competence [C].11th Annual Mid-America Linguistics Conference, University of Missouri, Columbia, MO, 1997.

[44] GARDNER H. Metaphors and modalities：How children project polar adjectives onto diverse domains [J]. Child Development, 1974, 45（1）：84-91.

[45] GARDNER H, WINNER E. The development of metaphoric competence：Implications for humanistic disciplines [J]. Critical Inquiry, 1978, 5（1）：123-141.

[46] GENTNER D, JESIORSKI M. The shift from metaphor to analogy in western science[M]// ORTONY A(ed.).Metaphor and Thought. Cambridge: Cambridge University Press, 1993.

[47] GENTNER D, BOWDLE B F. Convention, form, and figurative language processing[J]. Metaphor and Symbol, 2001, 16（3&4）: 223–247.

[48] GERNSBACER M, KEYSAR B, ROBERTSON R, et al. The role of suppression and enhancement in understanding metaphors[J]. Journal of Memory and Language, 2001, 45（3）: 433-450.

[49] GIBBS R W. The Poetics of Mind: Figurative Thought, Language and Understanding[M]. New York: Cambridge University Press, 1994.

[50] GIBBS R W. Taking metaphor out of our heads and putting it in the cultural world[M]// GIBBS R W, STEEN G（Eds. ）.Metaphor in Cognitive Linguistics. Amsterdam: John Benjamins, 1999.

[51] GINESTE M-D, INDURKHYAL B, SCART V. Emergence of Features in Metaphor Comprehension[J]. Metaphor and Symbol, 2000, 15（3）: 117–135.

[52] GIORA R. Understanding figurative and literal language: The graded salience hypothesis [J]. Cognitive Linguistics, 1997, 8（3）: 183–206.

[53] GLUCKSBERG S, NEWSOME M R, GOLDVARG Y. Inhibition of the literal: filtering metaphor-irrelevant information during metaphor comprehension[J].Metaphor and Symbol, 2001, 16（3-4）: 277-293.

[54] GIORA R. On our Mind[M]. Oxford: Oxford University Press, 2003.

[55] GOATLY A. The Language of Metaphors[M]. London: Routledge, 1997.

[56] GRADY J. The "conduit metaphor" revisited: a reassessment of metaphor for communication [C]// KOENING J P(ed.),Conceptual Structure,Discourse and Language, Stanford: CSLI, 1998.

[57] GRICE H P. Logic and conversation [C]// COLE P, MORGAN J（ed. ）.Syntax and Semantics: Speech Acts. New York: Academic Press, 1975: 41-58.

[58] GUILFORD J P. The Nature of Human Intelligence[M]. New York: McGraw-Hill, 1967.

[59] GUILFORD J P. Intelligence, Creativity and Their Educational Implications[M]. New York: McGraw-Hill, 1968.

[60] GWYN R. Captain of my own ship: Metaphor and the discourse of chronic illness[M]// CAMERON L J, LOW G D（Eds. ）.Researching and Applying Metaphor. Cambridge: Cambridge University Press, 1999.

[61] HALLIDAY M A K. Things and relations： Regrammaticising experience as technical knowledge[M]// MARTIN J R， ROBERT V， Critical and Functional Perspectives on Discourse of Science. London and New York： Routledge， 1998.

[62] HALLIDAY M A K. An Introduction to Functional Grammar[M]. London：Edward Arnold， 1985.

[63] HALLIDAY M A K. The grammatical construction of scientific knowledge： The framing of the English clause ， [M]// ROSSINI R ， SANDRI G ， SCAZERRI R （ eds ） ， Incommmsurability and Translation. Cheltenham： Elgar， 1997.

[64] HENDERSON W. Metaphor, economics and ESP：some comments[J]. English for Specific Purposes， 2000， 19（2）： 167–173.

[65] HENDERSON W. Metaphor and economics [M]// BACKHOUSE R（ Ed. ）, New Directions in Economic Methodology. Routledge： London and New York， 1994.

[66] HOLME R. Mind， Metaphor and Language Teaching[M]. London： Palgrave Macmillan， 2003.

[67] THOMAS H. Leviathan[M]. London： Collins， 1962.

[68] HOFFMAN R R. Recent research on metaphor[J]. Semiotic Inquiry， 1983（3）： 35–62.

[69] HOFSTEDE G. Culture's Consequences: International Differences in Work-related Values[M]. London： Sage Publications， 1980.

[70] HOLTON G. Metaphors in science and education [M]// TAYLOR W. （ ed. ）, Metaphors of Education. London： Heineman， 1984.

[71] HOLYOAK K ， THAGARD P. Mental Leaps ： Analogy in Creative Thought[M]. Cambridge， MA： MIT Press， 1995.

[72] HOLYORK K. Analogical thinking and human intelligence [M]// STERNBERG R （ ed. ） ， Advances in the Psychology of Human Intelligence. Hillsdale， NJ： Erlbaum， 1984.

[73] HONECK， HOFFMAN R P （ ed. ） . Cognition and Figurative Language[M] . New Jersey： Erlbaum Press， 1980.

[74] HUTCHINSON T ， WATERS A. English for Specific Purposes： A learning-centered Approach [M]. Cambridge： Cambridge University Press， 1987.

[75] IIJIMA M,MUROW P. Communicative competence in ESL and metaphoric competence[C]. International Cognitive Linguistics Conference， 2016.

[76] JASEN S C, SABO D F. The sport/war metaphor：hegemonic masculinity, the Persian Gulf War， and the New World Order [J]. Sociology of Sport Journal， 1994， 11（1）： 1-17.

[77] JOHANSSEN S. Times change and so do corpora [M]// AIJMER K , ALTENBURG B (Eds.) .English Corpus Linguistics : Studies in Honour of Jan Svartvik. London : Longman, 1991.

[78] JOHANSON M. The Body in the Mind[M]. London: University of Chicago Press, 1987.

[79] JOHNSON J. Factors related to cross-language transfer and metaphor interpretation in bilingual children[J]. Applied Psycholinguistics, 1989, 10 (2) : 157 – 177.

[80] JOHNSON J. Developmental versus language-based factors in metaphor interpretation [J]. Journal of Educational Psychology, 1991, 83 (4) : 470 – 483.

[81] JOHNSON J, ROSANNO T. Relation of cognitive style to metaphor interpretation and second language proficiency[J]. Applied Psycholinguistics, 1993, 14 (2) : 159 – 175.

[82] JOHNSON J. Metaphor interpretations by second language learners : Children and adults [J]. The Canadian Modern Language Review, 1996, 53 (1) : 219 – 241.

[83] KATZ A N, PAIVIO A , MARSCHARK M , et al. Norms for 204 literary and 260 nonliterary metaphors on 10 psychological dimensions[J]. Metaphor and Symbolic Activity, 1988, 3 (4) : 191-214.

[84] KELLERMAN E. Crosslinguistic influence : Transfer to nowhere? [J]. Annual Review of Applied Linguistics, 1995, 15 : 125–150.

[85] KUNDSEN S. Scientific metaphors going public[J]. Journal of Pragmatics, 2003, 35 (8): 1247–1263.

[86] KOENING J P. Discourse and Cognition. Bridging the Gap[M]. Stanford: CSLI Publications, 1998.

[87] KOGAN N. Stylistic variation in childhood and adolescence : Creativity, metaphor, and cognitive styles[M]// FLAVELL J H, MARKMAN E M (Eds.) , A handbook of child psychology.New York: Wiley, 1983.

[88] KOLLER V, DAVIDSON P. Social exclusion as conceptual and grammatical metaphor: a cross-genre study of British policy-making[J]. Discourse & Society,2008,19(3):307–331.

[89] KOLLER V. Metaphor and Gender in Business Media Discourse : A Critical Cognitive Study[M]. Basingtoke: Palgrave, 2004.

[90] KOVESCES Z. Metaphor and Emotion : Language , Culture and Body in Human Emotion[M]. Cambridge: Cambridge University Press, 2000.

[91] KOVESCES Z. Metaphor: A Practical Introduction[M]. Oxford: Oxford University Press, 2002.

[92] LAKEOFF G, JOHNSON M. Metaphors We Live By [M]. Chicago: University of Chicago

Press, 1980.

[93] LAKOFF G. The Contemporary Theory of Metaphor in ORTONY A (ed.), Metaphor and Thought [M]. Cambridge: Cambridge University Press, 1993.

[94] LAKOFF G, TURNER M. More Than Cool Reason: A Field Guide to Poetic Metaphor[M]. Chicago: Chicago University Press, 1989.

[95] LANTOLF J P. Second Culture Acquisition: Cognitive Considerations in HINKEL E(ed.): Culture in Second Language Teaching and Learning[M]. Cambridge: Cambridge University Press, 1999.

[96] LAZAR G. Using figurative language to expand students' vocabulary[J]. ELT Journal, 1996, 50 (1) : 43-51.

[97] LANTOLF J P. The sociocultural approach to second language acquisitions: Sociocultural theory, second language acquisition, and artificial L2 development[M]// ATKINSON D (ed.), Alternative Approaches to Second Language Acquisition.London: Routledge, 2011.

[98] LEECH G. The state of the art in corpus linguistics[M]//AIJMER K, ALTENBURG B (Eds.), English Corpus Linguistics: Studies in Honour of Jan Svartvik. London: Longman, 1991.

[99] LERMAN C L. Media analysis of a presidential speech: impersonal identity forms in discourse [M]// VAN DIJK T A (ed.).Discourse and Communication: New Approaches to the Analysis of Mass Media Discourse and Communication. New York: de Gruyter, 1985.

[100] LEWIS D, WOOD G, GREGORY R. Trading the silver seed: Local knowledge and moralities[M]// aquacultural society. London: IT Publications, 1996.

[101] LIEBERT W A. Stop making sense! Metaphor and perspective in creative thinking sessions of scientists and scientific radio broadcasts[M]// LIEBERT W, REDEKER G, WAUGH L(Eds.), Discourse and Perspective in Cognitive Linguistics]. Amsterdam: John Benjamin, 1997.

[102] LITTLEMORE J, LOW G. Metaphoric competence: A language learning strength of students with a holistic cognitive style?[J]. TESOL Quarterly, 2001, 35 (3) : 459-491.

[103] LITTLEMORE J. The use of metaphor in university lectures and the problems that it causes for overseas students[J]. Teaching in Higher Education, 2001, 6 (3) : 335–351.

[104] LITTLEMORE J. An empirical study of the relationship between the holistic/analytic cognitive style dimension and second language learners' communication strategy preferences[J]. Applied Linguistics, 2001, 22 (2) : 241–265.

[105] LITTLEMORE J. Developing metaphor interpretation strategies for students of economics: A case study[J]. Les Cahiers de l' APLIUT, 2001, 22（4）: 40–60.

[106] LITTLEMORE J. The effect of cultural background on metaphor interpretation[J]. Metaphor and Symbol, 2003, 18（4）: 273-288.

[107] LITTLEMORE J. The communicative effectiveness of different types of communication strategy[J]. System, 2003, 31（3）: 331–347.

[108] LITTLEMORE J. What kind of training is required to help Language students use metaphor-based strategies to work out the meaning of new vocabulary? [J]. DELTA, 2004, 20（2）: 265-280.

[109] LITTLEMORE J, LOW G. Figurative Thinking and Foreign Language Learning[M]. New York: Palgrave Macmillan, 2006.

[110] LOW G. On teaching metaphor [J]. Applied Linguistics, 1988, 9（2）: 125-147.

[111] LOW G. Explaining evolution: The use of animacy in an example of semi-formal science Writing[J]. Language and Literature, 2005, 14（2）: 129-48.

[112] LYONS J. Semantics [M]. Cambridge: Cambridge University Press, 1977.

[113] MCGLONE M, MANFREDI D. Topic–vehicle interaction in metaphor comprehension[J]. Memory & Cognition, 2001, 29（8）: 1209-1219.

[114] MALSZECKE G M. "He shoots! He scores!": metaphors of war in sport and the political linguistics of virility [D]. North York: York University, 1995.

[115] MASUMI A. Metaphorical competence in an EFL contextual mental lexicon and metaphorical competence of Japanese EFL students[D]. Nottingham: University of Nottingham, 2004.

[116] MARSHALL A. Mechanical and biological analogies in economics[M]// PIGOU A, Memorials of Alfred Marshall. London: Macmillan, 1925.

[117] MARTIN J R, VEEL R. Critical and Functional Perspectives on Discourse of Science[M]. London: Routledge, 2005.

[118] MASON M. Dancing on air: analysis of a passage from an economics textbook [M]//: DUDLEY-EVANS T, HENDERSON W(Eds.).The Language of Economics: The Analysis of Economics Discourse. London: Macmillan, 1990.

[119] MACLOSKEY D. The Rhetoric of Economics[M]. Wisconsin: The University of Wisconsin Press, 1985.

[120] MACLOSKEY D. If you're so Smart: The Narrative of Economic Expertise[M]. Chicago: The University of Chicago Press, 1992.

[121] MACLOSKEY D N. Knowledge and Persuasion in Economics[M]. Cambridge: Cambridge University Press, 1994.

[122] MCNAMARA T R. Modelling performance: opening Pandora's box[J]. Applied Linguistics, 1995, 16 (2): 95-115.

[123] MEYER C F. English Corpus Linguistics: An Introduction[M]. Cambridge: Cambridge University Press, 2002.

[124] MICHAELSON G A. Winning the Marketing War: A Field Manual for Business Leaders [M]. Lanham: Madison Books, 1987.

[125] MILLER A. Cognitive styles: An integrated model[J]. Educational Psychology, 1987, 7 (4): 251–268.

[126] MIO J S. Metaphor, politics, and persuasion[M] // MIO J S, KATZ A N(Eds.). Metaphor: Implications and applications. Mahwah, NJ: Erlbaum, 1996.

[127] MIROWSKI P. More Heat than Light: Economics as Social Physics, Physics as Nature's Economics[M]. New York: Cambridge University Press, 1989.

[128] MORAN A. What can learning styles research learn from cognitive psychology? [J]. Educational Psychology, 1991, 11 (3-4): 239-245.

[129] MULKEN M, PAIR R, FORCEVILLE C. The impact of perceived complexity, deviation and comprehension on the appreciation of visual metaphor in advertising across three European countries [J]. Journal of Pragmatics, 2010, 42 (12): 3418-3430.

[130] NADEAU R L. The Wealth of Nature: How Mainstream Economics Failed the Environment[M]. New York: Columbia University Press, 2003.

[131] NGUYEN, N, UMEMOTOK. Leading with metaphoric intelligence [J]. Journal of Leadership Studie, 2012 (4): 41-51.

[132] NING Y. Metaphorical expressions of anger and happiness in English and Chinese[J]. Metaphor and Symbolic Activity, 1995, 10 (2): 59–92.

[133] ORTONY A. Why metaphors are necessary and not just nice[J]. Educational Theory, 1975, 25 (1): 45-53.

[134] PAIVIO A, WALSH M. Psychological processes in metaphor comprehension and memory[M] // ORTONY A (Ed.) .Metaphor and Thought. Cambridge: Cambridge University Press, 1993.

[135] POLLIO H R, SMITH M. Metaphoric competence and complex human problem solving[M].// RICHARDS I A.The Philosophy of Rhetoric. New York: Oxford University Press, 1936.

[136] POLLIO H R, SMITH M. Sense and nonsense in thinking about anomaly and metaphor[J]. Bulletin of the Psychonomic Society, 1979, 13（5）: 323-326.

[137] POLLIO H R, SMITH M. Metaphoric competence and complex human problem solving[M]//HONECK P R, HOFFMAN R P（Eds.）.Cognition and Figurative Language. New Jersey: Erlbaum Press, 1980.

[138] POULISSE N. The Use of Compensatory Strategies by Dutch Learners of English[M]. Berlin: Mouton de Gruyter, 1990.

[139] RESCHE C. Towards a better understanding of metaphorical networks in the language of economics: The importance of theory-constitutive metaphors[M]//HONESTO H-S, MICHAEL W.Metaphor and Mills: Figurative language in business and economics.上海: 上海外语教育出版社, 2017.

[140] RIDING R J, CHEEMA I. Cognitive styles—an overview and integration[J]. Educational Psychology, 1992, 11（3-4）: 193–215.

[141] RIDING R J, DOUGLAS G. The effect of cognitive style and mode of presentation on learning performance[J]. British Journal of Educational Psychology, 1993, 63（2）: 297-307.

[142] RUMELHART D E. Some problems with the notion of literal meanings[M]// ORTONY A（ed.）.Metaphor and Thought. Cambridge: Cambridge University Press, 1979.

[143] SCHMECK R. Learning Strategies and Learning Styles[M]. New York: Plenum Press, 1988

[144] SEALE J. Metaphor. [C]//ORTONY A（ed.）.Metaphor and Thought. Cambridge: Cambridge University Press, 1979.

[145] SEMINO E. A sturdy baby or a derailing train? Metaphorical representations of the euro in British and Italian newspapers[J]. Text, 2002, 22（1）: 107-139.

[146] SHEN Y, BALABAN N. Metaphorical (In) coherence in discourse[J]. Discourse Processes, 1999, 28（2）: 139–153.

[147] SINCLAIR J M（eds.）.Look up: An Account of the COBUILD Project in Lexical Computer[C]. London: Collins COBUILD, 1987.

[148] Sinclair J. Corpus, Concordance, Collocation[M]. Oxford: Oxford University Press, 1991.

[149] SKEHAN P. A Cognitive Approach to Language Learning[M]. Oxford: Oxford University Press, 1998.

[150] SMITH G. How high can a dead cat bounce?: Metaphor and the Hong Kong Stock Market[J]. Hong Kong Papers in Linguistics and Language Teaching, 1995（18）: 43-57.

[151] SPERBER D, WILSON D. Relevance: Communication and Cognition [M]. Oxford: Blackwell, 1986.

[152] STEVICK E W. Teaching and Learning Languages[M]. Cambridge: CUP, 1982.

[153] STUBBS M. Text and Corpus Analysis[M]. Oxford: Blackwell, 1996.

[154] SUMMERS D. Computer lexicography: the importance of representativeness is relation to frequency[M]// SHORT M, THOMAS J （Eds.）.Using Corpora for Language Research. London: Longman, 1996.

[155] SWALES J M. The paradox of value: six treatments in search of the reader[M]// HENDERSON W, DUDLEY-EVANS A, BACKHOUSE R（Eds.）. Economics and Language. London: Routledge, 1993.

[156] TAYLOR J R. Linguistic Categorization. Prototypes in Linguistic Theory[M]. Oxford: Clarenson Paerbacks, 1989.

[157] TOGNINI-BONELLI E. Corpus Linguistics at Work [M]. Amsterdam: John Benjamins, 2001.

[158] TRICK L, KATZ A N. The domain interaction approach to metaphor processing: Relating individual differences and metaphor characteristics[J]. Metaphor and Symbolic Activity, 1986, 1（3）: 185-213.

[159] VINER J. Studies in the Theory of International Trade[M]. London and New York: Allen and Unwin, 1937.

[160] WALRAS L. Elements of Pure Economics[M]. Harvard: Harvard University Press, 1969.

[161] WELLS C G. The Meaning Makers: Children Learning Language and Using Language to Learn[M]. Cambridge: Cambridge University Press, 1986.

[162] WHITE M. Turbulence and turmoil in the market or the language of a financial Crisis[J]. IBERICA, 2004（7）: 71-86.

[163] WHITE S. Arguing with the Crocodile[M]. London: Zed Press, 1992.

[164] WILLING K. Learning styles in adult migrant education[M]// NUNAN D（Ed.）.Adult Migrant Education Programme Research Series. Adelaide: National Curriculum Resource Centre, 1987.

[165] WILLIS J. A Framework for Task-Based Learning[M]. Harlow: Longman, 1996.

[166] WOOD G. Plunder without danger: Avoiding responsibility in rural works administration in Bangladesh[J]. IDS Bulletin, 1988, 19（4）: 57-63.

[167] ZIMMERMAN B J，BONNER S，KOVACH R，etal. 自我调节学习[M]. 姚梅林，徐守森译. 北京：中国轻工业出版社，2002.

[168] 陈朗. 二语教学中的隐喻能力培养[J]. 外语学刊，2010，156（5）：47-49.

[169] 陈朗. 近十年国外隐喻能力实证研究主体脉络梳理[J]. 外语界. 2013，156(3)：57-66.

[170] 陈林海. 国内商务隐喻研究现状及发展趋势——基于国内学术期刊（2003-2015）的数据分析[J]. 教育观察，2016，5（9）：124-128.

[171] 陈俊林. 认知方式差异与外语隐喻能力[J]. 怀化学院学报，2004，23（1）：100-102.

[172] 陈柯妮.基于语料库的商务英语语篇中的战争隐喻研究[J].深圳职业技术学院学报，2014，13（2）：43-48.

[173] 董宏乐.科学语篇的隐喻性[M].上海：复旦大学出版社，2005.

[174] 桂诗春，冯志伟，杨惠中，等.语料库语言学与中国外语教学[J]. 现代外语，2010，33（4）：419-426.

[175] 何安平. 语料库语言学与英语教学[M]. 上海：外语教学与研究出版社，2007.

[176] 胡春雨. 基于语料库的泡沫隐喻研究[J]. 解放军外国语学院学报，2014，37（1）：18-29.

[177] 胡春雨，徐玉婷. 基于汉英媒体语料库的"经济隐喻"对比研究[J]. 外语教学，2017，38（5）：38-43.

[178] 侯建波. 概念整合：概念隐喻的继承和发展[J]. 语言学，2012，34（3）：175-178.

[179] 胡壮麟.认知隐喻学[M].北京：北京大学出版社，2004.

[180] 姜孟. 英语专业学习者隐喻能力发展实验研究[J]. 国外外语教学，2006（4）：27-34.

[181] 姜亚军，张辉. 国外隐喻与第二语言习得研究述评[J].国外外语教学，2003（2）：1-16.

[182] 梁茂成，李文中，许家金.语料库应用教程[M]. 北京：外语教学与研究出版社，2010.

[183] 梁茂成. 语料库语言学研究的两种范式：渊源、分歧及前景[J]. 外语教学与研究（外国语文双月刊，2012，44（3）：323-335.

[184] 林宝珠. 隐喻的意识形态力[M]. 厦门：厦门大学出版社，2012.

[185] 刘宇红. 隐喻的多视角研究[M]. 北京：世界图书出版公司，2011

[186] 卢婷. 概念型教学法对英语专业学生隐喻能力发展的影响[J]. 现代外语，2020，43（1）：106-118.

[187] 庞国维. 论学生的自主学习[J]. 华东师范大学学报：教育科学版，2001，20（2）：78-83.

[188] 石磊，刘振前. 隐喻能力研究：现状与问题[J]. 外国语，2010，33（3）：10-16.

[190] 石进芳. 母语概念迁移能力、隐喻能力与语言水平的发展关系研究[J]. 外语教学理论与实践，2012（3）：57-63.

[191] 束定芳. 隐喻学研究[M].上海：上海外语教育出版社，2003.

[192] 束定芳. 隐喻与转喻研究[M].上海：上海外语教育出版社，2012.

[193] 苏立昌. 认知语言学与意义理论[M].天津：南开大学出版社，2007.

[194] 苏远连. 英语专业高年级学生在教学条件下隐喻能力的发展—隐喻生涯假说阐释[J]. 外语教学与研究，2012，44（2）：207-219.

[195] 孙毅. 认知隐喻学多维跨域研究[M]. 北京：北京大学出版社，2013.

[196] 文秋芳. 评析"概念型教学法"的理论与实践[J]. 外语教学理论与实践，2013（2）：1-11.

[197] 魏耀章. 认知能力和语言水平对中国英语专业学生隐喻理解的影响[J]. 外语界，2012，148（1）：82-89.

[198] 王守元，刘振前. 隐喻与文化教学[J]. 外语教学.2003，24（1）：48-53.

[199] 王寅. 认知语言学[M]. 上海：上海外语教育出版社，2007.

[200] 吴念阳. 隐喻的心理学研究[M]. 上海：上海百家出版社，2009.

[201] 邢新影. 基于语料库的商务英语语篇战争隐喻现象研究[J]. 哈尔滨学院学报，2020，41（9），137-141.

[202] 邢新影. 基于语料库的经济学语篇中"Growth"概念隐喻研究[J]. 考试与评价：大学英语教研版，2019，102（5），46-49.

[203] 许保芳,袁凤识. 隐喻能力研究30年:回顾与思考[J]. 解放军外国语学院学报,2012,35（6）：34-39.

[204] 严明. 基于体裁的商务英语话语能力培养模式研究[M]. 哈尔滨：黑龙江大学出版社，2015.

[205] 严世清. 隐喻能力与外语教学[J]. 山东外语教学，2001，83（2）：60-64.

[206] 杨洋，董方峰. 当代中国媒体话语中的战争隐喻现象研究[J]. 外国语文研究，2017，3（2）：2-6.

[207] 袁凤识，许保芳，王立非. 中美大学生隐喻理解能力比较研究[J]. 外语界，2012，148（1）：73-81.

[208] 袁凤识，许保芳，王立非. 再论隐喻能力的定义[J]. 外语教学，2012，33（5）：1-7.

[209] 袁影.论战争隐喻的普遍性及文化渊源[J]. 外语研究，2004，86（4）：36-39.

[210] 赵冬生. 概念整合理论观照下的隐喻认知阐释[J]. 江西社会科学，2012，32（6）：224-228.

[211] 朱慧敏. 数据驱动学习：英语词汇教学的新趋势[J]. 外语电化教学，2011，137（1）：46-59.

[212] 朱永生，严世清. 系统功能语言学多维思考[M].上海：上海外语教育出版社，2001.

附录一：商务话语隐喻能力问卷

1. The U.S. economy showed **robust** growth in output.

2. The Fed could **inject** money into the economy by buying some government bonds in open-market operations.

3. The hotels cannot **recover** its fixed costs for the decreasing number of tourists.

4. China is seeing a strong economic **rebound** following a slump caused by financial crisis.

5. An **infant** industry argues for trade protection to get started.

6. The price system is the **instrument** that the invisible hand uses to conduct the economic orchestra.

7. The firm cut its prices substantially and drove its competitors out of market with this **predatory pricing**.

8. Taxes cause **deadweight losses** because they prevent buyers and sellers from realizing some of the gains from trade.

9. **Capital flight** occurs when the value of the domestic currency is depreciating rapidly because of hyperinflation.

10. The **cross-pollination** of ideas between firms enhances competitiveness.

11. We will be seeking agreement on rules and avoid the **beggar-thy-neighbor** policies.

12. Online shopping sites becomes **the white knight** for farmers to sell the surplus crops.

13. China's economic growth has been **fueled** by domestic demand.

14. High population growth will **dilute** the capital each worker holds.

15. The central bank will **leverage** various lending facilities to increase money supply.

16. An increase in tax enlarges the **wedge** between the price buyers pay and the price sellers receive.

17. China is expected to be an **anchor** amid hard-hit global growth caused by Coronavirus.

18. The government announced to **lift** the restrictions on the tourism and therefore we are gearing up for the coming of more visitors.

19. The central bank **hit the brakes** on mobile payments，as competition for the online finance services becomes intense.

20. The U.S. was ready to **tighten the economic screws** on Russia if it did not change its ways.

附录二：商务话语隐喻能力难度自评问卷

1.The U.S. economy showed robust growth in output.

（1）很容易　　（2）比较容易　　（3）适中　　（4）比较难　　（5）很难

2.The Fed could inject money into the economy by buying some government bonds in open-market operations.

（1）很容易　　（2）比较容易　　（3）适中　　（4）比较难　　（5）很难

3.The hotels cannot recover its fixed costs for the decreasing number of tourists.

（1）很容易　　（2）比较容易　　（3）适中　　（4）比较难　　（5）很难

4.China is seeing a strong economic rebound following a slump caused by financial crisis.

（1）很容易　　（2）比较容易　　（3）适中　　（4）比较难　　（5）很难

5. An infant industry argues for trade protection to get started.

（1）很容易　　（2）比较容易　　（3）适中　　（4）比较难　　（5）很难

6.The price system is the instrument that the invisible hand uses to conduct the economic orchestra.

（1）很容易　　（2）比较容易　　（3）适中　　（4）比较难　　（5）很难

7.The firm cut its prices substantially and drove its competitors out of market with this predatory pricing.

（1）很容易　　（2）比较容易　　（3）适中　　（4）比较难　　（5）很难

8.Taxes cause deadweight losses because they prevent buyers and sellers from realizing some of the gains from trade.

（1）很容易　　（2）比较容易　　（3）适中　　（4）比较难　　（5）很难

9.Capital flight occurs when the value of the domestic currency is depreciating rapidly because of hyperinflation.

（1）很容易　　（2）比较容易　　（3）适中　　（4）比较难　　（5）很难

10.The cross-pollination of ideas between firms enhances competitiveness.

（1）很容易　　（2）比较容易　　（3）适中　　（4）比较难　　（5）很难

11.We will be seeking agreement on rules and avoid the beggar-thy-neighbor policies.

（1）很容易　　（2）比较容易　　（3）适中　　（4）比较难　　（5）很难

12.Online shopping sites becomes the white knight for farmers to sell the surplus crops.

（1）很容易　　（2）比较容易　　（3）适中　　（4）比较难　　（5）很难

13.China's economic growth has been fueled by domestic demand.

（1）很容易　　（2）比较容易　　（3）适中　　（4）比较难　　（5）很难

14.High population growth will dilute the capital each worker holds.

（1）很容易　　（2）比较容易　　（3）适中　　（4）比较难　　（5）很难

15.The central bank will leverage various lending facilities to increase money supply.

（1）很容易　　（2）比较容易　　（3）适中　　（4）比较难　　（5）很难

16.An increase in tax enlarges the wedge between the price buyers pay and the price sellers receive.

（1）很容易　　（2）比较容易　　（3）适中　　（4）比较难　　（5）很难

17.China is expected to be an anchor amid hard-hit global growth caused by Coronavirus.

（1）很容易　　（2）比较容易　　（3）适中　　（4）比较难　　（5）很难

18.The government announced to lift the restrictions on the tourism and therefore we are gearing up for the coming of more visitors.

（1）很容易　　（2）比较容易　　（3）适中　　（4）比较难　　（5）很难

19.The central bank hit the brakes on mobile payments, as competition for the online finance services becomes intense.

（1）很容易　　（2）比较容易　　（3）适中　　（4）比较难　　（5）很难

20.The U.S. was ready to tighten the economic screws on Russia if it did not change its ways.

（1）很容易　　（2）比较容易　　（3）适中　　（4）比较难　　（5）很难